世纪波
Century Wave

新政策下企业财会操作实务系列丛书

企业税会差异分析与纳税申报操作实务

史玉光　刘欢欢◎著

電子工業出版社
Publishing House of Electronics Industry
北京·BEIJING

图书在版编目（CIP）数据

企业税会差异分析与纳税申报操作实务 / 史玉光，刘欢欢著. —北京：电子工业出版社，2018.7
ISBN 978-7-121-34582-1

Ⅰ. ①企… Ⅱ. ①史… ②刘… Ⅲ. ①企业管理－税收管理－中国 Ⅳ. ①F812.423

中国版本图书馆 CIP 数据核字(2018)第 137490 号

策划编辑：刘　殊
责任编辑：杨洪军
印　　刷：三河市鑫金马印装有限公司
装　　订：三河市鑫金马印装有限公司
出版发行：电子工业出版社
北京市海淀区万寿路 173 信箱　　邮编 100036
开　　本：787×1092　1/16　印张：18.5　字数：383 千字
版　　次：2018 年 7 月第 1 版
印　　次：2018 年 7 月第 1 次印刷
定　　价：68.00 元

凡所购买电子工业出版社图书有缺损问题，请向购买书店调换。若书店售缺，请与本社发行部联系，联系及邮购电话：（010）88254888，88258888。
质量投诉请发邮件至 zlts@phei.com.cn，盗版侵权举报请发邮件至 dbqq@phei. com.cn。
本书咨询联系方式：（010）88254199，sjb@phei.com.cn。

前言

自《企业会计准则（2006）》发布以来，我国企业会计准则建设取得了很大成就。截至2017年年底，财政部发布了《小企业会计准则》、1个基本准则、42个具体企业会计准则，12个企业会计准则解释，还发布了《关于修订印发一般企业财务报表格式的通知》，对企业财务报表的格式做了修订，增设了资产处置收益、其他收益等项目。

与此同时，税法也在不断地制定和修订，成绩斐然。2008年和2017年，两次修订了《中华人民共和国企业所得税法》。2008年11月和2017年11月，两次修订了《中华人民共和国增值税暂行条例》。为了支持小微企业发展，近年来对小微企业的增值税、所得税等实行优惠政策。查账征收的企业，2017年1月1日开始实施修订后的《中华人民共和国企业所得税年度纳税申报表（A类，2017年版）》[①]，其中一些申报表是根据2008年以来发布的一系列财税法规设计而成的，附表分为三级，层次清晰。这一系列税制改革，体现了我国税收政策和纳税申报日臻完善。

会计准则和税法存在差异。小企业2013年1月开始执行的《小企业会计准则》与税法差异较少，所以，小企业在日常会计处理中很少存在税会差异中的暂时性差异。而《企业会计准则》和相关税法存在的差异较多，因此大中型企业在日常会计处理中会出现税会差异。本书的主旨是介绍企业主要经济业务的税会差异，并分析这些差异的纳税调整及其纳税申报表的填制。这些主要业务包括存货、金融资产、长期股权投资、投资性房地产、固定资产、无形资产、收入、政府补助、借款费用、或有事项、资产负债表日后事项、企业合并、非货币性资产交换、债务重组等，涉及的会计准则包括第1~4号、第6~18号、第20~24号、第28~30号、第37号、第39号等。

对于收入准则（2017版）和金融会计准则（2017版），财政部要求2018年开始在境内外同时上市的公司执行，2020开始在上市公司执行，2021年开始在非上市公司执行，

① 本书中会大量引用《中华人民共和国企业所得税年度纳税申报表（A类）》的相关表格。这些表格均为简表，金额单位为人民币元（列至角分）。

所以，本书对于收入、金融资产的税会差异分析，仍以现行准则为准。

为了完成本书的撰写，保证书稿质量，我们凝聚众人心智，参阅诸多文献，请专家指导。感谢赵紫元、曲少磊、潘昊业等对本书的努力付出，感谢对外经济贸易大学国际商学院余恕莲教授和王秀丽教授的悉心指导。

本书的撰写参阅了大量的文献资料，在此向相关作者表示感谢！

由于作者水平有限，书中难免存在疏漏之处，恳请广大读者批评指正。

著者

2018 年 3 月

目录

第 1 章

概述

我国企业会计准则体系包括《企业会计准则》（简称会计准则）和《小企业会计准则》。《小企业会计准则》与相关税法基本上是一致的，所以，小企业在日常会计处理中很少存在税会差异中的暂时性差异。相反，会计准则和相关税法对于一些日常经济业务处理的规定存在差异，如会计准则与《中华人民共和国企业所得税法》（简称所得税法）、《中华人民共和国企业所得税法实施条例》（简称所得税法实施条例）之间的差异等。

1.1 会计利润和应纳税所得额的差异

《中华人民共和国企业所得税年度纳税申报表（A 类）（A100000）》中应纳税所得额计算过程，如表 1-1 所示。

表 1-1 中华人民共和国企业所得税年度纳税申报表（A 类）（A100000）

行次	类　别	项　目	金额
13		三、利润总额（10+11–12）	
14	应纳税所得额计算	减：境外所得（填写 A108010）	
15		加：纳税调整增加额（填写 A105000）	
16		减：纳税调整减少额（填写 A105000）	
17		减：免税、减计收入及加计扣除（填写 A107010）	
18		加：境外应税所得抵减境内亏损（填写 A108000）	
19		四、纳税调整后所得（13–14+15–16–17+18）	
20		减：所得减免（填写 A107020）	
21		减：弥补以前年度亏损（填写 A106000）	
22		减：抵扣应纳税所得额（填写 A107030）	
23		五、应纳税所得额（19–20–21–22）	

从表 1-1 可以看出，在利润总额基础上经过一系列纳税调整后，可以形成应纳税所得额。从这一点来说，会计利润和应纳税所得额之间的差异主要体现在表 1-1 的第 14～18 行和第 20～22 行所列示的内容。

1.1.1 税会差异理论分析

1. 税会差异产生的原因

（1）税务与会计处理的依据不同。会计处理依据会计准则。2006 年 2 月 15 日，财政部发布了包括 1 项基本准则和 38 项具体准则在内的会计准则，2011 年 10 月发布了《小企业会计准则》，形成了我国的企业会计准则体系，实现了我国会计准则与国际准则的趋同。之后财政部分别于 2014 年和 2017 年进行了两次会计准则的修订和新准则的发布，截至 2018 年 2 月底，共发布了 42 个具体会计准则。会计准则要求企业提供的信息满足可靠性、重要性、真实性的信息质量要求，以便能满足企业的信息使用者更好更全面地了解企业的经营成果、财务状况和现金流量等信息的需求。

税务处理依据税法。2007 年 3 月 16 日，第十届全国人民代表大会第五次会议通过了《中华人民共和国企业所得税法》，2007 年 11 月 28 日，国务院第十九次常务会议通过了《中华人民共和国企业所得税法实施条例》，之后所得税法于 2017 年进行了修订。税法规范了国家征税机关、相关工作人员和纳税人的征税行为，体现了财富在国家和纳税人之间的分配，具有强制性和无偿性。

因此，会计和税法所遵循的规则不同，导致对于一些经济业务处理的规定存在差异，本书正是基于此对税会差异的内容进行分析。

（2）税收目标与会计目标的取向不同。无论是受托责任观还是决策有用观，会计的目标始终围绕“提供会计主体的经济活动信息”，或为了解释资源利用情况，或为了有利于信息使用者做出决策。而税法则是为了有效地实现税收政策目标而制定的，税收是政府为了履行其职能，利用行政手段强制参与收入分配的一种形式；同时，税收也是政府进行宏观经济调控的政策工具和必要手段。因此，税法的规定既要保证国家财政需要，又要促进资源合理配置、稳定经济增长、保证收入公平分配等。从目标上看，税法比会计更具有全局性。

（3）税法与会计的服务对象不同。会计的职能是反映和监督会计主体在一定时期内的各项能用货币计量的经济活动，以会计主体和一些利益相关者为服务对象，会计主体和会计分期假设规定了会计工作的时间和空间范围。税法的作用在于保证税收活动的有效开展，从而实现税收政策目标，所以税法是立足于整个宏观经济环境、以全社会为服务对象的。相比会计上的要求，对于某一经济活动的处理，税法的规定更侧重于客观事实，而不是仅站在某个特定主体的角度上看待经济活动对该主体的财务状况、经营成果和现金流量的影响。

2. 税会差异的含义及分类

（1）税会差异的含义。税会差异，是指应税收益与会计收益之间的差异。应税收益即应纳税所得额，应纳税所得额是税法上的概念，是按照所得税法的规定计算出来的，是企业所得税的计税依据；会计收益即会计利润，是指企业在一定会计期间的经营成果，可以从财务报表的利润表中获得。因此，税会差异主要表现在企业所得税年度纳税申报表和利润表的税会差异上。

（2）税会差异的分类。基于税会差异是否能够转回，可将税会差异分为暂时性差异和永久性差异两类。暂时性差异，是指资产或者负债的账面价值与计税基础之间的差额；未作为资产和负债确认的项目，按照税法应该确认其计税基础的，该计税基础与其账面价值之间的差额也属于暂时性差异。永久性差异，是指某个会计期间，由于会计制度和税法在计算收益、费用或者损失时的口径不同所产生的税前利润与应纳税所得额之间的差异。这种差异在本期发生，在以后各期不能转回。

3. 税会差异的计算

由上述可知，应纳税所得额和会计利润二者之间的差额反映了税会差异。应纳税所得额的计算有两种方法：一种方法是直接计算，企业每个纳税年度的收入总额减去不征税收入、免税收入、各项扣除，以及允许弥补的以前年度亏损后的余额为应纳税所得额（应纳税所得额=收入总额–不征税收入–免税收入–各项扣除–允许弥补的以前年度亏损）；另一种方法是间接计算，是在会计利润总额的基础上加或减按照税法规定需要调整的项目金额后为应纳税所得额。会计利润可以从财务报表的利润表中获得，即利润表中的利润总额。

1.1.2　税会差异实务分析

1. 营业收入

会计准则将主营业务收入和其他业务收入计入利润表中的营业收入。营业收入，是指企业销售商品、提供劳务及让渡资产使用权等日常经营活动中所形成的经济利益的总流入。对于一般企业而言，营业收入通常对应税法中“收入总额”所指的销售货物收入、提供劳务收入、租金收入、特许权使用费收入。

与营业收入相关的纳税调整项目主要包括：

（1）视同销售收入。为了保证流转税征收链条的完整，避免造成货物税收负担的不平衡及逃避纳税的现象，税法将会计准则不确认为收入的一些行为视同销售货物，计入收入总额。例如，纳税人将自产或委托加工的货物用于捐赠、赞助、广告、样品等用途的，视同销售货物，需要缴纳企业所得税，从而形成了税会差异，视同销售收入，通常作为纳税调增的项目，如表 1-2 所示。

表 1-2　视同销售的税会差异

视同销售的情形	会计准则规定	税法规定	纳税调整
非货币性交换视同销售；将货物、财产、劳务用于捐赠、赞助、广告、样品等用途	不确认收入	计税收入	视同销售的收入做纳税调增处理，视同销售结转的成本做纳税调减处理

（2）未按权责发生制确认的收入。会计处理遵循权责发生制，而税务处理是收付实现制与权责发生制的结合。例如，分期收款销售商品按会计准则的要求销售行为发生时一次性确认收入，而税法规定在合同约定的收款日期分期确认收入。所以，在销售行为发生的当期，纳税申报时做纳税调减处理；而在合同约定的收款日期，按照税法规定确认应税收入后，做纳税调增处理。

（3）减计收入。企业常见的减计收入包括生产符合国家产业政策规定的产品取得的收入、涉农贷款利息收入和涉农保费收入。所得税法规定，企业综合利用资源，生产符合国家产业政策规定的产品所取得的收入，可以在计算应纳税所得额时减按 90%计入收入总额。《财政部关于延续支持农村金融发展有关税收政策的通知》（财税〔2017〕44 号）规定，自 2017 年 1 月 1 日至 2019 年 12 月 31 日，对金融机构农户小额贷款的利息收入，在计算应纳税所得额时，按 90%计入收入总额；对保险公司为种植业、养殖业提供保险业务取得的保费收入，在计算应纳税所得额时，按 90%计入收入总额。因此，企业如果符合上述条件，则在会计利润的基础上进行纳税调减，即按 10%比例减计收入。

2. 营业成本

会计准则将主营业务成本与其他业务成本计入利润表中的营业成本。营业成本，是指与营业收入相关的、已经确定了归属期和归属对象的费用。税法规定，营业成本通常对应所得税法中规定的税前可以扣除的“成本”项目，包括与上述收入相配比的各项成本。

与营业成本相关的纳税调整项目主要包括：

（1）视同销售成本。由于视同销售货物的成本不包含在营业成本的范围内，因此视同销售货物的成本作为纳税调减的项目。

（2）职工薪酬。会计准则规定，职工薪酬是指企业为获得职工提供的服务或解除劳动关系而给予的各种形式的报酬或补偿，包括短期薪酬（如职工工资、奖金、津贴和补贴、职工福利费、工会经费和职工教育经费等）、离职后福利、辞退福利和其他长期职工福利。所得税法规定，企业按制定的工资薪金制度实际发放给员工的合理的工资薪金支出准予据实扣除。如果企业计提了工资，而没有实际发放，则需要将其作为纳税调整项目，在实际支付的年度予以纳税调减。税法规定，安置残疾人员所支付的工资，可享受加计扣除 100% 的规定。如果企业职工中的残疾人员符合我国残疾人保障法的规定，支付给残疾人员的工资，则可进行加计扣除，在会计利润的基础上进行纳税调减。所得税法还规定了职工福利费、工会经费和职工教育经费的扣除标准，计入生产成本的职工福利费、工会经费和职工教育经费的实际发生数在扣除标准以内的，可以据实扣除；超过扣除标准的部分，则作为纳税调增的项目，如表 1-3 所示。

表 1-3　职工福利费、工会经费和职工教育经费的税会差异

项　目	会计准则规定	税法规定	纳税调整
职工福利费	不采用计提的办法	实际发生额在工资薪金总额的 14%以内的可据实扣除，超过标准的只能按标准扣除	超标准的部分纳税调增
工会经费	按工资薪金总额的 2%计提	标准以内的可据实扣除，超过标准的只能按标准扣除	超标准的部分纳税调增
职工教育经费	按工资薪金总额的 8%计提	标准以内的可据实扣除，超过标准的准予结转以后纳税年度扣除	超标准的部分纳税调增

3. 税金及附加

税金及附加，是指企业日常经营活动应负担的税金及附加，具体包括消费税、城市维护建设税、资源税、教育费附加、车船税、房产税、土地使用税、印花税等。结合税法规定，税金及附加通常对应所得税法中规定的税前可以扣除的“税金”项目，是企业发生的除企业所得税和允许抵扣的增值税以外的企业缴纳的各项税金及附加。对于这一项目，会计与税法的计算口径一般是一致的，很少存在纳税调整的情况。

4. 销售费用

销售费用，是指企业销售商品和材料、提供劳务的过程中发生的各项费用。销售费用的税会差异主要体现在广告费与业务宣传费、产品质量保证计提的预计负债等方面。

（1）广告费与业务宣传费项目。计算会计利润时，广告费与业务宣传费用可按实际支出列支，而按照税法的规定，企业发生的符合条件的广告费与业务宣传费支出，除国务院财政、税务主管部门另有规定外，在税法规定的扣除标准以内的可据实扣除，超过扣除标准的，则不得扣除。从 2016 年 1 月 1 日至 2020 年 12 月 31 日，对于化妆品制造与销售、医药制造和饮料制造（不含酒类制造）企业、签订广告费和业务宣传费分摊协议的关联企业、烟草企业，发生的广告费和业务宣传费，按照《财政部 国家税务总局关于广告费和业务宣传费支出税前扣除政策的通知》（财税〔2017〕41 号）规定的扣除标准执行。此项目视不同情况做纳税调增（纳税调减）处理，如表 1-4 所示。

表 1-4 广告费与业务宣传费的税会差异

企业类型	会计准则规定	税法规定	纳税调整
一般企业	按实际发生额列支	不超过当年销售收入（营业收入）15%的部分，准予扣除；超过部分，准予在以后纳税年度结转扣除	本年度超标准的部分做纳税调增处理；当年实际发生额小于扣除限额时，以前年度的结转额做纳税调减处理
化妆品制造与销售、医药制造和饮料制造（不含酒类制造）企业	按实际发生额列支	从 2016 年 1 月 1 日至 2020 年 12 月 31 日，不超过当年销售（营业）收入 30%的部分，准予扣除；超过部分，准予在以后纳税年度结转扣除	本年度超标准的部分做纳税调增处理；当年实际发生额小于扣除限额时，以前年度的结转额做纳税调减处理
签订广告费和业务宣传费分摊协议（简称分摊协议）的关联企业	按实际发生额列支	从 2016 年 1 月 1 日至 2020 年 12 月 31 日，关联企业中一方发生的不超过当年销售（营业）收入税前扣除限额比例内的广告费和业务宣传费支出可以在本企业扣除，也可以将其中的部分或全部按照分摊协议归集至另一方扣除。另一方在计算本企业广告费和业务宣传费支出企业所得税税前扣除限额时，可将按照上述办法归集至本企业的广告费和业务宣传费不计算在内	本年度超标准的部分做纳税调增处理；当年实际发生额小于扣除限额时，以前年度的结转额做纳税调减处理
烟草企业	按实际发生额列支	从 2016 年 1 月 1 日至 2020 年 12 月 31 日，一律不得在计算应纳税所得额时扣除	对本年度发生的广告与业务宣传费做纳税调增处理

发生广告费和业务宣传费纳税调整项目的企业，需要填报《广告费和业务宣传费跨年度纳税调整明细表（A105060）》，如表 1-5 所示。

表 1-5 广告费和业务宣传费跨年度纳税调整明细表（A105060）

行次	项 目	金 额
1	一、本年广告费和业务宣传费支出	
2	减：不允许扣除的广告费和业务宣传费支出	
3	二、本年符合条件的广告费和业务宣传费支出（1–2）	
4	三、本年计算广告费和业务宣传费扣除限额的销售（营业）收入	
5	税收规定扣除率	
6	四、本企业计算的广告费和业务宣传费扣除限额（4×5）	
7	五、本年结转以后年度扣除额（3＞6，本行=3–6；3≤6，本行=0）	

续表

行次	项　　目	金　　额
8	加：以前年度累计结转扣除额	
9	减：本年扣除的以前年度结转额［3>6，本行=0；3≤6，本行=8 或（6–3）孰小值］	
10	六、按照分摊协议归集至其他关联方的广告费和业务宣传费（10≤3 或 6 孰小值）	
11	按照分摊协议从其他关联方归集至本企业的广告费和业务宣传费	
12	七、本年广告费和业务宣传费支出纳税调整金额（3>6，本行=2+3–6+10–11；3≤6，本行=2+10–11–9）	
13	八、累计结转以后年度扣除额（7+8–9）	

（2）产品质量保证计提的预计负债。会计准则规定，在销售商品或提供劳务后，作为对客户提供服务的一种承诺，企业要计提产品质量保证费用，并计入当期损益。税法规定，企业实际发生的与取得收入有关的、合理的支出，包括成本、费用、税金、损失和其他支出，可以在计算应纳税所得额时扣除。可见，预计负债是履行该义务很可能导致经济利益流出企业，还没有实际发生，不符合税法规定的实际发生、真实性、确定性原则，所以不允许在计算应纳税得额时扣除，需要做纳税调整处理。

5. 管理费用

管理费用，是指企业为组织和管理生产经营所发生的各项费用，包括企业在筹建期内发生的开办费，董事会和行政管理部门在企业的经营管理中发生的或者应由企业统一负担的公司经费、工会经费、业务招待费、研究开发费用等。计算会计利润时，管理费用可以全额列支计入当期损益。但税法规定，有些费用只能按限定标准扣除或者在纳税时不得扣除。

存在税会差异的项目主要包括以下几项：

（1）计入管理费用的职工福利费、工会经费和职工教育经费（税会差异见表 1-3）。

（2）业务招待费。业务招待费可按实际发生额列入管理费用。但税法规定，企业发生的与生产经营有关的业务招待费支出，只能按限额扣除，超过限额标准的部分不得扣除，作为纳税调增的项目，如表 1-6 所示。

表 1-6　业务招待费的税会差异

会计准则规定	税法规定	纳税调整
按实际发生额列支	按实际发生额的 60%扣除，但最高不得超过当年销售收入（营业收入）的 5‰，即扣除标准为二者中的较小者	超标准的部分纳税调增

业务招待费支出存在税会差异的企业，可以在《纳税调整项目明细表（A105000）》第15行进行填列，如表1-7所示。

表1-7　纳税调整项目明细表（A105000）

行　次	项　目	账载金额	税收金额	调增金额	调减金额
		1	2	3	4
15	（三）业务招待费支出				*

（3）研究开发费用。会计准则规定，企业内部研究开发项目的支出，应当区分研究阶段支出和开发阶段支出。研究阶段的支出全部费用化，计入当期损益（管理费用）；开发阶段的支出符合条件的资本化，不符合条件的计入当期损益（管理费用）。税法规定，企业为开发新技术、新产品、新工艺发生的研究开发费用未形成无形资产而计入当期损益的，在按照规定据实扣除的基础上，允许加计扣除；形成无形资产的，可以加计摊销。对于科技型中小企业，在2017年1月1日至2019年12月31日期间发生的研究开发费用，按照《关于提高科技型中小企业研究开发费用税前加计扣除比例的通知》（财税〔2017〕34号）规定的加计比例扣除。此项目形成的税会差异如表1-8所示。

表1-8　研究开发费用的税会差异

企业类型	会计准则规定	税法规定	纳税调整
一般企业	研究阶段的支出，全部计入当期管理费用。 符合资本化条件的研发费用，按不低于10年的年限摊销	计入当期损益的研发费用，可加扣实际发生额的50%。 形成无形资产的研发费用，按照无形资产成本的150%摊销	符合条件的计入管理费用的费用，按实际发生额的50%，做纳税调减处理。 符合条件的予以资本化的费用，按摊销额的50%，做纳税调减处理
科技型中小企业	研究阶段的支出，全部计入当期管理费用。 符合资本化条件的研发费用，按不低于10年的年限摊销	在2017年1月1日至2019年12月31日期间，计入当期损益的研发费用，可加扣实际发生额的75%。 形成无形资产的研发费用，在上述期间按照无形资产成本的175%在税前摊销	符合条件的计入管理费用的费用，按实际发生额的75%，做纳税调减处理。 符合条件的予以资本化的费用，按摊销额的75%，做纳税调减处理

（4）资产折旧、摊销费用。固定资产的折旧费用的税会差异如表1-9所示，无形资产摊销的税会差异如表1-10所示。所得税法规定，与经营活动无关的资产，不得计算折旧、摊销费用，不允许扣除。

表 1-9 固定资产折旧的税会差异

固定资产的折旧费用	税会差异
折旧范围	会计准则规定，企业对所有固定资产计提折旧，但已提足折旧仍继续使用的固定资产和单独计价入账的土地除外； 税法则规定了应当提取折旧的固定资产和不得提取折旧的固定资产的具体范围
折旧方法	会计准则规定的折旧方法包括年限平均法、工作量法、双倍余额递减法和年数总和法等； 税法规定采用直线法，确需加速折旧的，可以缩短折旧年限或者采用加速折旧方法
折旧年限	会计准则规定，企业应当根据固定资产的性质和使用情况，合理确定固定资产的使用寿命； 税法规定了固定资产计算折旧的最低年限：房屋、建筑物，为 20 年；飞机、火车、轮船、机器、机械和其他生产设备，为 10 年；与生产经营活动有关的器具、工具、家具等，为 5 年；飞机、火车、轮船以外的运输工具，为 4 年；电子设备，为 3 年
计提折旧的总额	会计准则规定了固定资产计提折旧的总额为固定资产的原值扣除资产减值准备、预计净残值后的余额； 税法规定的计提折旧的总额为固定资产原值扣除其预计净残值后的余额

表 1-10 无形资产摊销的税会差异

无形资产摊销	税会差异	纳税调整
摊销范围	会计准则规定使用寿命不确定的无形资产，不应摊销； 小企业会计准则规定不能可靠估计无形资产使用寿命的，需要摊销	对由于摊销范围、摊销方法和摊销年限导致的摊销金额不一致，需要做纳税调整处理； 对由于考虑了无形资产减值的因素，导致的会计确认的无形资产摊销费用将小于税法允许在所得税前扣除的无形资产摊销费用，需要做纳税调减
摊销方法	会计准则规定的摊销方法一般为直线法，特殊无形资产可选用其他方法； 小企业会计准则规定的摊销方法为直线法； 税法规定只能用直线法摊销	
摊销年限	会计准则规定使用寿命有限的无形资产，其应摊销金额应当在使用寿命内系统合理摊销； 小企业会计准则规定不能可靠估计无形资产使用寿命的，摊销期不得低于 10 年； 税法规定无形资产的摊销年限不得低于 10 年	
摊销金额	会计准则和税法对无形资产原值的确认存在一定的差异： 会计准则规定无形资产的摊销额为其入账价值扣除预计残值和已计提的无形资产减值准备； 税法规定不允许扣除减值准备，并不考虑残值，因此二者计算摊销额会有所不同	

6. 财务费用

财务费用主要包括利息支出（减利息收入）、汇兑损益（《小企业会计准则》规定汇兑收益计入营业外收入，汇兑损失计入财务费用），以及相关的手续费、企业发生的现金折扣或收到的现金折扣等。即不论贷款人及借款利率如何，企业支付的财务费用均全额计入当期损益。而按照税法的规定，企业在生产经营活动中发生的下列利息支出，准予扣除：

（1）非金融企业向金融企业借款的利息支出、金融企业的各项存款利息支出和同业拆借利息支出、企业经批准发行债券的利息支出；

（2）非金融企业向非金融企业借款的利息支出，不超过按照金融企业同期同类贷款利率的数额的部分。

因此，如果非金融企业向非金融企业支付的利息支出超过按照金融企业同期同类贷款利息的部分，则不允许在税前扣除，从而形成了税会差异，如表1-11所示。

表1-11 利息费用的税会差异

会计准则规定	税法规定	纳税调整
非金融企业向非金融企业支付的利息支出全额计入财务费用	非金融企业向非金融企业支付的利息支出，不超过按照金融企业同期同类贷款利率的数额的部分，准予扣除，超过的部分，不得在发生当期和以后年度扣除。 企业实际支付给关联方的利息支出，不超过规定比例计算的部分，准予扣除，超过的部分不得在发生当期和以后年度扣除	实际支付给非金融企业的利息支出超过限额标准的部分，做纳税调增处理。 实际支付给关联方的利息支出超过规定比例计算的部分，做纳税调增处理

7. 资产减值损失

会计准则中界定的资产减值损失，是指纳税人各项资产发生的减值损失。企业发生的各项资产减值损失计入当期损益。税法规定，未经核定的准备金支出不得在税前扣除，从而形成了税会差异，如表1-12所示。

表1-12 资产减值损失的税会差异

资产减值损失	会计准则规定	税法规定	纳税调整
资产的可收回金额低于其账面价值的，将资产的价值减计至可收回金额，减计的金额确认为资产减值损失	将资产减值损失确认为当期损益，并计提资产减值准备	未经核定的准备金支出（不符合财政部、税务主管部门规定的各项资产减值准备、风险准备等准备金支出）不得在税前扣除	本期计提额减去本期转回额后的结果为正数，则余额做纳税调增处理；反之，则余额做纳税调减处理

8. 公允价值变动损益

会计准则规定，公允价值变动收益（损失），是指交易性金融资产等以公允价值计量的资产或负债的公允价值变动形成的应计入当期损益的利得（或损失）。税法规定，企业的各项资产，包括固定资产、生物资产、无形资产、长期待摊费用、投资资产、存货等，均以历史成本为计税基础。企业持有各项资产期间资产增值或者减值，除国务院、税务主管部门规定可以确认损益外，不得调整该资产的计税基础。可见，税法并不承认这一未实现的损益，同时形成了税会差异。

9. 投资收益

投资收益，是指纳税人以各种方式对外投资所取得的收益（所发生的损失为负数）。税法规定，企业的部分债权性投资收益和股权性投资收益为免税收入。另外，由于会计与税法对投资资产计量属性的不同也形成了税会差异。

上述差异主要体现在：

（1）国债利息收入。企业因购买国债所取得的利息收入，计入投资收益，但税法规定，国债利息收入免征企业所得税。因此，该项目需要做纳税调减处理。

（2）符合条件的权益性投资收益。税法规定，符合条件的居民企业之间的股息、红利等权益性投资收益及在中国境内设立机构、场所的非居民企业从居民企业取得与该机构、场所有实际联系的股息、红利等权益性投资收益免征企业所得税。同理，该项目也需要做纳税调减处理。

（3）按权益法进行会计处理的长期股权投资持有期间的投资损益。会计准则规定，投资方对联营企业和合营企业的长期股权投资，采用权益法进行会计处理。投资企业取得长期股权投资后，按照被投资单位实现的净利润或发生的净亏损中投资企业应享有或应分担的份额确认投资收益。而税法规定，股息、红利等权益性投资收益，是指企业因权益性投资从被投资方取得的收入。可见，税法并不承认这部分未实现的损益。因此，该项目形成了税会差异。在进行税务处理时，如按权益法进行会计处理的长期股权投资持有期间的投资损益结果为正数，则做纳税调减处理；反之，则做纳税调增处理。

10. 资产处置收益

资产处置收益，是指企业出售划分为持有待售的非流动资产（金融工具、长期股权投资和投资性房地产除外）或处置组时确认的处置利得或损失，以及处置未划分为持有待售的固定资产、在建工程、生产性生物资产及无形资产而产生的处置利得或损失。债务重组中因处置非流动资产产生的利得或损失和非货币性资产交换产生的利得或损失也包括在内。

会计准则规定，企业初始计量或在资产负债表日重新计量持有待售的非流动资产或处置组时，其账面价值高于公允价值减去出售费用后的净额的，应当将账面价值减记至公允价值减去出售费用后的净额，减记的金额确认为资产减值损失，计入当期损益，同时计提持有待售资产减值准备。所得税法规定，企业持有各项资产期间资产减值，除国务院财政、税务主管部门规定可以确认损益外，不得调整该资产的计税基础。因此，企业计提的持有待售资产减值准备不得在税前扣除，从而产生税会差异，计提的减值准备在汇算清缴时做纳税调增处理。

债务重组中因处置非流动资产产生的利得或损失和非货币性资产交换产生的利得或损失，可能因处置的非流动资产的入账价值与计税基础不同，产生税会差异。

11. **其他收益**

其他收益，是指与企业日常活动相关的政府补助等，以下从应税收入和不征税收入两方面，分析其他收益产生的税会差异。

（1）作为应税收入处理的政府补助。对于政府补助的处理，会计上按权责发生制确认收入，税法上按收付实现制确认。税法上与资产相关的政府补助，按收付实现制分期确认损益。与收益相关的政府补助，按照应收金额或实收金额计量，一次性或分期计入“其他收益”。由于会计与税法确认收入的时间不同，因此会产生税会差异。对于作为“递延收益”处理的补贴收入，跨年度结转时，需调整应纳税所得额，同时考虑递延所得税的确认。

（2）作为不征税收入处理的与收益相关的政府补助。与企业日常活动相关的政府补助，如果同时符合《财政部 国家税务总局关于专项用途财政性资金企业所得税处理问题的通知》（财税〔2011〕70 号）规定的下列三个条件可以作为不征税收入，在计算应纳税所得额时从收入总额中减除：企业能够提供资金拨付文件，且文件中规定该资金的专项用途；财政部门或其他拨付资金的政府部门对该资金有专门的资金管理办法或具体管理要求；企业对该资金以及以该资金发生的支出单独进行核算。

若为与收益相关的政府补助，无论是按照应收金额计量，还是按实收金额计量，其一次性或分期确认的“其他收益”均做纳税调减处理，与之相应对的费用做纳税调增处理。

若为与资产相关的政府补助，按实收金额计量，自相关资产达到预定可使用状态时起，在该资产使用寿命内平均分配，分次计入损益。企业应将计入损益的金额做纳税调减处理，并对当期相关资产折旧、摊销做纳税调增处理。资产折旧或摊销调增金额以不征税收入额为限。

12. **营业外收入**

营业外收入，是指企业发生的营业利润以外的收益，包括债务重组利得、与企业日常活动无关的政府补助、盘盈利得、捐赠利得等。这些利得一般与税法应税收入中的“接受捐赠收入、其他收入”相对应，往往不涉及纳税调整项目。

会计准则规定，长期股权投资的初始投资成本小于投资时应享有的被投资单位可辨认净资产公允价值的份额的差额部分计入营业外收入，同时调整长期股权投资的初始投资成本。而税法规定，企业的投资资产以历史成本为计税基础。因此，对于计入营业外收入的数额做纳税调减处理。

13. 营业外支出

营业外支出，是指企业发生的营业利润以外的支出，主要包括债务重组损失、捐赠支出、非常损失、盘亏损失、非流动资产毁损报废损失、罚款损失等。而税法规定，有些支出税法上不予确认。

这一项目的税会差异主要体现在：

（1）罚金、罚款和被没收财物的损失、税收滞纳金。罚金、罚款和被没收财物的损失、税收滞纳金全额计入营业外支出，但税法规定，上述项目发生的支出不得在税前扣除。所以，上述项目做纳税调增处理。

（2）非广告性质的赞助支出。非广告性质的赞助支出全额计入营业外支出，但税法规定，上述项目发生的支出不得在税前扣除。所以，上述项目做纳税调增处理。

（3）捐赠支出。捐赠支出可以分为公益性捐赠支出和其他捐赠支出。税法规定，对于其他捐赠支出不得在税前扣除，按发生额做纳税调增处理。而对于公益性捐赠支出，税法允许按照会计利润总额的 12%进行限额扣除，并且可以结转至以后三年扣除，超过标准的部分则做纳税调增处理。

（4）对未决诉讼、债务担保、亏损合同等计提的预计负债。企业因未决诉讼、债务担保、亏损合同等确认负债时所确认的费用，在利润表中作为“营业外支出”的组成部分予以反映。而税法规定，只有这些方面的支出实际发生时，才允许扣除。因此，上述业务形成的营业外支出做纳税调增处理，待这些支出实际发生时，再做纳税调减处理。

14. 开办费的税会差异

企业在筹建期间内发生的开办费，一般包括：筹建相关人员的职工薪酬，主要有筹办人员的工资、工资性奖金等工资性的支出，以及缴纳的各种社会保险费、住房公积金等；印刷费、注册登记费、验资费、税务登记费、公证费等；办公费、差旅费；培训费，包括选派一些职工在筹建期间外出进修学习引进的设备和技术发生的费用，以及聘请专家进行技术指导和培训的劳务费及相关其他费用；不计入固定资产成本的借款费用，包括筹资时发生支付的手续费，不能计入固定资产和无形资产初始成本的汇兑损益和利息等；其他，如筹建期间发生的广告费、交际应酬费、印花税、资讯调查费、诉讼费以及庆典礼品费等支出等。

会计准则规定，在开办费用实际发生时直接借记“管理费用”，贷记“应付职工薪酬”“银行存款”等账户。《小企业会计准则》与会计准则保持一致，不通过“长期待摊费用”账户进行会计处理，直接记入“管理费用”账户。因此，不管企业在筹建期间是否将“管理费用”结转至“本年利润”或编制利润表，开办费已成为企业确确实实的支出并计入了当前损益，不再影响以后生产经营期间会计年度的损益。

《国家税务总局关于企业所得税若干税务事项衔接问题的通知》(国税函〔2009〕98号)明确了政策，不硬性规定开办费必须摊销，而给了企业自我选择的空间，一种是企业可以在开始经营之日的当年一次性扣除，一种是按照税法有关其他长期待摊费用的处理规定处理，即自支出发生月份的次月起不低于3年分期摊销。以上两种处理方式，一经选定不得改变。综合来看，税法上的开办费在开始经营之前一贯不作为税前扣除项目，在开始经营之前的年份只能进行归集，不能税前扣除，真正的税前扣除日期为企业各项资产投入使用的开始之日的当年，或者企业对外经营活动开始之日的当年。

【例1-1】企业在2016年筹建期间共发生开办费总额200万元，其中业务招待费50万元，广告费50万元。2017年1月1日企业开始生产经营。2017年企业调整开办费前的应纳税所得额为200万元。企业选择分3年摊销开办费。

税务处理：业务招待费50万元只能按60%扣除，广告费50万元按100%扣除，开办费可扣除金额180万元，2017年汇算清缴时本年摊销60万元（180÷3），汇算清缴时应纳税所得额为140万元（200–60），按规定缴纳税款。

1.2 税会差异的处理方法

税会差异的处理方法主要通过纳税调整和所得税会计进行。

1.2.1 纳税调整

（1）企业所得税按月或季预缴，年终进行汇算清缴。

（2）在报送企业所得税年度纳税申报表时，企业需要针对税会差异的项目进行纳税调整，调整过程通过纳税申报表的附表（如“纳税调整项目明细表”及其二级附表，税收优惠系列明细表等）明细项目反映。

【例1-2】天顺公司2016年销售某产品的销售收入为1 000万元。合同约定，该批产品实现3年保修，预计保修费用21万元。2017年，该公司实际支付保修费用10万元。

（1）会计处理。

2016年：

借：销售费用　　　　210 000

贷：预计负债　　　　　　　　　　　　　　　　　　210 000

2017 年：

借：预计负债　　　　　　　　　　　　　　100 000

贷：银行存款　　　　　　　　　　　　　　　　　　100 000

（2）税务处理。

该公司 2016 年纳税申报表的填制如下：

1）假设 2016 年该公司销售费用仅包括保修费用 21 万元这一项，如表 1-13 所示。

表 1-13　中华人民共和国企业所得税年度纳税申报表（A 类）（A100000）

行　次	类　别	项　目	金　额
4	利润总额计算	销售费用（填写 A104000）	210 000

2）纳税调增 2016 年应纳税所得额 21 万元，如表 1-14 所示。

表 1-14　纳税调整项目明细表（A105000）

行　次	项　目	账载金额	税收金额	调增金额	调减金额
		1	2	3	4
30	（十七）其他	210 000	0	210 000	0

该公司 2017 年纳税申报表的填制如下：

纳税调减 2017 年应纳税所得额 10 万元，如表 1-15 所示。

表 1-15　纳税调整项目明细表（A105000）

行　次	项　目	账载金额	税收金额	调增金额	调减金额
		1	2	3	4
30	（十七）其他	0	100 000	0	100 000

1.2.2　所得税会计

如前所述，企业日常业务的税会差异主要包括暂时性差异和永久性差异。企业常见的暂时性差异和永久性差异分别如本章附录中的表 1-20 和表 1-21 所示。暂时性差异按照对未来期间应税金额的影响，分为应纳税暂时性差异和可抵扣暂时性差异。

对于暂时性差异，主要采用资产负债表债务法来进行会计处理。其具体步骤如下：

第一，确定资产和负债项目的账面价值。

第二，确定资产和负债项目的计税基础。

资产的计税基础，是企业在收回资产账面价值的过程中计算应纳税所得额时，按照税法规定可以自应税经济利益中抵扣的金额。本质上就是税收口径的资产价值标准。

例如，存货的期末余额为 150 万元，其已提跌价准备为 30 万元，则该存货的账面价值为 120 万元，但由于税务上不承认存货的跌价准备，所以存货的计税基础为 150 万元。

负债的计税基础，是指其账面价值减去该负债在未来期间可予税前列支的金额。本质上就是税务口径的负债价值。

例如，企业因产品质量担保计提的预计负债形成年末余额为 100 万元，此预计负债的账面价值为 100 万元，但由于税务处理是按照实际发生时的金额准予税前扣除的，因此预计负债的计税基础为 0 元。

第三，比较账面价值与计税基础，确定暂时性差异。

一般来说，应纳税暂时性差异产生于资产的账面价值大于其计税基础或负债的账面价值小于其计税基础，可抵扣暂时性差异产生于资产的账面价值小于其计税基础或负债的账面价值大于其计税基础。

第四，确认递延所得税资产及负债。

企业在计算确定了应纳税暂时性差异和可抵扣暂时性差异后，确认相应的递延所得税负债和递延所得税资产。

第五，确定利润表中的所得税费用。

所得税费用=当期所得税（应交所得税）+递延所得税
=应交所得税+（期末递延所得税负债–期初递延所得税负债）–（期末递延所得税资产–期初递延所得税资产）

1. 递延所得税负债的会计处理

企业确认的应纳税暂时性差异产生的所得税负债，通过“递延所得税负债”账户进行会计处理。期末贷方余额反映已确认的递延所得税负债。

确认应纳税暂时性差异产生的递延所得税负债时，交易或事项的发生影响到会计利润或应纳税所得额的，作为利润表所得税的组成部分，在确认递延所得税负债的同时，增加利润表中的所得税费用。

资产负债表日，根据适用的税法规定，按照预期收回该资产或清偿该负债期间的适用税率计算递延所得税负债，即递延所得税负债由应纳税暂时性差异转回期间按照税法规定适用的所得税税率计算。其计算公式如下：

递延所得税负债=发生的应纳税暂时性差异的所得税影响金额–已转回的应纳税暂时性差异的所得税影响金额+调整金额

【例 1-3】2014 年 12 月底，华发公司购入一台机器设备，成本为 525 000 元，预计使用年限为 6 年，预计净残值为零。会计上按直线法计提折旧，因该设备符合税法规定的税收优惠条件，计税时可采用年数总和法计列折旧。假定税法规定的使用年限及净残值均与会计相同。该公司各会计期间均未对固定资产计提减值准备。

该公司每年因固定资产账面价值与计税基础不同而确认的递延所得税情况，如表 1-16 所示。

表 1-16 各年的应纳税暂时性差异及其对纳税的影响 单位：元

项　目	2015 年	2016 年	2017 年	2018 年	2019 年	2020 年
实际成本	525 000	525 000	525 000	525 000	525 000	525 000
累计会计折旧	87 500	175 000	262 500	350 000	437 500	525 000
账面价值	437 500	350 000	262 500	175 000	87 500	0
累计计税折旧	150 000	275 000	375 000	450 000	500 000	525 000
计税基础	375 000	250 000	150 000	75 000	25 000	0
暂时性差异	62 500	100 000	112 500	100 000	62 500	0
适用税率（%）	25	25	25	25	25	25
递延所得税负债余额	15 625	25 000	28 125	25 000	15 625	0

该项固定资产各年度账面价值与计税基础确定如下。

（1）2015 年资产负债表日。

固定资产的账面价值=实际成本−累计会计折旧=525 000−87 500=437 500（元）

固定资产的计税基础=实际成本−累计计税折旧=525 000−150 000=375 000（元）

因账面价值 437 500 元大于其计税基础 375 000 元，两者之间产生的 62 500 元差异会增加未来期间的应纳税所得额和应交所得税，属于应纳税暂时性差异，确认递延所得税负债 15 625 元（62 500×25%），会计处理如下：

借：所得税费用　　　　15 625

　贷：递延所得税负债　　　　15 625

（2）2016 年资产负债表日。

固定资产的账面价值=525 000−175 000=350 000（元）

固定资产的计税基础=525 000−275 000=250 000（元）

确认递延所得税负债为 25 000 元（100 000×25%），但递延所得税负债的期初余额为 15 625 元，当期进一步确认递延所得税负债为 9 375 元（25 000−15 625），会计处理如下：

借：所得税费用　　　　9 375

　贷：递延所得税负债　　　　9 375

（3）2017 年资产负债表日。

固定资产的账面价值=525 000−262 500=262 500（元）

固定资产的计税基础=525 000−375 000=150 000（元）

确认递延所得税负债为 28 125 元（112 500×25%），但递延所得税负债的期初余额为 25 000 元，当期进一步确认递延所得税负债为 3 125 元（28 125−25 000），会计处理如下：

借：所得税费用　　　　3 125

　贷：递延所得税负债　　　　3 125

（4）2018 年资产负债表日。

固定资产的账面价值=525 000–350 000=175 000（元）

固定资产的计税基础=525 000–450 000=75 000（元）

确认递延所得税负债为 25 000 元（100 000×25%），但递延所得税负债的期初余额为 28 125 元，当期转回原已确认的递延所得税负债为 3 125 元（25 000–28 125），会计处理如下：

借：递延所得税负债　　3 125

　贷：所得税费用　　3 125

（5）2019 年资产负债表日。

固定资产的账面价值=525 000–437 500=87 500（元）

固定资产的计税基础=525 000–500 000=25 000（元）

确认递延所得税负债为 15 625 元（62 500×25%），但递延所得税负债的期初余额为 25 000 元，当期转回递延所得税负债为 9 375 元（15 625–25 000），会计处理如下：

借：递延所得税负债　　9 375

　贷：所得税费用　　9 375

（6）2020 年资产负债表日。

该项固定资产的账面价值及计税基础均为零，两者之间不存在暂时性差异，原已确认的递延所得税负债予以全额转回，会计处理如下：

借：递延所得税负债　　15 625

　贷：所得税费用　　15 625

2. 递延所得税资产的会计处理

企业确认的可抵扣暂时性差异产生的递延所得税资产以及根据所得税法规定可用以后年度税前利润弥补的亏损及税款抵减产生的所得税资产，均通过“递延所得税资产”进行会计处理。期末借方余额反映企业确认的递延所得税资产。

确认因可抵扣暂时性差异产生的递延所得税资产以未来期间可能取得的应纳税所得额为限。在可抵扣暂时性差异转回的未来期间内，企业无法产生足够的应纳税所得额用以利用可抵扣暂时性差异的影响，使得与可抵扣暂时性差异相关的经济利益无法实现的，不确认递延所得税资产；企业有明确的证据表明其在可抵扣暂时性差异转回的未来期间能够产生足够的应纳税所得额，用以可抵扣暂时性差异的，则以可能取得的应纳税所得额为限，确认递延所得税资产。其计算公式如下：

递延所得税资产=发生的可抵扣暂时性差异的所得税影响金额–已转回的可抵扣暂时性差异的所得税影响金额+调整金额

【例 1-4】2017 年 1 月 1 日，中盛公司购置一台设备，该设备的原值为 3 000 000 元。会计规定采用的计提折旧的方法为年数总和法，税法规定采用平均年限法，折旧年限均为 5 年。在第二年年末时，设备计提了 200 000 元的减值准备。

会计处理如下：

第一年的折旧=3 000 000×5÷15=1 000 000（元）

第二年的折旧=3 000 000×4÷15=800 000（元）

设备的账面价值=3 000 000–1 000 000–800 000–200 000=1 000 000（元）

税务处理如下：

每年计提折旧=3 000 000÷5=600 000（元）

两年共计提折旧=2×600 000=1 200 000（元）

设备的计税基础=3 000 000–1 200 000=1 800 000（元）

因为账面价值小于计税基础，说明两者差额为将来可抵扣的暂时性差异。

两者差额=1 800 000–1 000 000=800 000（元）

可抵扣暂时性差异形成递延所得税资产，会计处理如下：

借：递延所得税资产　　　　　　　　200 000（800 000×25%）

　贷：所得税费用　　　　　　　　　　　200 000

《小企业会计准则》与所得税法的规定基本一致，很少存在暂时性差异。但是小企业的费用在发生时按照其发生额计入当期损益，所得税法对某些费用规定了税前扣除限额，超过限额部分，准予结转以后纳税年度扣除，造成了暂时性差异。例如，所得税法规定，企业发生的符合条件的广告费和业务宣传费支出，不超过当年销售（营业）收入 15%的部分，准予扣除，超过部分，准予结转以后纳税年度扣除；《关于企业职工教育经费税前扣除政策的通知》（财税〔2018〕51 号）规定，自 2018 年 1 月 1 日起，企业发生的职工教育经费支出，不超过工资薪金总额 8%的部分，准予在计算企业所得税应纳税所得额时扣除；超过部分，准予在以后纳税年度结转扣除。

3. 永久性差异

永久性差异，仅影响发生当期，不影响以后期间，不存在不同会计期间摊配问题。如果此差异影响相应的资产或负债，则账面价值与计税基础相同。永久性差异包括以下几类。

（1）可免税的会计收入和收益。可免税的会计收入和收益，即会计准则确认为收入、收益，但所得税法不作为应纳税所得额的项目。例如，会计准则将长期股权投资持有期间的持有收益确认为投资收益，计入利润总额。由于股权投资所得是从被投资企业税后利润分配来的，已在被投资企业征过所得税，所得税法规定仅对投资企业和被投资企业税率差的部分进行补税，那么这部分长期股权投资所得就不再征税。又如，会计准则规定收到国债利息收入时计入“投资收益”账户，年终计入利润总额。而所得税法规定，国债利息收入不计入应纳税所得额。

（2）所得税法作为应税收益的非会计收益。所得税法作为应税收益的非会计收益，即会计准则规定不确认为收入，而所得税法规定作为应税收入计税。例如，价外收费、视同销售业务等，会计上可能不作为收入，而所得税法将其作为应税收入。又如，企业与关联企业以不合理定价为手段减少应纳税所得额，所得税法规定税务机关有权合理调增企业应纳税所得额。

（3）所得税法不做扣除的会计费用或损失。所得税法不做扣除的会计费用或损失，即有些支出，会计准则已列为费用或损失，但所得税法不予认定。分为两种情况，一种是所得税法根本不允许扣除的项目。例如，违法经营的罚款和被没收财物的损失、各项税收的罚款、各种非公益性捐赠和赞助支出。这些项目在会计处理时列为营业外支出，所得税法规定不得扣减应税所得。另一种是所得税法允许扣除，并且规定了扣除比例的项目，如业务招待费、利息支出、公益性的捐赠等。

（4）所得税法可扣除费用的非会计费用。所得税法可扣除费用的非会计费用，即会计未确认为费用或损失的，在计算应税所得额时，允许扣减。

我国目前对永久性差异的会计处理采用应付税款法，具体处理如下：

应税所得额=税前会计利润总额±永久性差异

本期应交所得税=应税所得额×所得税税率

本期所得税费用=本期应交所得税

既有永久性差异又有暂时性差异的会计处理程序，如表1-17所示。

表1-17 既有永久性差异又有暂时性差异的会计处理程序

项　目	计算方法	
税前会计利润	来自会计口径利润	
永久性差异	+	所得税法不做扣除的会计费用或损失
		所得税法作为应税收益的非会计收益
	−	可免税的会计收入和收益
		所得税法可扣除费用的非会计费用
暂时性差异	+	新增可抵扣暂时性差异
		转回应纳税暂时性差异
	−	转回可抵扣暂时性差异
		新增应纳税暂时性差异
应税所得	推算认定	
应交税费	应税所得额×税率	
递延所得税资产	借记	新增可抵扣暂时性差异×税率
	贷记	转回可抵扣暂时性差异×税率
递延所得税负债	贷记	新增应纳税暂时性差异×税率
	借记	转回应纳税暂时性差异×税率
本期所得税费用	倒挤认定	

【例 1-5】润鸿公司 2017 年税前会计利润为 100 万元，所得税税率为 25%，当年发生如下业务：

（1）罚没支出 10 万元。

（2）国债利息收入 6 万元。

（3）库存商品年初账面余额为 50 万元，已提跌价准备 12 万元；年末账面余额为 56 万元，相应的跌价准备为 20 万元。

（4）某销售部门用的固定资产自 2016 年年初开始计提折旧，原价为 200 万元（税务上对此原价是认可的），假定无残值，会计上采用 4 年期年数总和法提取折旧，税法上则采取 5 年期直线法。

（5）2015 年年初，润鸿公司开始自行研制某专利权，历时 6 个月研究成功并投入使用，于 2015 年 7 月 1 日达到预计可使用状态，会计上采用 5 年期直线法摊销，假定无残值。该专利权在自行研发中耗费了 100 万元的研究费用、200 万元的开发费用，假定此开发费用按会计准则均符合资本化条件。另发生注册费、律师费 200 万元。税务上认可此专利权的分摊期限，但对开发费用则采用当期发生当期核销的方法，不承认资本化。

（6）润鸿公司因产品质量担保确认了预计负债，年初余额为 5 万元，2016 年新提了 3 万元，支付了产品质量担保费用 2.5 万元。

根据以上资料，润鸿公司 2017 年所得税的会计处理如下。

（1）判定暂时性差异，如表 1-18 所示。

表 1-18 暂时性差异明细 单位：万元

项目	年初口径			年末口径			差异类型	差异变动金额
	账面价值	计税基础	差异	账面价值	计税基础	差异		
库存商品	38	50	12	36	56	20	新增可抵扣暂时性差异	8
固定资产	120	160	40	60	120	60	新增可抵扣暂时性差异	20
无形资产	280*	140**	140	200	100	100	转回应纳税暂时性差异	–40
预计负债	5	0	5	5.5	0	5.5	新增可抵扣暂时性差异	0.5

*（200+200）×（5–1.5）÷5=280；

**200×（5–1.5）÷5=140。

（2）资产负债表债务法所得税的会计处理过程如表 1-19 所示。

表 1-19 所得税的会计处理过程 单位：万元

项目	计算过程	
税前会计利润	100	
永久性差异	罚没支出	+10
	国债利息收入	–6

续表

项　　目	计算过程	
暂时性差异	库存商品产生的新增可抵扣暂时性差异	+8
	固定资产产生的新增可抵扣暂时性差异	+20
	无形资产产生的转回应纳税暂时性差异	+40
	预计负债产生的新增可抵扣暂时性差异	+0.5
应税所得	172.5	
应交税费	43.125	
递延所得税资产	新增可抵扣暂时性差异×税率	7.125
递延所得税负债	转回应纳税暂时性差异×税率	10
本期所得税费用	26	

会计处理如下：

借：所得税费用　260 000

　　递延所得税资产　71 250

　　递延所得税负债　100 000

　贷：应交税费——应交所得税　431 250

附录　暂时性差异项目和永久性差异项目

表 1-20　暂时性差异一览

暂时性差异项目	产生暂时性差异的原因
应收款项	会计上计提坏账准备的方法、比例由企业自行确定，所得税法规定不允许扣除坏账准备；利息、租金、特许权使用费收入会计上按权责发生制确认收入，而所得税法规定按照合同约定的应付利息、租金、特许权使用费的日期确认
交易性金融资产	会计上按公允价值计量，税法上按历史成本作为计税基础
存货	存货减值准备，不得在税前扣除；建造合同资产，因会计资本化利息大于税法资本化利息，导致会计基础大于计税基础，但考虑到影响历史成本的准确性，实际操作中不确认递延所得税资产
投资性房地产	公允价值计量模式下，账面价值与计税基础产生差异；成本计量模式下，会计折旧与税法折旧方法可能存在差异，账面价值与计税基础不同
持有至到期投资	持有至到期投资减值准备不得在税前扣除；一次还本付息的投资，其利息收入的确认时间与计税收入的确认时间不同
长期股权投资	在成本法下，投资方确认投资收益时按修订后的长期股权投资准则规定的办法计算本期冲减的投资成本；计提减值准备相应减少长期股权投资账面价值；被投资方用留存收益转增股本，投资方不做会计处理。所得税法规定，计税基础按照历史成本确定，被投资方用留存收益转增股本，投资方相应追加投资计税基础。 在权益法下，长期股权投资的账面价值随着被投资方所有者权益的变动而做相应调整；计提减值准备相应减少长期股权投资的账面价值；被投资方用留存收益转增股本，投资方不做会计处理。所得税法规定，计税基础按照历史成本确定，被投资方用留存收益转增股本，投资方相应追加投资计税基础
固定资产	弃置费、残值、固定资产折旧、减值准备等因素导致会计折旧与税法折旧可能不同，从而导致固定资产账面价值与计税基础不同；承租人将租赁开始日租赁资产的公允价值与最低租赁付款额现值两者中较低者作为租入资产的入账价值，所得税法规定融资租入资产按照租赁合同或协议约定的付款额以及在取得租赁资产过程中支付的有关费用作为其计税基础；除房屋、建筑物外未使用的固定资产计提的折旧不得在税前扣除
在建工程	在建工程减值准备不得税前扣除
无形资产	无形资产减值准备不得在税前扣除；使用寿命不确定的无形资产会计上不得摊销，但税法规定可在不少于 10 年的期限分期扣除；自行开发无形资产的计税基础按照会计基础的 150%确认

续表

暂时性差异项目	产生暂时性差异的原因
应付款项	由于债权人导致债务不能清偿或无须清偿的部分，会计上要求企业将该应付款项划为金融负债，并按市价低于账面价值部分进行调整。所得税法规定，应并入所得征税，实际支付时纳税调减
预计负债	会计上按照履行现时义务所需支出的最佳估计数进行初始计量。所得税法要求，除另有规定者外，预计负债在实际发生时扣除
应付职工薪酬	工资、奖金、补贴、津贴、非货币性福利、现金结算的股份支付，会计上按权责发生制计提，计算所得税时按照实际发放数据实扣除
预收账款	房地产企业取得的预收账款会计上作为负债处理，但按所得税法规定应按照预计利润率计算预计利润并入当期利润总额预缴企业所得税，以后实际结转收入时，前期已纳税款允许退还
职工教育经费	会计上据实列支。所得税法要求企业每一年度计提并使用的职工教育经费，不得超过工资总额的8%，超过部分无限期结转至以后年度扣除
股权转让所得	会计上规定，股权转让所得列入当期损益。所得税法规定，企业在一个纳税年度发生的转让、处置持有5年以上的股权投资所得、非货币性资产投资转让所得、债务重组所得和捐赠所得，占当年应纳税所得50%及以上的，可在不超过5年的期间均匀计入各年度的应纳税所得额
非现金资产投资所得	同“股权转让所得”
债务重组所得	同“股权转让所得”
接受捐赠所得	同“股权转让所得”
弥补亏损	企业纳税年度发生的亏损，准予向以后年度结转，用以后年度的所得弥补，但结转年限最长不得超过5 年
专用设备投资税额抵免	企业购置并实际使用《环境保护专用设备企业所得税优惠目录》《节能节水专用设备企业所得税优惠目录》和《安全生产专用设备企业所得税优惠目录》规定的环境保护、节能节水、安全生产等专用设备的，该专用设备投资额的10%可以从企业当年应纳税额中抵免；当年不足抵免的，可以在以后5个纳税年度结转抵免
创业投资额所得额抵免	创业投资企业采取股权投资方式投资于未上市的中小高新技术企业2年以上的，可以按照其投资额的70%在股权持有满2年的当年抵扣该创业投资企业的应纳税所得额；当年不足抵扣的，可以在以后纳税年度结转抵扣

表1-21 永久性差异项目一览

永久性差异项目	产生永久性差异的原因
不征税收入	财政拨款；依法收取并纳入财政管理的行政事业性收费、政府性基金；国务院规定的其他不征税收入

续表

永久性差异项目	产生永久性差异的原因
免税收入	国债利息收入；符合条件的居民企业之间的股息、红利等权益性投资收益；在中国境内设立机构、场所的非居民企业从居民企业取得与该机构、场所有实际联系的股息、红利等权益性投资收益；符合条件的非营利组织的收入
先征后返的部分税款	企业按照国务院财政、税务主管部门有关文件规定，实际收到具有专门用途的先征后返所得税款，按照会计准则规定应计入取得当期的利润总额，暂不计入取得当期的应纳税所得额；软件生产企业实行增值税即征即退政策所退还的税款，由企业用于研究开发软件产品和扩大再生产，不作为企业所得税应税收入，不予征收企业所得税
减计收入	（1）企业以《资源综合利用企业所得税优惠目录》规定的资源作为主要原材料，生产国家非限制和禁止并符合国家和行业相关标准的产品取得的收入，减按 90%计入收入总额。原材料占生产产品材料的比例不得低于《资源综合利用企业所得税优惠目录》规定的标准。 （2）自 2017 年 1 月 1 日至 2019 年 12 月 31 日，对金融机构农户小额贷款的利息收入在计算应纳税所得额时，按 90%计入收入总额。 （3）自 2017 年 1 月 1 日至 2019 年 12 月 31 日，对保险公司为种植业、养殖业提供保险业务取得的保费收入，在计算应纳税所得额时，按 90%计入收入总额
减免税所得	（1）企业农林牧渔项目的所得可以减免企业所得税。 （2）企业从事国家重点扶持的公共基础设施项目的投资经营所得、符合条件的环境保护、节能节水项目的所得，自项目取得第一笔生产经营收入所属纳税年度起，第一年至第三年免征企业所得税，第四年至第六年减半征收企业所得税。 （3）一个纳税年度内，居民企业技术转让所得不超过 500 万元的部分，免征企业所得税，超过 500 万元的部分，减半征收企业所得税。 （4）对证券投资基金从证券市场中取得的收入，包括买卖股票、债券的差价收入，股权的股息、红利收入，债券的利息收入及其他收入，暂不征收企业所得税；对投资者从证券投资基金分配中取得的收入，暂不征收企业所得税；对证券投资基金管理人运用基金买卖股票、债券的差价收入，暂不征收企业所得税
加计扣除	（1）企业为开发新技术、新产品、新工艺发生的研究开发费用，未形成无形资产计入当期损益的，在按照规定据实扣除的基础上，按照研究开发费用的 50%加计扣除；形成无形资产的，按照无形资产成本的 150%摊销。 （2）科技型中小企业开展研发活动中实际发生的研发费用，未形成无形资产计入当期损益的，在按规定据实扣除的基础上，在 2017 年 1 月 1 日至 2019 年 12 月 31 日期间，再按照实际发生额的 75%在税前加计扣除；形成无形资产的，在上述期间按照无形资产成本的 175%在税前摊销。 （3）企业安置残疾人员所支付的工资可以加计扣除，是指企业安置残疾人员的，在据实扣除支付给残疾职工工资的基础上，按照支付给残疾职工工资的 100%加计扣除。残疾人员的范围适用《中华人民共和国残疾人保障法》的有关规定

续表

永久性差异项目	产生永久性差异的原因
不征税收入用于支出	企业的不征税收入用于支出所形成的费用或者财产，不得扣除或者计算对应的折旧、摊销扣除
超过扣除标准的“五险一金”	企业按照国务院有关主管部门或者省级人民政府规定的范围和标准为职工缴纳的基本养老保险费、基本医疗保险费、失业保险费、工伤保险费、生育保险费等基本社会保险费和住房公积金，准予扣除。超过标准缴纳的部分，不得扣除
超过扣除标准的补充养老保险和补充医疗保险	企业为投资者或者职工支付的补充养老保险费、补充医疗保险费，在国务院财政、税务主管部门规定的范围和标准内，准予扣除，超过标准的部分不得扣除
超过扣除标准的商业保险	除企业依照国家有关规定为特殊工种职工支付的人身安全保险费和国务院财政、税务主管部门规定可以扣除的其他商业保险费外，企业为投资者或者职工支付的商业保险费，不得扣除
职工福利费	企业发生的职工福利费支出，不超过工资薪金总额14%的部分，准予扣除。超过部分不得扣除
工会经费	企业拨缴的工会经费，不超过工资薪金总额 2%的部分，准予扣除。超过部分不得扣除
业务招待费	企业发生的与生产经营活动有关的业务招待费支出，按照发生额的60%扣除，但最高不得超过当年销售（营业）收入的5‰。超过部分不得扣除
捐赠支出	企业发生的公益性捐赠支出，年度利润总额12%的部分，准予在计算应纳税所得额时扣除，并可以结转至以后三年扣除；非公益性捐赠支出，不得扣除
罚款、罚金、滞纳金	向行政部门支付的罚款、滞纳金不得扣除；向司法部门支付的滞纳金、罚金不得扣除
没收财物	因违法经营而被没收财物的损失，不得在税前扣除
非广告性赞助支出	非广告性赞助支出不得扣除

第 2 章

存货的税会差异

存货的税会差异主要体现在存货的取得、存货发出方法的选择、存货跌价准备的计提和存货损失的处理等业务中，本章主要介绍这些业务的税会差异、纳税调整处理和纳税申报表的填制。

2.1 取得存货的税会差异

会计准则规定，存货应按照成本进行初始计量，包括采购成本、加工成本和其他成本。投资者投入存货的成本，按照投资合同或协议约定的价值确定，但合同或协议约定价值不公允的除外。

所得税法规定存货按取得时的实际支出作为计税基础。外购存货按购买价款和相关税费等作为计税基础。接受捐赠的、非货币性资产交换取得的、债务重组取得的存货，按存货的公允价值和支付的相关税费计价。

对于接受捐赠的存货，会计准则没有做出明确规定。所得税法规定，企业接受捐赠的存货，按接受捐赠时资产的入账价值确认收入，并计算缴纳企业所得税，同时按会计成本确认为计税成本。

本节主要介绍外购存货、接受捐赠存货的税会差异，以及纳税调整处理和纳税申报表的填制。非货币性资产交换、债务重组取得存货的税会差异及其纳税调整处理，请参见第 11 章和第 12 章。

2.1.1 外购存货的差异

企业外购存货的税会差异，如表 2-1 所示。

表 2-1 外购存货的税会差异

会计处理	税务处理
存货的采购成本包括购买价款、进口关税和其他税费、运输费、装卸费、保险费以及其他可归属于存货采购成本的费用，但是不包括仓储费用	以取得时的实际成本计价。外购存货的实际成本包括购货价格、购货费用和税金。存货按照以下方法确定成本： （1）通过支付现金方式取得的存货，以购买价款和支付的相关税费为成本。 （2）通过支付现金以外的方式取得的存货，以该存货的公允价值和支付的相关税费为成本

【例 2-1】黄海公司是一般纳税人，采用计划成本法进行会计处理。2017 年 1 月 3 日，黄海公司从长江公司购买材料，但黄海公司资金紧张。长江公司考虑到黄海公司拥有良好的信誉，于是双方签订购销合同，购买价格为 400 000 元，增值税税率为 17%，2018 年 6 月 30 日偿还材料款。2017 年 1 月 3 日长江公司发出了材料，并按 400 000 元的价格开具了增值税专用发票，购买该材料价款的现值为 360 000 元。

2017 年 1 月 3 日，黄海公司采购材料时：

借：材料采购　　360 000

　　应交税费——应交增值税（进项税额）　　68 000

　　未确认融资费用　　40 000

　贷：长期应付款——长江公司　　468 000

会计准则规定，黄海公司购买材料的账面金额按购买该材料价款的现值 360 000 元进行计量，而税法认定的该材料的成本为 400 000 元。因此，在材料消耗、未确认融资费用摊销时要做纳税调整处理。

如果黄海公司是小企业，则上述会计处理中的"材料采购"账户的金额为 400 000 元，并且不存在"未确认融资费用"账户。此时，税会一致，不存在差异，不需要做纳税调整处理。

因存货而发生的借款费用，会计准则对存货的入账金额计算与所得税法规定存在一定的差异，如表 2-2 所示。

表 2-2 存货借款费用的税会差异

会计处理	税务处理
企业发生的借款费用，可直接归属于符合资本化条件存货生产的，予以资本化，计入存货成本；其他借款费用在发生时确认为费用，计入当期损益。这里符合资本化条件的存货，是指需要经过相当长时间的购建或者生产活动才能达到可使用或者可销售状态的存货	企业在生产经营活动中发生的合理的不需要资本化的借款费用，准予扣除。 企业经过 12 个月以上的建造才能达到预定可销售状态的存货发生借款的，在建造期间发生的合理的借款费用，作为资本性支出计入有关资产的成本，并依照规定扣除

【例 2-2】江南公司为菲勒锻造公司制造两台大型设备，设备的生产周期超过一年时间。江南公司于 2017 年 1 月 1 日向银行贷款 200 万元，年利率为 6%，期限 2 年，每年年末付息一次。江南公司于 2017 年 4 月 1 日支出银行贷款 100 万元，10 月 1 日支出银行贷款 100 万元，两台设备在 2018 年 6 月 30 日完工交付。

江南公司按表 2-3 所示的方法计算贷款利息（假设利息资本化金额每半年计算一次）。

表 2-3　江南公司的会计处理和税务处理

时　　间	会计处理	税务处理
2017 年 6 月 30 日	资本化金额=（100×3÷6）×6%÷2=1.5（万元） 当期负担的半年利息=200×6%÷2=6（万元） 借：生产成本　15 000 　财务费用　45 000 贷：长期借款——应计利息　60 000	2017 年，江南公司全年负担利息为 12 万元，但计入财务费用的只有 6 万元；所得税法规定，江南公司当年允许税前扣除的利息费用为 12 万元，因此产生 6 万元的差异
2017 年 12 月 31 日	资本化金额=（100+100×3÷6）×6%÷2=4.5（万元） 当期负担的半年利息=200×6%÷2=6（万元） 借：生产成本　45 000 　财务费用　15 000 贷：应付利息　60 000	
2018 年 6 月 30 日	半年利息 6 万元全部资本化，计入生产成本账户： 借：生产成本　60 000 贷：长期借款——应计利息　60 000	全年负担的利息为 12 万元，有 6 万元允许计入财务费用，所得税法规定当年允许税前扣除的财务费用为 12 万元，产生 6 万元的差异
2018 年 12 月 31 日	两台设备在 2018 年 6 月 30 日完工交付，下半年利息 6 万元全部计入财务费用： 借：财务费用　60 000 贷：应付利息　60 000	

2.1.2　接受捐赠存货的差异

接受捐赠存货的税会差异如表 2-4 所示。

表 2-4　接受捐赠存货的税会差异

会计处理	税务处理
接受捐赠的存货，按照公允价值计量；公允价值不能可靠取得的，按照名义金额计量，名义金额为 1 元	企业接受来自其他企业、组织或者个人无偿给予的货币资产、非货币资产，并入实际收到捐赠当年的应纳税所得总额征收企业所得税，按照公允价值和应支付的相关税费作为计税基础

2.2 发出存货的税会差异

存货转移主要涉及两方面问题：一是存货发出时采用的计价方法，即采用先进先出法、月末一次加权平均法、移动加权平均法或个别计价法；二是存货发出后的去向，主要包括对外出售、内部使用和债务重组等业务。本节主要介绍存货发出计价方法的税会差异、购进货物和自产产品应用于非应税项目或非生产项目的税会差异、存货视同销售的其他情况的税会差异，以及房地产开发企业售房预缴增值税款的税会处理。

2.2.1 存货发出的计价方法

存货发出的计价方法主要有先进先出法、月末一次加权平均法、个别计价法和移动加权平均法。在此，主要介绍前三种方法的税会差异。

存货发出计价方法的税会差异如表 2-5 所示。

表 2-5 存货发出计价方法的税会差异

会计处理	税务处理	差 异
企业采用先进先出法、月末一次加权平均法或者个别计价法确定发出存货的实际成本。已售存货将其成本结转为当期损益，相应的存货跌价准备也予以结转	企业使用或者销售的存货的成本计算方法，可以在先进先出法、月末一次加权平均法、个别计价法中选用一种。计价方法一经选用，不得随意变更	基本一致

2.2.2 购进货物改变经营用途

购进货物改变经营用途是指将购进的本来用于应税项目的货物转用于非应税项目或非生产项目。相关税法规定如表 2-6 所示。

表 2-6 购进货物用途的增值税规定

<table>
<tr><th colspan="2">购进货物的情况</th><th>增值税的相关规定</th></tr>
<tr><td colspan="2">没有明确用途</td><td>企业购进货物，其进项税额允许抵扣</td></tr>
<tr><td colspan="2">明确用途，用于非生产或非应税项目</td><td>不能抵扣进项税额，其进项税额直接计入该项货物的成本</td></tr>
<tr><td rowspan="2">已经抵扣了进项税额的购进货物，如果改变其经营用途，转用于非应税项目或非生产项目</td><td>购进货物改变用途</td><td>购进时已得到抵扣的进项税额要做转出处理，其所负担的运费所计提的进项税额也一并转出</td></tr>
<tr><td>购进货物改变经营用途，用于企业的外部非生产移送</td><td>视同销售行为，在货物移送环节计算其增值税的销项税额</td></tr>
</table>

【例 2-3】松钢公司是一般纳税人，2017 年 4 月将 3 月购进的钢材一批用于企业的在建工程（不动产），钢材的实际成本为 110 000 元（其中含运费 10 000 元）。

运费部分转出的进项税额= 10 000 × 11% × 40% = 440（元）

钢材部分转出的进项税额 =（110 000–10 000）× 17% × 40% = 6 800（元）

松钢公司的会计处理如下：

借：在建工程　　11 000

　　应交税费——待抵扣进项税额　　7 240

　贷：原材料　　110 000

　　　应交税费——应交增值税（进项税额转出）　　7 240

购进货物改变经营用途，用于企业的外部非生产移送，如对外投资、股东分红、无偿赠送等。此种行为属于视同销售行为，按照《企业会计准则第 14 号——收入》以其公允价值确认收入，在货物移送环节计算其增值税的销项税额，同时结转相应的成本。

视同销售业务同时涉及增值税和所得税的处理。

（1）增值税部分。对于视同销售业务的认定，按照《中华人民共和国增值税暂行条例实施细则》的规定，单位或者个体工商户的下列行为，应当视同销售：

① 将货物交付其他单位或者个人代销；

② 销售代销货物；

③ 设有两个以上机构并实行统一核算的纳税人，将货物从一个机构移送其他机构用于销售，但相关机构设在同一县（市）的除外；

④ 将自产或者委托加工的货物用于非增值税应税项目；

⑤ 将自产、委托加工的货物用于集体福利或者个人消费；

⑥ 将自产、委托加工或者购进的货物作为投资，提供给其他单位或者个体工商户；

⑦ 将自产、委托加工或者购进的货物分配给股东或者投资者；

⑧ 将自产、委托加工或者购进的货物无偿赠送其他单位或者个人。

（2）所得税部分。对于涉及所得税处理的，按照《国家税务总局关于企业处置资产所得税处理问题的通知》（国税函〔2008〕第 828 号）规定，企业将资产移送他人的下列情形，因资产所有权属已发生改变而不属于内部处置资产，应按规定视同销售确定收入。

① 用于市场推广或销售；

② 用于交际应酬；

③ 用于职工奖励或福利；

④ 用于股息分配；

⑤ 用于对外捐赠；

⑥ 其他改变资产所有权属的用途。

企业发生上述行为时，收入金额的确认方法要按照以下规定处理：属于企业自制的资产，应按企业同类资产同期对外销售价格确定销售收入；属于外购的资产，可按购入时的价格确定销售收入。

【例 2-4】大华公司是一般纳税人，2017 年 1 月购进一批货物，取得增值税专用发票，注明价款 100 000 元，增值税额 17 000 元（发票当月已认证），款项以银行存款支付。2017 年 2 月将购进货物的 50%用于内部职工福利，另外 50%用于外部无偿赠送客户。

大华公司的会计处理如表 2-7 所示。

表 2-7 大华公司的会计处理

货物购进环节	改变货物用途时	
	50%用于内部职工福利	50%用于外部无偿赠送
借：库存商品 100 000 应交税费——应交增值税（进项税额） 17 000 贷：银行存款 117 000	应转出的进项税额=100 000×50%×17%=8 500（元） 借：应付职工薪酬——职工福利 58 500 贷：库存商品 50 000 应交税费——应交增值税（进项税额转出） 8 500	视同销售处理，没有同类产品售价，按组成计税价格计税： 销项税额=50 000×（1+10%）×17%＝9 350（元） 借：营业外支出 64 350 贷：主营业务收入 55 000 应交税费——应交增值税（销项税额） 9 350 同时结转成本： 借：主营业务成本 50 000 贷：库存商品 50 000

表 2-7 中的 50%用于内部职工福利，属于国税函〔2008〕第 828 号规定的视同销售行为，而会计处理并未确认收入，两者存在税会差异，纳税申报时需要做纳税调整处理，填制《视同销售和房地产开发企业特定业务纳税调整明细表（A105010）》，如表 2-8 所示。

表 2-8 视同销售和房地产开发企业特定业务纳税调整明细表（A105010）

行 次	项 目	税收金额	纳税调整金额
		1	2
1	一、视同销售（营业）收入		
5	（四）用于职工奖励或福利视同销售收入	55 000	55 000
11	二、视同销售（营业）成本		
15	（四）用于职工奖励或福利视同销售成本	50 000	50 000

2.2.3 自产产品用于非应税项目或非生产项目

将自产产品或委托加工收回的货物用于非应税项目或非生产项目，其税务处理和会计处理如表 2-9 所示。

表 2-9　自产产品用于非应税项目或非生产项目的税务处理和会计处理

税务处理	会计处理	
	以物易物行为	以存货抵偿债务
视同销售行为处理，在货物移送环节，计算其应纳的增值税销项税额，并可抵扣其进项税额	属于企业的非货币性资产交换，按《企业会计准则第 7 号——非货币性资产交换》的规定进行会计处理。具体处理方法可以参见第 11 章	按《企业会计准则第 12 号——债务重组》的规定进行会计处理。具体处理方法可以参见第 12 章

本节主要介绍自产产品用于个人消费、对外投资、集体福利、对外捐赠等业务的税会差异，自产产品用于非货币性资产交换和债务重组等业务的税会差异，请参见第 11 章和第 12 章。

1. 自产产品用于个人消费

自产产品用于个人消费的情况如例 2-5 所示。

【例 2-5】鞍钢公司 2017 年 5 月将自己生产的保温杯 1 000 件用于个人消费，产品单位成本每件 150 元，同类产品对外销售价格每件 180 元，该产品增值税税率为 17%。

鞍钢公司的会计处理如下：

销项税额=180×1000×17%=30 600（元）

借：应付职工薪酬　　180 600

　贷：库存商品　　150 000

　　应交税费——应交增值税（销项税额）　　30 600

上述业务，属于国税函〔2008〕第 828 号规定的视同销售行为，而会计处理并未确认收入，两者存在税会差异，纳税申报时需要做纳税调整处理，填制《视同销售和房地产开发企业特定业务纳税调整明细表（A105010）》，如表 2-10 所示。

表 2-10　视同销售和房地产开发企业特定业务纳税调整明细表（A105010）

行　次	项　目	税收金额	纳税调整金额
		1	2
1	一、视同销售（营业）收入		
10	（九）其他	180 000	180 000
11	二、视同销售（营业）成本		
20	（九）其他	150 000	150 000

2. 自产产品用于集体福利

企业自产、委托加工的货物用于集体福利消费等，视同销售货物计算应交增值税。

【例 2-6】乳山被服厂 2017 年用自己产的原材料给本厂职工每人定做一套西服，共计 250 套。原材料成本为每套 400 元，适用的增值税税率为 17%。

乳山被服厂的会计处理如下：

该批材料无销售价格，按组成计税价格计算。

销项税额=组成计税价格×适用税率

=成本×（1+成本利润率）×适用税率

=400×250×（1+10%）×17%

=18 700（元）

借：应付职工薪酬——职工福利　　118 700

　贷：库存商品　　100 000

　　应交税费——应交增值税（销项税额）　　18 700

上述业务，属于国税函〔2008〕第 828 号规定的视同销售行为，而会计处理并未确认收入，两者存在税会差异，纳税申报时需要做纳税调整处理，填制《视同销售和房地产开发企业特定业务纳税调整明细表（A105010）》，如表 2-11 所示。

表 2-11　视同销售和房地产开发企业特定业务纳税调整明细表（A105010）

行　次	项　目	税收金额	纳税调整金额
		1	2
1	一、视同销售（营业）收入		
5	（四）用于职工奖励或福利视同销售收入	110 000	110 000
11	二、视同销售（营业）成本		
15	（四）用于职工奖励或福利视同销售成本	100 000	100 000

3. 无偿赠送自产产品

无偿赠送行为可分为两种：公益性捐赠和非公益性捐赠。公益性捐赠是指企业通过公益性社会团体或者县级（贪县级）以上人民政府及其部门，用于我国捐赠法规定的公益事业的捐赠。除此之外的，为非公益性捐赠。

我国增值税条例对捐赠行为是否具有公益性没有进行区分，统一按照视同销售行为，以同类产品同期对外销售价格或组成计税价格为基础，计算缴纳增值税。

企业将自产、委托加工的货物无偿赠送他人，视同销售货物计算应交增值税，借记“营业外支出”等账户，贷记“应交税费——应交增值税（销项税额）”账户。

所得税法规定，企业将存货、资产、劳务用于捐赠的，除国务院财政、税务主管部门另有规定外，应当视同销售货物、转让财产或者提供劳务。企业将资产移送他人且资产所有权发生变更的，应按规定视同销售并确定收入。企业发生资产所有权转移的处置行为，属于企业自制的资产，应按企业被移送资产的公允价值确定销售收入；属于外购的资产，可按购入时的价格确定销售收入。

可见，企业实物捐赠业务不管是否具有公益性，在企业所得税业务处理中均需要视同销售，按公允价值或购入时价格确认收入。

由于国家对公益事业的政策支持，根据所得税法规定，企业发生的公益性捐赠支出，不超过年度利润总额 12%的部分，准予扣除；超过部分，准予结转以后三年内在计算应纳税所得额时扣除。

需要注意的是扣除标准中的年度利润总额，是指按国家统一会计制度核算的年度会计利润；此外，公益性捐赠的扣除，必须同时符合三个条件：一是这种捐赠必须是公益性的，必须是通过非营利机构或政府机构发生的捐赠，直接的捐赠或通过营利机构发生的捐赠不得扣除；二是必须取得合法有效的扣除凭证；三是及时准确地提交税前扣除申报资料。

《关于公益性捐赠支出企业所得税税前结转扣除有关政策的通知》（财税〔2018〕15 号）规定：

（1）企业通过公益性社会组织或者县级（含县级）以上人民政府及其组成部门和直属机构，用于慈善活动、公益事业的捐赠支出，在年度利润总额 12%以内的部分，准予在计算应纳税所得额时扣除；超过年度利润总额 12%的部分，准予结转以后三年内在计算应纳税所得额时扣除。

（2）企业当年发生及以前年度结转的公益性捐赠支出，准予在当年税前扣除的部分，不能超过企业当年年度利润总额的 12%。

（3）企业发生的公益性捐赠支出未在当年税前扣除的部分，准予向以后年度结转扣除，但结转年限自捐赠发生年度的次年起计算最长不得超过三年。

（4）企业在对公益性捐赠支出计算扣除时，应先扣除以前年度结转的捐赠支出，再扣除当年发生的捐赠支出。

所得税法规定，企业将自产、委托加工和外购的原材料、固定资产、无形资产和有价证券（商业企业包括外购商品）用于捐赠，分解为按公允价值视同对外销售和捐赠两项业务进行所得税处理。

【例 2-7】2017 年 1 月 15 日，乳山被服厂向灾区捐赠自产被套一批，价值为 300 000 元，同类产品市场价为 360 000 元。假设 50%用于公益性捐赠，50%用于非公益性捐赠，当年该厂的利润总额为 100 万元。

会计处理如下：

销项税额=360 000 ×17% = 61 200（元）

借：营业外支出	361 200	
贷：库存商品		300 000
应交税费——应交增值税（销项税额）		61 200

公益性捐赠和非公益性捐赠的会计处理方法及其对所得税的影响是不一致的。两者的税会差异如表 2-12 所示。

表 2-12 公益性捐赠和非公益性捐赠的税会差异

项 目	会计上按成本结转	税法上确认销售收入
非公益性捐赠	按视同销售调整应纳税所得额；捐赠成本和增值税销项税全额纳税调增	捐赠成本和增值税销项税全额纳税调增
公益性捐赠	按视同销售调整应纳税所得额；捐赠成本和增值税销项税额超过会计利润 12%部分纳税调增	捐赠成本和增值税销项税额超过会计利润 12%部分纳税调增

上述业务，属于国税函〔2008〕第 828 号规定的视同销售行为，而会计处理并未确认收入，两者存在税会差异，纳税申报时需要做纳税调整处理，填制《视同销售和房地产开发企业特定业务纳税调整明细表（A105010）》（见表 2-13）和《捐赠支出纳税调整明细表（A105070）》（见表 2-14）。

表 2-13 视同销售和房地产开发企业特定业务纳税调整明细表（A105010）

行 次	项 目	税收金额	纳税调整金额
		1	2
1	一、视同销售（营业）收入		
7	（六）用于对外捐赠视同销售收入	360 000	360 000
11	二、视同销售（营业）成本		
17	（六）用于对外捐赠视同销售成本	300 000	300 000

表 2-14 捐赠支出纳税调整明细表（A105070）

行次	项 目	账载金额	以前年度结转可扣除的捐赠额	按税收规定计算的扣除限额	税收金额	纳税调增金额	纳税调减金额	可结转以后年度扣除的捐赠额
		1	2	3	4	5	6	7
1	一、非公益性捐赠	180 600				180 600		
2	二、全额扣除的公益性捐赠							
3	三、限额扣除的公益性捐赠（4+5+6+7）	180 600		120 000	120 000	60 600		60 600
4	前三年度（ 年）							
5	前二年度（ 年）							
6	前一年度（ 年）							

续表

行次	项　　目	账载金额	以前年度结转可扣除的捐赠额	按税收规定计算的扣除限额	税收金额	纳税调增金额	纳税调减金额	可结转以后年度扣除的捐赠额
		1	2	3	4	5	6	7
7	本年（2017 年）	180 600		120 000	120 000	60 600		60 600
8	合计（1+2+3）	361 200	—	120 000	120 000	241 200	—	60 600

2.2.4　存货视同销售的其他情况分析

存货视同销售的其他情况包括对外投资、存货作为样品进行广告宣传、存货对外捐赠等业务。

【例 2-8】华阳公司用一批自产存货对其子公司追加投资，该批存货成本为 100 万元，公允价值为 200 万元（假设不考虑除企业所得税外的其他税种）。

会计准则规定，由于该投资发生于关联企业之间，不具备商业实质，因此长期股权投资成本应以换出存货的账面价值 100 万元确认，同时在贷方将该批存货的账面价值转出。

所得税法规定，非货币性资产交换无论是否具有商业实质，均属于视同销售行为，应做相应的纳税调整处理。因此华阳公司应调增应纳税所得额 100 万元（200–100）。

此外，该项长期股权投资的计税基础应为 200 万元，而非 100 万元，即该项长期股权投资处置时可在税前扣除的金额为 200 万元。

【例 2-9】华阳公司将一批自产的产品作为样品在展销会上无偿赠送他人，存货成本价 100 万元，公允价值 200 万元，企业当年营业收入为 800 万元（假设不考虑除企业所得税外的其他税种）。

会计处理时，按照自产产品成本确认的销售费用为 100 万元。

税务处理时，根据国税函〔2008〕第 828 号的规定，资产所有权发生转移时应按照视同销售行为确认收入，因此需调增应纳税所得额 100 万元。另外，所得税法实施条例规定，企业发生的符合条件的广告费和业务宣传费支出，除国务院财政、税务主管部门另有规定外，不超过当年销售（营业）收入 15%的部分，准予扣除，超过部分，准予在以后纳税年度结转扣除。扣除限额=（800+200）×15%=150（万元）。计算应纳税所得额时，应以视同销售价格 200 万元为扣除标准，当期应调减应纳税所得额 50 万元，剩下 50 万元结转下年再做纳税调整处理。

【例 2-10】华阳公司将一批自产存货通过红十字会捐赠给灾区，存货成本价 100 万元，公允价值 200 万元，企业当年会计利润总额为 1 000 万元（假设不考虑除企业所得税外的其他税种）。

在会计处理上，按照存货的账面价值 100 万元计入当期损益，从营业利润中扣减，计算利润总额。

在税务处理上，先调增应纳税所得额 100 万元，根据所得税法规定，企业发生的公益性捐赠支出，不超过年度利润总额的 12%的部分，准予扣除。因此，扣除限额=1 000×12%=120（万元），100 万元<120 万元，在利润总额前扣减，不需再做纳税调整处理。

2.2.5 房地产开发企业售房预缴增值税的税会处理

全面推开营业税改征增值税后，相关文件规定了四种税款预缴情形：纳税人转让异地不动产、异地提供不动产经营租赁服务、异地提供建筑服务以及房地产开发企业以预收款方式销售房地产。其中，房地产开发企业预缴增值税在时间、地点、发票开具、会计处理等方面均有其特殊之处，增值税应纳税额的确定较为复杂，与纳税人的进销项金额乃至进销项的发生时间均有密切的关系。因此，全面推开营业税改征增值税将房地产开发企业的纳税义务发生时间延后到不动产的交付阶段，收到预收款不再作为纳税义务发生时间。

《财政部 国家税务总局关于全面推开营业税改征增值税试点的通知》（财税〔2016〕36 号）以及《房地产开发企业销售自行开发的房地产项目增值税征收管理暂行办法》（国家税务总局公告 2016 年第 18 号）规定，房地产开发企业采取预收款方式销售所开发的房地产项目，在收到预收款时按照 3%的预征率预缴增值税，待实际纳税义务发生后进行纳税申报时，已预缴税款可以抵减纳税人当期的应纳税额。房地产开发企业收到预收款，除需要预缴增值税外，根据附加税费相关法规以及《财政部 国家税务总局关于纳税人异地预缴增值税有关城市维护建设税和教育费附加政策问题的通知》（财税〔2016〕74 号）的规定，城建税、教育费附加、地方教育费附加等附加税费以实际缴纳的增值税为计税依据，以增值税的缴纳地点为缴纳地点，因此房地产开发企业在预缴增值税税款时，应以预缴增值税额为计税依据，并按预缴增值税所在地的城市维护建设税适用税率和教育费附加征收率就地计算缴纳城市维护建设税和教育费附加。

国家税务总局公告 2016 年第 18 号规定，一般纳税人应在取得预收款的次月纳税申报期向主管国税机关预缴税款；小规模纳税人应在取得预收款的次月纳税申报期或主管国税机关核定的纳税期限向主管国税机关预缴税款。

根据以上规定，一般纳税人当月取得多笔预收款，应在次月申报期合并预缴税款，小规模纳税人本季度取得多笔预收款，可在季度满次月申报期合并预缴税款。

预收款的范围包括：房款（含首付款、按揭款、全款）和合同成立签订之后的定金，除上述之外的其他款项均属于价外费用，不需要作为预缴税款的基数。

一般纳税人采用一般计税方法，预缴税款按下式计算：

应预缴增值税=预收款÷（1+11%）×3%

小规模纳税人及一般纳税人采用简易计税方法，预缴税款按下式计算：

应预缴增值税=预收款÷（1+5%）×3%

纳税人应预缴的附加税费，按下式计算：

应预缴城建税=缴纳的增值税×城建税税率或教育费附加征收率

房地产项目所在地在市区的，城建税税率为 7%；所在地在县城、镇的，城建税税率为 5%；所在地不在市区、县城或镇的，城建税税率为 1%。

教育费附加和地方教育费附加征收率全国统一为 3%和 2%。

【例 2-11】东昌房地产开发公司注册地位于北京市朝阳区，该公司为一般纳税人，目前共有甲、乙两个开发项目，均选用一般计税方法。会计处理时单位为万元。

（1）甲项目位于北京市朝阳区，尚处在建阶段，已取得预售许可证，2017 年 10 月预售款收入 11 100 万元。

①10 月收到预收款时：

借：银行存款　　11 100

　贷：预收账款　　11 100

根据购房者要求，向其开具税率为"不征税"的增值税普通发票。

②11 月申报期向朝阳区主管国税机关预缴增值税时：

借：应交税费——预交增值税　　300（11 100÷1.11×3%）

　贷：银行存款　　300

③同时向朝阳区主管地税机关预缴附加税费：

借：应交税费——应交城建税　　21（300×7%）

　　　　　——应交教育费附加　　9（300×3%）

　　　　　——应交地方教育费附加　　6（300×2%）

　贷：银行存款　　36

甲项目已预缴的 300 万元增值税，可以抵减该房地产公司的增值税应纳税额，预缴的附加税费应在资产负债表日结转至"税金及附加"账户。

（2）乙项目位于北京市昌平区，为现房，建筑面积 10 万平方米，取得土地使用权支付的土地价款 31 080 万元，该项目发生的建筑安装等费用对应的进项税额如 980 万元，取得合规扣税凭证并已按规定申报抵扣。2017 年 10 月共销售 230 套，建筑面积 2 万平方米，预售收入 97 680 万元，2017 年 12 月交房 120 套，对应的建筑面积 1 万平方米，结转收入 48 840 万元（含税）。

①10 月取得预售收入时：

借：银行存款　　97 860

　贷：预收账款　　97 860

②11 月申报期向昌平区主管国税机关预缴增值税时：

借：应交税费——预交增值税　　2 640（97 680÷1.11×3%）

　贷：银行存款　　2 640

同时向昌平区主管地税机关预缴附加税费（略）。

③12 月交房确认收入及销项税额时：

借：预收账款 48 840

　贷：主营业务收入 44 000

　　　应交税费——应交增值税（销项税额） 4 840

④计算扣除土地价款：

当期允许扣除的土地价款=（10 000÷100 000）×31 080 =3 108（万元）

允许抵减的销项税额=3 108÷1.11=308（万元）

借：应交税费——应交增值税（销项税额抵减） 308

　贷：主营业务收入或主营业务成本 308

⑤2018 年 1 月申报期申报纳税：

应纳税额=销项税额–销项税额抵减–进项税额

=4 840–308–980

=3 552（万元）

已预缴增值税=甲项目已预缴增值税+乙项目已预缴增值税

=150 +2 640

=2 790（万元）

本期应补税额=3 552–2 790=762（万元）

应补城建税=762×7%=53.34（万元）

应补教育费附加=762×3%=22.86（万元）

应交地方教育费附加=762×2%=15.24（万元）

⑥结转未交增值税：

借：应交税费——应交增值税（转出未交增值税） 3 552

　贷：应交税费——未交增值税 762

　　　——预交增值税 2 790

⑦1 月申报后上交增值税及其附加：

借：应交税费——未交增值税 762

　　——应交城建税 53.34

　　——应交教育费附加 22.86

　　——应交地方教育费附加 15.24

　贷：银行存款 853.44

2.3 存货减值、损失的税会差异

在资产负债表日，存货按照成本与可变现净值孰低计量。所得税法规定，存货成本的确定遵循历史成本原则。

存货跌价准备的税会差异，如表 2-15 所示。

表 2-15　存货跌价准备的税会差异

会计处理	税务处理	差　异
在资产负债表日，存货按照成本与可变现净值孰低计量。存货成本高于其可变现净值的，按其差额计提存货跌价准备，计入当期损益；存货成本低于其可变现净值的，按其成本计量，不计提存货跌价准备，但原已计提存货跌价准备的，在已计提存货跌价准备金额的范围内转回	在计算应纳税所得额时，存货跌价准备不得扣除。只有在该项资产实际发生损失时，其损失金额才能从应纳税所得额中扣除。企业已提取减值准备的资产，如果在纳税申报时已调增应纳税所得额，因价值恢复或转让处置有关资产而冲销的准备允许企业做相反的纳税调整处理	会计准则要求企业提取存货跌价准备，所得税法则不允许扣除存货跌价准备。同时，当企业的存货发生转让或其他流出企业的行为时，所得税法允许按历史成本结转存货的计税成本。对于以前调增应纳税所得额的跌价准备，在转回时调减应纳税所得额或作为其他减值准备调增应纳税所得额的抵减项目

【例 2-12】华德公司采用成本与可变现净值孰低法对期末存货进行计量。

（1）2015 年 12 月 31 日，存货的账面余额为 1 000 万元，预计可变现净值为 900 万元；

（2）2016 年 12 月 31 日，该批存货的预计可变现净值为 850 万元；

（3）2017 年 12 月 31 日，该批存货的可变现净值有所恢复，预计可变现净值为 970 万元；

（4）2018 年 5 月，将该批存货的 80%对外出售，取得收入 1 000 万元，年末未对存货跌价准备做调整。

华德公司的税会处理如下：

（1）2015 年 12 月 31 日。

借：资产减值损失　　　　1 000 000

　贷：存货跌价准备　　　　1 000 000

税务处理：纳税申报时，调增应纳税所得额 100 万元。填制《纳税调整项目明细表（A105000）》，如表 2-16 所示。

表 2-16　纳税调整项目明细表（A105000）

行　次	项　目	账载金额	税收金额	调增金额	调减金额
		1	2	3	4
33	（二）资产减值准备金	1 000 000	*	1 000 000	0

存货账面价值小于其计税基础 100 万元。

借：递延所得税资产　　　　250 000

　贷：所得税费用　　　　250 000

（2）2016 年 12 月 31 日。

借：资产减值损失　　　　500 000

贷：存货跌价准备　　500 000

税务处理：纳税申报时，调增应纳税所得额 50 万元。填制《纳税调整项目明细表（A105000）》，如表 2-17 所示。

表 2-17　纳税调整项目明细表（A105000）

行　次	项　目	账载金额	税收金额	调增金额	调减金额
		1	2	3	4
33	（二）资产减值准备金	500 000	*	500 000	0

存货账面价值小于计税基础 150 万元。

借：递延所得税资产　　125 000

　贷：所得税费用　　125 000

（3）2017 年 12 月 31 日。

借：存货跌价准备　　1 200 000

　贷：资产减值损失　　1 200 000

税务处理：纳税申报时，调减应纳税所得额 120 万元。填制《纳税调整项目明细表（A105000）》（如表 2-18 所示）

表 2-18　纳税调整项目明细表（A105000）

行　次	项　目	账载金额	税收金额	调增金额	调减金额
		1	2	3	4
33	（二）资产减值准备金	–1 200 000	*	0	1 200 000

存货账面价值小于计税基础 30 万元。

借：所得税费用　　300 000

　贷：递延所得税资产　　300 000

（4）2018 年 12 月 31 日。

借：银行存款　　11 700 000

　贷：主营业务收入　　10 000 000

　　应交税费——应交增值税（销项税）　　1 700 000

借：主营业务成本　　7 760 000

　存货跌价准备　　240 000［（1 000 000+500 000–1 200 000）×80%］

　贷：库存商品　　8 000 000（10 000 000 × 80%）

税务处理：纳税申报时，调减应纳税所得额 24 万元。填制《纳税调整项目明细表（A105000）》（见表 2-19），在填制 2018 年申报表时，《一般企业成本支出明细表（A102010）》（见表 2-20）第 3 行“销售商品成本”填报 776 万元，而不是 800 万元，因为转销的“存货跌价准备”24

万元在《纳税调整项目明细表（A105000）》中做纳税调减处理，否则会导致重复调减。

表 2-19 纳税调整项目明细表（A105000）

行　次	项　目	账载金额	税收金额	调增金额	调减金额
		1	2	3	4
33	（二）资产减值准备金	–240 000	*	0	240 000

表 2-20 一般企业成本支出明细表（A102010）

行　次	项　目	金　额
1	一、营业成本	
2	（一）主营业务成本	
3	1．销售商品成本	7 760 000

存货账面价值小于计税基础 6 万元。

借：所得税费用　　60 000

　贷：递延所得税资产　　60 000

会计准则和所得税法在存货损失的范围、计量方法上存在差异。存货损失扣除的税会差异如表 2-21 所示。

表 2-21 存货损失扣除的税会差异

会计处理	税务处理	差　异
企业发生的存货毁损，将处置收入扣除账面价值和相关税费后的金额计入当期损益。存货盘亏造成的损失在扣除企业已计提的存货跌价准备后，计入当期损益	发生的资产盘亏、毁损净损失，减除责任人赔偿和保险赔款后的余额，经主管税务机关审核可以扣除。企业的各项财产损失在损失发生当年申报扣除，不得提前或延后。非因计算错误或其他客观原因，企业未及时申报的财产损失，逾期不得扣除。其中，企业存货发生的损失包括有关商品、产成品、半成品、在产品，以及各类材料、燃料、包装物、低值易耗品等发生的盘亏、变质、淘汰、毁损、报废、被盗等造成的净损失	会计准则规定计算企业发生的存货损失时，用处置收入扣除存货成本、累计跌价准备和相关税费；所得税法规定纳税人的存货损失为处置收入扣除存货成本和相关税费后的金额，并报经主管税务机关批准，方可税前扣除

【例 2-13】东海公司 2017 年 10 月末盘存原材料短缺 200 000 元，其中含分摊的运输费用 18 600 元，经查是因被盗引起的，保险公司赔偿 100 000 元。

非正常损失原材料所涉及的进项税额为 32 884 元［（200 000 – 18 600）× 17% + 18 600 × 11%］，做进项税额转出。《关于企业资产损失税前扣除政策的通知》（财税〔2009〕57 号）规定，对企业盘亏的存货，以该存货的成本减除责任人赔偿后的余额，作为存货盘亏损失在计算应纳税所得额时扣除。

借：待处理财产损益——待处理流动资产损益　　232 884

贷：原材料　　200 000

　　应交税费——应交增值税（进项税额转出）　　32 884

借：管理费用　　132 884

　　其他应收款　　100 000

贷：待处理财产损益——待处理流动资产损益　　232 884

如果东海公司是小企业，则上述会计处理中的“管理费用”账户，改为“营业外支出”账户。

如果非正常损失的购进货物是适用增值税计算扣税的免税农业产品或废旧物资时，则进项税额转出时与以票扣税的货物有所不同。如例 2-13 中，盘存农业产品短缺 200 000 元，其他条件不变，则非正常损失农业产品转出进项税额 29 151.75 元［（200 000–18 600）÷（1–13%）×13%+18 600×11%］。

对于存货损失，在纳税申报时，需要填制《资产损失税前扣除及纳税调整明细表（A105090）》（见表 2-22），该表适用于发生资产损失税前扣除项目及纳税调整项目的纳税人填报。企业根据税法、《财政部 国家税务总局关于企业资产损失税前扣除政策的通知》（财税〔2009〕57 号）、《国家税务总局关于发布〈企业资产损失所得税税前扣除管理办法〉的公告》（国家税务总局公告 2011 年第 25 号）、《国家税务总局关于商业零售企业存货损失税前扣除问题的公告》（国家税务总局公告 2014 年第 3 号）、《国家税务总局关于企业因国务院决定事项形成的资产损失税前扣除问题的公告》（国家税务总局公告 2014 年第 18 号）等相关规定，以及国家统一企业会计制度，填报资产损失的会计处理、税收规定，以及纳税调整情况。

表 2-22　资产损失税前扣除及纳税调整明细表（A105090）

行次	项　目	资产损失的账载金额	资产处置收入	赔偿收入	资产计税基础	资产损失的税收金额	纳税调整金额
		1	2	3	4	5（4–2–3）	6（1–5）
1	一、清单申报资产损失						
2	（一）正常经营管理活动中，按照公允价格销售、转让、变卖非货币资产的损失						
3	（二）存货发生的正常损耗						
9	二、专项申报资产损失						
11	（二）非货币资产损失						

第 3 章

金融资产的税会差异

金融资产（包括交易性金融资产、持有至到期投资、应收账款、可供出售金融资产等）在取得、持有和处置环节存在税会差异。本章主要介绍这些业务的税会差异、纳税调整处理和纳税申报表的填制，以及“营改增”后金融商品的税会处理和 BOT 项目金融资产处理模式下的税会差异。

需要说明的是，规范金融资产的会计准则包括第 22 号、第 23 号、第 24 号和第 37 号，财政部已于 2017 年对这些具体会计准则做了修订，并要求在境内外同时上市的公司 2018 年开始执行，仅在境内上市的公司 2020 年开始执行，非上市公司 2021 年开始执行。本书鉴于实用性，仍以修订前的准则为基础来分析税会差异。

金融资产主要采用公允价值计量。《企业会计准则第 39 号——公允价值计量》（2014）规定，公允价值，是指市场参与者在计量日发生的有序交易中，出售一项资产所能收到或者转移一项负债所需支付的价格。

所得税法实施条例第十三条规定，公允价值是指按照市场价格确定的价值。税法更偏好历史成本，即资产或负债已经在一个真实的买方和一个真实的卖方之间形成了一个真实的价格，如果这个价格恰好又是按照当时的市场价格确定的，这就是税法意义上的公允价值。而且，税法规定，只有在取得非货币性资产又没有或不需要支付相应对价的货币资产时才采用公允价值计量。

会计准则广泛引入公允价值计量属性，加大了企业资产或负债的账面价值与计税基础之间的差异。

在会计处理上，企业初始确认金融资产时，按照公允价值计量。对于交易性金融资产，相关交易费用直接计入“投资收益”账户；对于其他类别的金融资产，相关交易费用计入资产成本。

在税务处理上，根据所得税法实施条例第五十六条规定，企业的各项资产，包括投资资产等，以历史成本为计税基础。企业初始确认金融资产时，按取得该项资产时实际发生的支出，即以历史成本为计税基础，对按公允价值进行初始确认的资产做纳税调整处理。

所得税法实施条例第七十一条规定，投资资产是指企业对外进行权益性投资和债权性投资所形成的资产。这里说的投资资产与会计上的金融资产在范围上没有差异。投资资产按照以下方法确定成本：

（1）通过支付现金的方式取得的投资资产，以购买价款为成本。

（2）通过支付现金以外的方式取得的投资资产，以该资产的公允价值和支付的相关税费为成本。

金融资产后续计量的税会差异如表 3-1 所示。

表 3-1 金融资产后续计量的税会差异

项　目	会计处理	税务处理
交易性金融资产	按照公允价值计量，且不扣除将来处置该金融资产时可能发生的交易费用	在持有期间不改变其计税基础，按照公允价值进行会计计量，且不扣除将来处置该金融资产时可能发生的交易费用，处置该金融资产时发生的交易费用在处置时税前扣除
持有至到期投资	采用实际利率法，按摊余成本计量	采用实际利率法确认的利息收入已计入当期应纳税所得额的，配比的成本允许在税前扣除
贷款和应收款项	采用实际利率法，按摊余成本计量	采用实际利率法确认的利息收入已计入当期应纳税所得额的，配比的成本允许在税前扣除
可供出售的金融资产	按公允价值计量，且不扣除将来处置该金融资产时可能发生的交易费用	在持有期间不改变其计税基础，按照公允价值进行会计计量的做纳税调整处理，且不扣除将来处置该金融资产时可能发生的交易费用，处置该金融资产时发生的交易费用在处置时税前扣除

从上面的介绍中可以看出，公允价值产生了大量的税会差异，因此，在实务处理时，就增加了纳税调整的工作量和难度。

3.1 交易性金融资产的税会差异

企业在持有交易性金融资产期间，由于公允价值变动，其账面价值与计税基础产生暂时性差异。当账面价值大于计税基础时，形成应纳税暂时性差异，确认为递延所得税负债；当账面价值小于计税基础时，形成可抵扣暂时性差异，确认为递延所得税资产。在处置该交易性金融资产时，转回暂时性差异影响的递延所得税，并按实际收到的价款在扣除历史成本后的差额计入应纳税所得额。

3.1.1　取得交易性金融资产时的税会差异

企业取得交易性金融资产时，按其公允价值（不含支付的价款中所包含的已到付息期但尚未领取的利息或已宣告但尚未发放的现金股利），借记“交易性金融资产——成本”账户；按发生的交易费用，借记“投资收益”账户；按已到付息期但尚未领取的利息或已宣告发放但尚未发放的现金股利，借记“应收利息”或“应收股利”账户；按取得交易性金融资产实际支付的金额，贷记“其他货币资金——存出投资款”等账户。

相关交易费用不直接计入当期损益，要做纳税调整处理，与其他类别的金融资产一样，相关交易费用计入其计税基础。

【例 3-1】华远公司 2017 年 8 月 10 日购入新华公司股票 100 000 股，作为交易性资产投资，每股成交价 10 元，另支付相关税费等交易费用 80 000 元。

借：交易性金融资产——成本　　1 000 000
　　投资收益　　80 000
　贷：其他货币资金——存出投资款　　1 080 000
借：递延所得税资产　　20 000（80 000×25%）
　贷：所得税费用　　20 000

从会计处理来看，交易费用 80 000 元抵减了当期利润，但税法不允许这笔费用在税前列支，故产生可抵扣暂时性差异 80 000 元。

税务处理：所得税法实施条例第五十六条规定，企业的各项资产，包括固定资产、生物资产、无形资产、长期待摊费用、投资资产、存货等，以历史成本为计税基础。前款所称历史成本，是指企业取得该项资产时实际发生的支出。

因此，此项交易性金融资产的计税成本是 108 万元，其账面价值为 100 万元，计入当期损益的 8 万元交易费用，在纳税申报时做纳税调增，填报《纳税调整项目明细表（A105000）》第 6 行，如表 3-2 所示。

表 3-2　纳税调整项目明细表（A105000）

行　次	项　目	账载金额	税收金额	调增金额	调减金额
		1	2	3	4
6	（五）交易性金融资产初始投资调整	*	*	80 000	*

从税务处理来看，与交易性金融资产有关的交易费用，只有待该股票转让时才可与其成本一并在企业所得税前列支，所以“投资收益”账户借方的交易费用 80 000 元无须扣除。

如果实际支付的价款包含已宣告但未发放的现金股利或已到付息期但尚未领取的债券利息，会计上单独确认为应收股利或应收利息，而税法上要求计入初始投资成本，这就产生了税会差异，需做纳税调整处理。

【例 3-2】大华公司编制月度资产负债表，2017 年 1 月 10 日从二级市场购入马龙公司发行的股票 100 万股作为交易性金融资产，每股购买价 10 元（其中含已宣告但未发放的现金股利 0.5 元），另支付交易费用 10 万元，不考虑其他因素。

大华公司做如下会计处理：

借：交易性金融资产——成本	9 500 000	
应收股利——马龙公司	500 000	
投资收益	100 000	
贷：其他货币资金——存出投资款		10 100 000

此项交易性金融资产，会计上的账面价值是 950 万元，计税基础是 1 010 万元，账面价值小于计税基础，产生可抵扣暂时性差异，按 25%的所得税税率确认 15 万元（600 000× 25%）的递延所得税资产做纳税调整处理。

借：递延得税资产	150 000	
贷：所得税费用		150 000

3.1.2 持有交易性金融资产的税会差异

持有交易性金融资产期间，被投资企业宣告发放现金股利或在资产负债表日按债券票面利率计算利息时，借记“应收股利”或“应收利息”账户，贷记“投资收益”账户。收到现金股利或债券利息时，借记“其他货币资金——存出投资款”账户，贷记“应收股利”或“应收利息”账户。

需要注意的是，票面利率和实际利率差异较大的，采用实际利率计算确定债券利息收入。

在税务处理上，公允价值变动形成的利得或损失已计入当期损益的，在持有期间公允价值的变动不计入应纳税所得额。

《财政部、国家税务总局关于执行<企业会计准则>有关企业所得税政策问题的通知》（财税〔2007〕80 号）规定，金融工具和投资性房地产的公允价值变动在持有期间不计入应纳税所得额，在实际处置或结算时，处置取得的价款扣除其历史成本后的差额计入处置或结算期间的应纳税所得额。

所得税法实施条例第五十六条规定，企业持有各项资产期间产生资产增值或者减值，除国务院财政、税务主管部门规定可以确认损益外，不得调整该资产的计税基础。

所以，所得税法以历史成本为基础，对于会计上公允价值的变动损益只有在处置时才能体现出来。

【例 3-3】承例 3-1。新华公司 2018 年 3 月 1 日宣告发放股利 70 000 元，3 月 31 日华远公司收到新华公司宣告发放的现金股利 70 000 元。

该公司的会计处理如下：

借：应收股利 70 000

贷：投资收益 70 000

借：其他货币资金——存出投资款 70 000

贷：应收股利 70 000

此时会计处理和所得税法的规定是一致的，不产生暂时性差异。

持有交易性金融资产期间的投资收益形成的是永久性差异，与未来的应纳所得税无关，调整当期的应纳税所得额和所得税费用。

在资产负债表日，交易性金融资产的公允价值高于其账面余额的差额的会计处理为：借记“交易性金融资产——公允价值变动”账户，贷记“公允价值变动损益”账户；公允价值低于其账面余额的差额的，做相反的会计处理。

【例 3-4】承例 3-1。如果 2017 年 12 月 31 日，华远公司所购入新华公司股票的公允价值分为以下两种情形：情形一，公允价值为 105 万元；情形二，公允价值为 85 万元。

情形一：公允价值为 105 万元时，该公司的会计处理如下：

借：交易性金融资产——公允价值变动 50 000

贷：公允价值变动损益 50 000

借：所得税费用 12 500（50 000×25%）

贷：递延所得税负债 12 500

依据所得税法实施条例第五十六条，企业持有各项资产期间资产增值或者减值，除国务院财政、税务主管部门规定可以确认损益外，不得调整该资产的计税基础。因此，税法不认可上述会计处理的 50 000 公允价值变动损益，在纳税申报时做纳税调减，填报《纳税调整项目明细表（A105000）》第 7 行，如表 3-3 所示。

表 3-3 纳税调整项目明细表（A105000）

行 次	项 目	账载金额	税收金额	调增金额	调减金额
		1	2	3	4
7	（六）公允价值变动净损益	50 000	*		50 000

情形二：公允价值为 85 万元时，该公司的会计处理如下：

借：公允价值变动损益 150 000

贷：交易性金融资产——公允价值变动 150 000

借：递延所得税资产 37 500（150 000×25%）

贷：所得税费用 37 500

在纳税申报时做纳税调减，填报《纳税调整项目明细表（A105000）》第 7 行，如表 3-4 所示。

表 3-4　纳税调整项目明细表（A105000）

行　次	项　目	账载金额	税收金额	调增金额	调减金额
		1	2	3	4
7	（六）公允价值变动净损益	–150 000	*	150 000	

公允价值变动损益既不是持有收益，也不是处置收益，因此公允价值变动损益的变动并不会影响当期的所得税申报，它只会产生暂时性差异。在税务处理上，公允价值变动损益不计入应纳税所得额。

3.1.3 处置交易性金融资产时的税会差异

企业出售交易性金融资产时，按实际收到的金额，借记“其他货币资金——存出投资款”等账户；按该项交易性金融资产的成本，贷记“交易性金融资产——成本”账户；按该项交易性金融资产的公允价值变动额，贷记或借记“交易性金融资产——公允价值变动”账户，贷记或借记“投资收益”账户。同时，将原计入该项交易性金融资产公允价值变动额转出，借记或贷记“投资收益”账户，贷记或借记“公允价值变动损益”账户。

在实际处置或结算时，处置取得的价款扣除其历史成本后的差额计入处置或结算期间的应纳税所得额。

【例 3-5】承例 3-4。2018 年 6 月 20 日，华远公司出售股票，售价为 150 万元，分两种情形进行会计处理。

情形一：2017 年 12 月 31 日公允价值为 105 万元时，该公司处置该项投资的会计处理如下：

借：其他货币资金——存出投资款　　1 500 000
　贷：交易性金融资产——成本　　1 000 000
　　　　　　　　　　——公允价值变动　　50 000
　　　投资收益　　450 000
借：公允价值变动损益　　50 000
　贷：投资收益　　50 000
借：所得税费用　　112 500
　　递延所得税负债　　12 500
　贷：应交税费——应交所得税　　105 000
　　　递延所得税资产　　20 000

所得税法实施条例第七十一条规定，企业在转让或者处置投资资产时，投资资产的成本准予扣除。通过支付现金方式取得的投资资产，以购买价款为成本。因此，该项交易性金融资产的计税成本和账面价值存在差异，导致各自确认的投资收益存在差异，纳税申报时需做纳税调整处理，填报《投资收益纳税调整明细表（A105030）》第 1 行，如表 3-5 所示。

表 3-5　投资收益纳税调整明细表（A105030）

行次	项　　目	处置收益						
		会计确认的处置收入	税收计算的处置收入	处置投资的账面价值	处置投资的计税基础	会计确认的处置所得或损失	税收计算的处置所得	纳税调整金额
		4	5	6	7	8（4–6）	9（5–7）	10（9–8）
1	一、交易性金融资产	1 500 000	1 500 000	1 050 000	1 080 000	450 000	420 000	–30 000

情形二：2017 年 12 月 31 日公允价值为 85 万元时，该公司处置该项投资的会计处理如下：

借：其他货币资金——存出投资款　　1 500 000
　　交易性金融资产——公允价值变动　　150 000
　贷：交易性金融资产——成本　　1 000 000
　　　投资收益　　650 000
借：投资收益　　150 000
　贷：公允价值变动损益　　150 000
借：所得税费用　　162 500
　贷：应交税费——应交所得税　　105 000
　　　递延所得税资产　　57 500

纳税申报时需做纳税调整处理，填报《投资收益纳税调整明细表（A105030）》第 1 行，如表 3-6 所示。

表 3-6　投资收益纳税调整明细表（A105030）

行次	项　　目	处置收益						
		会计确认的处置收入	税收计算的处置收入	处置投资的账面价值	处置投资的计税基础	会计确认的处置所得或损失	税收计算的处置所得	纳税调整金额
		4	5	6	7	8（4–6）	9（5–7）	10（9–8）
1	一、交易性金融资产	1 500 000	1 500 000	850 000	1 080 000	650 000	420 000	–230 000

交易性金融资产按公允价值来计量，会计期末，其公允价值变动时都要相应调增或减少其账面价值，因此不涉及减值的问题。

3.1.4　“营改增”后金融商品转让的税会处理

《财政部 国家税务总局关于全面推开营业税改征增值税试点的通知》（财税〔2016〕

36 号）规定，销售服务中的金融商品转让由以前的征收营业税改为缴纳增值税。

金融商品转让，是指转让外汇、有价证券、非货物期货和其他金融商品所有权的业务活动。其他金融商品转让包括基金、信托、理财产品等各类资产管理产品和各种金融衍生品的转让。其中，纳税人购入基金、信托、理财产品等各类资产管理产品持有至到期的，不属于金融商品转让。

关于金融商品转让的税法规定：

根据《财政部 国家税务总局关于全面推开营业税改征增值税试点的通知》（财税〔2016〕36 号），金融商品转让，按照卖出价扣除买入价后的余额为销售额，金融商品的买入价，可以选择按照加权平均法或移动加权平均法进行会计处理，选择后 36 个月内不得变更。转让金融商品出现的正负差，按盈亏相抵后的余额为销售额。若相抵后出现负差，可结转下一纳税期与下期转让金融商品销售额相抵，但年末时仍然出现负差的，不得转入下一个会计年度。

关于金融商品转让的会计处理：

2016 年 12 月，财政部印发的《增值税会计处理规定》（财会〔2016〕22 号），对增值税会计处理做出了新规定：增值税一般纳税人和小规模纳税人应当在"应交税费"账户下设置"转让金融商品应交增值税"明细账户，用以计算增值税纳税人转让金融商品发生的增值税额。金融商品转让，一般纳税人适用的增值税税率为 6%，小规模纳税人适用的征收率为 3%。

根据《增值税会计处理规定》，金融商品实际转让月末，如产生转让收益，则按应纳税额借记"投资收益"等账户，贷记"应交税费——转让金融商品应交增值税"账户；如产生转让损失，则按可结转下月抵扣税额，借记"应交税费——转让金融商品应交增值税"账户，贷记"投资收益"等账户。缴纳增值税时，应借记"应交税费——转让金融商品应交增值税"账户，贷记"银行存款"账户。年末，本账户如有借方余额，则借记"投资收益"等账户，贷记"应交税费——转让金融商品应交增值税"账户。

【例 3-6】万鑫公司属于小规模纳税人，按季申报缴纳增值税和预缴企业所得税，2017 年上半年发生下列经济业务：

（1）万鑫公司 2017 年 1 月 1 日以 536 950 元从证券市场购入宁远公司股票，作为交易性金融资产进行会计处理，实际支付的价款中包括已宣告但尚未发放的现金股利 16 950 元；2 月 1 日，宁远公司宣告并分派现金股利 16 950 元；3 月 31 日以 400 000 元价格卖出该股票。

（2）万鑫公司 2017 年 4 月 1 日买入按年付息的山南公司债券 312 660 元，其中包括已到付息期但尚未领取的债券利息 12 660 元；5 月 1 日收到债券利息 12 660 元；6 月 30 日对外出售该批债券，售价 537 934 元。

（1）股票金融商品的相关处理。

①购买宁远公司股票时。

借：交易性金融资产——宁远公司股票　　520 000
　　应收股利——宁远公司　　16 950
　贷：其他货币资金——存出投资款　　536 950

②收到宣告分派的股利时。

借：其他货币资金——存出投资款　　16 950
　贷：应收股利——宁远公司　　16 950

③出售宁远公司股票时。万鑫公司本期转让宁远公司股票出现负差，后期抵扣的税额为 3 495.15 元［（400 000–520 000）÷1.03×3%］，当期不用申报缴纳增值税。

借：其他货币资金——存出投资款　　400 000
　　投资收益　　120 000
　贷：交易性金融资产——宁远公司股票　　520 000

同时：

借：应交税费——转让金融商品应交增值税　　3 495.15
　贷：投资收益　　3 495.15

（2）债券金融商品的相关处理。

①购买山南公司债券时。

借：交易性金融资产——山南公司债券　　300 000
　　应收利息——山南公司　　12 660
　贷：其他货币资金——存出投资款　　312 660

②收到山南公司债券利息时。

借：其他货币资金——存出投资款　　12 660
　贷：应收利息——山南公司　　12 660

③出售山南公司债券时。万鑫公司本期转让山南公司债券时产生转让收益，应交增值税为 6 930.12 元［（537 934–300 000）÷1.03×3%］，扣除上季度转让股票负差抵扣税额 3 434.97 元后，本期应交增值税为 3 495.15 元。

借：其他货币资金——存出投资款　　537 934
　贷：交易性金融资产——山南公司债券　　300 000
　　　投资收益　　237 934

同时：

借：投资收益　　3 495.15
　贷：应交税费——转让金融商品应交增值税　　3 495.15

④申报缴纳增值税时。

借：应交税费——转让金融商品应交增值税　　3 495.15
　贷：银行存款　　3 495.15

【例 3-7】恒发公司属于增值税一般纳税人，按月申报缴纳增值税和预缴企业所得税，2017

年3月至2018年2月，发生下列经济业务：

（1）恒发公司2017年3月1日，以460万元从证券市场购入荣祥公司股票，作为交易性金融资产进行会计处理，实际支付的价款中，包括已宣告但尚未发放的现金股利40万元，另支付相关税费等交易费用20万元。5月1日，收到荣祥公司已宣告并分派的现金股利40万元；6月30日，该批交易性金融资产的公允价值高于其账面余额，其公允价为480万元；7月1日，荣祥公司宣告发放持有期间现金股利16.96万元；12月31日，购入荣祥公司的股票全部出售，售价为378.8万元。

（2）恒发公司2017年3月1日，买入金海公司按季付息的债券700万元，作为交易性金融资产进行会计处理，实际支付的价款中，包括已到付息期但尚未领取的债券利息14.84万元，另支付相关交易税费32万元。4月1日，收到金海公司债券利息14.84万元；6月30日，该批交易性金融资产的公允价值低于其账面余额，其公允价为600万元；12月31日，计提金海公司支付持有期间债券利息16.96万元；2018年2月28日，购入金海公司的债券全部出售，售价为865.16万元，另外，在金融活动中，支付直接收费金融服务，取得增值税专用发票，价款10万元，增值税0.6万元。

针对上述业务，恒发公司的会计处理如下。

（1）股票金融商品的相关处理。

①购入荣祥公司股票时。

借：交易性金融资产——成本	4 000 000	
投资收益	200 000	
应收股利	400 000	
贷：其他货币资金——存出投资款		4 600 000

②收到荣祥公司已宣告尚未领取的股利时。

借：其他货币资金——存出投资款	400 000	
贷：应收股利		400 000

③该股票公允价高于其账面余额时。

借：交易性金融资产——公允价值变动	800 000	
贷：公允价值变动损益		800 000

④荣祥公司宣告发放持有期间股利时。根据相关规定，“保本收益、报酬、资金占用费、补偿金”，是指合同中明确承诺到期本金可全部收回的投资收益。金融商品持有期间（含到期）取得的非保本的上述收益，不属于利息或利息性质的收入，不征收增值税。所以，该业务取得的股利不用缴纳增值税。

借：应收股利	169 600	
贷：投资收益		169 600

⑤出售荣祥公司的股票时。

借：其他货币资金——存出投资款	3 788 000	
投资收益	212 000	

公允价值变动损益　　800 000

贷：交易性金融资产——成本　　4 000 000

——公允价值变动　　800 000

⑥12 月计算缴纳增值税。恒发公司本期转让荣祥公司股票出现负差，不用缴纳增值税，下期应抵的增值税为 1.2 万元［（378.8–400）÷1.06×6%］，并做如下分录。

借：应交税费——转让金融商品应交增值税　　12 000

贷：投资收益　　12 000

但年末出现负差的，不得转入下一个会计年度，所以增值税出现的负差应予以转回。

借：投资收益　　12 000

贷：应交税费——转让金融商品应交增值税　　12 000

（2）债券金融商品的相关处理。

①购入金海公司债券时。

借：交易性金融资产——成本　　6 531 600

投资收益　　320 000

应收利息　　148 400

贷：其他货币资金——存出投资款　　7 000 000

②收到金海公司以前债券利息时。

借：其他货币资金——存出投资款　　148 400

贷：应收利息　　148 400

③金海公司债券发生公允价值变动时。

借：公允价值变动损益　　531 600

贷：交易性金融资产——公允价值变动　　531 600

④计提金海公司债券持有期间利息时。金融商品持有期间（含到期）利息（保本收益、报酬、资金占用费、补偿金等）收入，按照贷款服务缴纳增值税。所以，该业务应确认金海公司持有期债券时所计提利息应缴纳的增值税，12 月份应申报销项税额 0.96 万元（16.96÷1.06×6%）。

借：应收利息　　169 600

贷：投资收益　　160 000

应交税费——应交增值税（销项税额）　　9 600

⑤支付直接收费金融服务时。

借：财务费用　　100 000

应交税费——应交增值税（进项税额）　　6 000

贷：银行存款　　106 000

⑥债券全部出售时。

借：其他货币资金——存出投资款　　8 651 600

交易性金融资产——公允价值变动　　531 600

贷：交易性金融资产——成本　　6 531 600

公允价值变动损益　　　　531 600

投资收益　　　　2 120 000

⑦计提缴纳增值税时。恒发公司关于荣祥公司股票金融商品的转让出现的负差，不得抵减转让债券出现的正差。

因此，2018 年 2 月转让金融商品应交增值税为 12 万元［（865.16–653.16）÷1.06×6%］，并做如下会计处理：

借：投资收益　　　　120 000

　贷：应交税费——转让金融商品应交增值税　　　　120 000

⑧申报缴纳增值税时。

借：应交税费——转让金融商品应交增值税　　　　120 000

　贷：银行存款　　　　120 000

3.2 应收款项减值的税会差异

对于单项金额重大的应收款项，应单独进行减值测试，有客观证据表明其发生了减值的，根据其未来现金流量现值低于账面价值的差额，确认减值损失，计提坏账准备。坏账准备计提后，可以转回。

所得税法第八条规定，企业实际发生的与取得收入有关的、合理的支出，包括成本、费用、税金、损失和其他支出，准予在计算应纳税所得额时扣除。

所得税法实施条例第三十二条规定，企业所得税法第八条所称损失，是指企业在生产经营活动中发生的固定资产和存货的盘亏、毁损、报废损失，转让财产损失，呆账损失，坏账损失，自然灾害等不可抗力因素造成的损失以及其他损失。企业发生的损失，减除责任人赔偿和保险赔款后的余额，依照国务院财政、税务主管部门的规定扣除。企业已经作为损失处理的资产，在以后纳税年度又全部收回或者部分收回时，应当计入当期收入。

《企业财产损失所得税前扣除管理办法》第七条规定，企业因应收、预付账款发生的坏账损失，须经税务机关审批才能在申报企业所得税时扣除。因此，企业实际发生的符合上述条件的“坏账损失”则可以在税前扣除，而计提的坏账准备不得在税前扣除。企业计提坏账准备后，在纳税申报时，需做纳税调整处理，填报《纳税调整项目明细表（A105000）》第 33 行，如表 3-7 所示。

表 3-7　纳税调整项目明细表（A105000）

行　次	项　目	账载金额	税收金额	调增金额	调减金额
		1	2	3	4
33	（二）资产减值准备金		*		

根据《小企业会计准则》，小企业的应收账款不计提坏账准备，与所得税法一致，不存在税会差异。

应收款项计提减值准备以后，其账面价值会随之下降，而所得税法规定，资产的减值在转化为实质性损失之前，不允许税前扣除，即应收款项的计税基础不会因减值准备的提取而发生变化，从而产生资产的账面价值和计税基础之间的差异。

【例 3-8】某公司 2015 年应收款项余额 400 万元，当年计提坏账准备 20 万元。2016 年发生坏账 24 万元，收回前期已核销的坏账 6 万元。2016 年年末应收款余额 440 万元，计提坏账准备 11 万元。2017 年发生坏账 30 万元，2017 年年末应收款余额 520 万元，计提坏账准备 26 万元。假设该公司年末计提坏账准备，其发生的坏账损失已全部经过税务部门审批。每年会计利润为 1 000 万元，无其他调整项目，预计在未来 3 年内有足够的应纳税所得额可以抵扣。

（1）2015 年。

年末计提坏账准备时：

借：资产减值损失　　200 000

　贷：坏账准备　　200 000

纳税申报时，调增应纳税所得额 20 万元。填制《纳税调整项目明细表（A105000）》第 33 行，如表 3-8 所示。

表 3-8　纳税调整项目明细表（A105000）

行　次	项　目	账载金额	税收金额	调增金额	调减金额
		1	2	3	4
33	（二）资产减值准备金	200 000	*	200 000	0

计算所得税时：

坏账准备的账面价值=20（万元）

累计可抵扣的暂时性差异=20（万元）

期末递延所得税资产=20×25%=5（万元）

应交所得税=（1 000+20）×25%=255（万元）

借：所得税费用　　2 500 000

　　递延所得税资产　　50 000

　贷：应交税费——应交所得税　　2 550 000

（2）2016 年。

发生坏账及收回已冲销的坏账时：

借：坏账准备　　240 000

　贷：应收账款　　240 000

年末计提坏账准备时：

借：资产减值损失　　110 000
　贷：坏账准备　　110 000

纳税申报时，调增应纳税所得额 11 万元。填制《纳税调整项目明细表（A105000）》第 33 行，如表 3-9 所示。

表 3-9　纳税调整项目明细表（A105000）

行　次	项　目	账载金额	税收金额	调增金额	调减金额
		1	2	3	4
33	（二）资产减值准备金	110 000	*	110 000	0

计算所得税时：

坏账准备的账面价值=20−24+6+11=13（万元）

累计可抵扣的暂时性差异=13（万元）

期末递延所得税资产=13×25%=3.25（万元）

应转回递延所得税资产=5−3.25=1.75（万元）

应交所得税=（1 000+6−24+11）×25%=248.25（万元）

借：所得税费用　　2 500 000
　贷：应交税费——应交所得税　　2 482 500
　　　递延所得税资产　　17 500

（3）2017 年。

发生坏账时：

借：坏账准备　　300 000
　贷：应收账款　　300 000

年末计提坏账准备时：

借：资产减值损失　　260 000
　贷：坏账准备　　260 000

纳税申报时，调增应纳税所得额 26 万元。填制《纳税调整项目明细表（A105000）》第 33 行，如表 3-10 所示。

表 3-10　纳税调整项目明细表（A105000）

行　次	项　目	账载金额	税收金额	调增金额	调减金额
		1	2	3	4
33	（二）资产减值准备金	260 000	*	260 000	0

计算所得税时：

坏账准备的账面价值=13−30+26=9（万元）

累计可抵扣的暂时性差异=9（万元）

期末递延所得税资产=9×25%=2.25（万元）

应转回递延所得税资产=3.25−2.25=1（万元）

应交所得税=［1 000−30+26］×25%=249（万元）

借：所得税费用	2 500 000	
贷：应交税费——应交所得税		2 490 000
递延所得税资产		10 000

相反，如果应收账款账面价值大于其计税基础，则会产生应纳税暂时性差异，会计处理如下：

借：所得税费用

　贷：递延所得税负债

　　应交税费——应交所得税

3.3 持有至到期投资的税会差异

持有至到期投资是指到期日固定、回收金额固定或可确定，且企业有明确意图和能力持有至到期的非衍生金融资产。此类投资大部分为长期债权投资。通常情况下，企业持有的在活跃市场上有公开报价的国债、企业债券、金融债券等可以划归为持有至到期投资。

持有至到期投资按取得时的公允价值和相关交易费用之和作为初始确认金额。所得税法规定通过支付现金方式取得的投资资产，以购买价款为成本，通过支付现金以外的方式取得的投资资产，以该资产的公允价值和支付的相关税费为成本，两者基本一致。但持有至到期投资后续计量、减值和处置方面，税会存在差异。

根据《小企业会计准则》，小企业的长期债券投资的溢折价，采用直线法摊销，并且不计提减值准备，这与所得税法的规定都是一致的，所以不存在税会差异，不需要做纳税调整处理。

3.3.1 持有至到期投资后续计量的税会差异

资产负债表日持有至到期投资计算确定应收未收利息，其金额由票面面值与票面利率计算确定。分期付息方式借记“应收利息”账户；到期一次还本付息方式借记“持有至到期投资——应计利息”账户。按持有至到期投资摊余成本和实际利率计算确定利息收入，贷记“投资收益”账户；按差额借记或贷记“持有至到期投资——利息调整”账户。

税法处理：

（1）利息收入是指企业将资金提供他人使用但不构成权益性投资，或者因他人占用本企业资金取得的收入，包括存款利息、贷款利息、债券利息、欠款利息等收入。

（2）企业对外投资期间，除追加或收回投资调整投资资产的计税基础外，投资资产的计税基础保持不变。

3.3.2 持有至到期投资减值的税会差异

当持有至到期投资发生减值时，将其账面价值与预计未来现金流量现值之间的差额确认为减值损失计入当期损益。

税法处理：企业持有各项资产期间资产增值或减值，除国务院财政、税收部门规定可以确认损益外，不得调整该资产的计税基础。

在纳税申报时，需做纳税调整处理，填报《纳税调整项目明细表（A105000）》第 33 行“资产减值准备金”。

【例 3-9】2015 年 1 月 3 日，万鑫公司购入乙企业当年 1 月 1 日发行的 5 年期债券，票面利率 12%，面值 1 000 元，万鑫公司按 1 050 元（含交易费用）的价格购入 100 张。该债券到期一次还本，每年付息一次。根据管理层计划，该债券持有至到期。若 2017 年年底乙企业发生财务困难，经协商乙企业只能清偿本金，未来两年利息无法支付。

经测算，该债券的实际利率为 10.66%，根据未来现金流量确定 2017 年年底的该债券投资的现值为 81 662 元 $[100\,000\div(1+10.66\%)^2]$，由于 2017 年年底该债券投资的摊余成本为 102 312 元，因此：

借：资产减值损失　　20 650

　贷：持有至到期投资减值准备　　20 650

所得税法不认可持有至到期投资减值准备。所得税法只在发生实质性损害当期确认损失并可申报扣除该损失，对计提的减值准备在纳税时调增。

纳税申报时，调增应纳税所得额 20 650 元。填制《纳税调整项目明细表（A105000）》第 33 行，如表 3-11 所示。

表 3-11　纳税调整项目明细表（A105000）

行　次	项　目	账载金额	税收金额	调增金额	调减金额
		1	2	3	4
33	（二）资产减值准备金	20 650	*	20 650	0

借：递延所得税资产　　5 162.50（20 650×25%）

　贷：所得税费用　　5 162.50

3.3.3 处置持有至到期投资的税会差异

企业处置或者兑现持有至到期投资符合金融资产终止条件的，终止确认持有至到期投资，所转移金融资产的账面价值与因转移而收到的对价的差额计入当期损益。如果部分处置或兑现持有至到期投资，将所转移金融资产整体的账面价值在终止确认部分和未终止确认部分之间，按照各自的相对公允价值进行分摊。

税法处理：企业处置投资资产属于转让财产收入，按其计税基础与实际取得价款的差额，并入应纳税所得额纳税。

【例 3-10】 承例 3-9。2018 年 1 月 1 日万鑫公司因为急需资金，所以全部出售该持有至到期投资，取得价款 110 000 元存入银行。

借：其他货币资金——存出投资款　110 000
　　持有至到期投资减值准备　20 650
　贷：持有至到期投资——成本　100 000
　　　　　　　　　——利息调整　2 312
　　　投资收益　28 338

持有至到期投资的计税基础为 100 000 元，收入为 110 000 元，确认处置收益为 10 000 元。会计准则与所得税法确认的损失不一致，是由会计上持有至到期投资的摊余成本和减值准备造成的。

纳税申报时需做纳税调整处理，填报《投资收益纳税调整明细表（A105030）》第 3 行，如表 3-12 所示。

表 3-12 投资收益纳税调整明细表（A105030）

行次	项　目	处置收益						
		会计确认的处置收入	税收计算的处置收入	处置投资的账面价值	处置投资的计税基础	会计确认的处置所得或损失	税收计算的处置所得	纳税调整金额
		4	5	6	7	8（4–6）	9（5–7）	10（9–8）
3	三、持有至到期投资	110 000	110 000	81 662	100 000	28 338	10 000	–18 338

3.4 可供出售金融资产的税会差异

企业持有的可供出售金融资产的公允价值划分为可供出售的股票投资、债券投资等金融资产，通过“可供出售金融资产”账户进行会计处理。按可供出售金融资产的类别和品种，分别按“成本”“利息调整”“应计利息”“公允价值变动”等账户进行明细会计处理。该账户期末借方余额，反映企业可供出售金融资产的公允价值。

在会计处理上，可供出售金融资产按取得时的公允价值和相关交易费用之和作为初始确认金额。支付的价款中包含的已到付息期但尚未领取的债券利息或已宣告但尚未发放的现金股利，单独确认为应收项目。可供出售金融资产持有期间取得的利息或现金股利，计入投资收益。

（1）在资产负债表日，可供出售金融资产以公允价值进行后续计量，公允价值变动计入“其他综合收益”账户，在该金融资产终止确认时，将“其他综合收益”账户转出，计入“投资收益”账户。

（2）可供出售金融资产发生减值时，即使该金融资产没有终止确认，原直接计入所有者权益的因公允价值下降形成的累计损失，予以转出，计入当期损益。转出的累计损失为可供出售金融资产的初始取得成本扣除已收回本金和已摊销金额、当前公允价值和原已计入损益的减值损失后的余额。相关会计处理如下：

借：资产减值损失（减记的金额）

　贷：其他综合收益（累计损失）

　　可供出售金融资产——公允价值变动（差额）

（3）已确认减值损失可供出售金融资产公允价值上升时，分为如下两种情况。

①可供出售债务工具。对于已确认减值损失的可供出售债务工具，在随后的会计期间公允价值已上升且客观上与原减值损失确认后发生的事项有关的，转回原确认的减值损失，计入当期损益。会计处理如下：

借：可供出售金融资产——公允价值变动

　贷：资产减值损失

②可供出售权益工具。可供出售权益工具投资发生的减值损失，不得通过损益转回。会计处理如下：

借：可供出售金融资产——公允价值变动

　贷：其他综合收益

在税务处理上，可供出售金融资产属于所得税法第十四条规定的投资资产。企业在转让或者处置投资资产时，投资资产的成本准予扣除。可供出售金融资产持有期间取得的利息，根据所得税法第六条规定计入利息收入。

可供出售金融资产后续计量过程中，不仅要反映其公允价值变动直接计入所有者权益的金额，还要反映由于账面价值与计税基础之间产生暂时性差异，确认递延所得税资产或递延所得税负债的金额。

可供出售金融资产公允价值变动形成的利得或损失，在持有期间公允价值的变动不计入应纳税所得额。可供出售外币货币性金融资产形成的汇兑收益，计入收入总额；企业在货币交易中以及纳税年度终了时，将可供出售外币货币性金融资产，按照期末即期人民币汇率中间价折算为人民币时产生的汇兑损失，除已经计入有关资产成本以及向所有者进行利润分配相关的部分外，准予扣除。

采用实际利率法计算的可供出售金融资产的利息，计入当期应纳税所得额；可供出售权益工具投资的现金股利，除连续持有居民企业公开发行并上市流通的股票不足 12 个月取得的投资收益外，在被投资企业宣告发放股利时计入当期损益的可从应纳税所得额中减除。以摊余成本计量的金融资产，采用实际利率法确认的利息收入，计入当期应纳税所得额。

【例 3-11】三和公司发生的与可供出售金融资产有关的业务如下：

（1）2015 年 3 月 10 日，三和公司购买利达公司发行的股票 600 万股，成交价为每股 14.7 元，另付交易费用 180 万元，占利达公司表决权的 5%，作为可供出售金融资产。

（2）2015 年 12 月 31 日，该股票每股市价为 13 元，三和公司预计股票价格下跌是暂时的。

（3）2016 年 4 月 20 日，利达公司宣告发放持有期间的现金股利 2 400 万元，5 月 20 日收到现金股利。

（4）2016 年 12 月 31 日，利达公司因违反相关证券法规，受到证券监管部门查处。受此影响，利达公司股票的价格发生严重下跌。2016 年 12 月 31 日收盘价格每股市价为 6 元。

（5）2017 年 12 月 31 日，利达公司整改完成，加之市场宏观面好转，2017 年 12 月 31 日收盘价格每股市价为 10 元。

（6）2018 年 1 月 1 日，三和公司以 9 600 万元卖掉此股票。

假设每步都考虑所得税的影响，上述业务的会计处理如下。

（1）2015 年 3 月 10 日购买利达公司发行的股票，成本为 9 000 万元（600×14.7+180）。

借：可供出售金融资产——成本　　90 000 000

　贷：其他货币资金——存出投资款　　90 000 000

此时，税会处理不存在差异，资产的账面价值和计税基础都是 9 000 万元。

（2）2015 年 12 月 31 日，该股票每股市价为 13 元，公允价值变动为 1 200 万元（9 000−600×13）。

借：其他综合收益　　12 000 000

　贷：可供出售金融资产——公允价值变动　　12 000 000

可供出售金融资产持有期间公允价值的变动，依据财税〔2007〕80 号的规定，会计和税法都不确认损益，不产生税会差异。2015 年 12 月 31 日可供出售金融资产的账面价值为 7 800 万元，税法上认可的计税基础为 9 000 万元，账面价值小于计税基础，形成可抵扣暂时性差异 1 200 万元，所得税的会计处理如下：

借：递延所得税资产　　3 000 000（12 000 000×25%）

　贷：其他综合收益　　3 000 000

（3）2016 年 4 月 20 日利达公司宣告发放现金股利，投资收益为 120 万元（2 400×5%）。

借：应收股利　　1 200 000

　贷：投资收益　　1 200 000

2016年5月20日收到现金股利：

借：其他货币资金——存出投资款　　1 200 000

　贷：应收股利　　1 200 000

依据所得税法第二十六条和所得税法实施条例第八十三条，以上股票持有期已超过12个月，属于免税收入。会计上将可供出售金融资产持有期间取得的利息或现金股利确认为投资收益，从而产生了120万元的税会差异。三和公司在申报企业所得税时调减应纳税所得额120万元。另外，这120万元的税会差异不会影响可供出售金融资产的账面价值和计税基础，属于永久性差异。

（4）2016年12月31日，利达公司股票的价格发生严重下跌，确认可供出售金融资产减值，转出原直接计入所有者权益的因公允价值下降形成的累计损失，计入当期损益。确认可供出售金融资产减值损失为5 400万元（9 000–600×6）。会计处理如下：

借：资产减值损失　　54 000 000

　贷：其他综合收益　　12 000 000

　　可供出售金融资产——公允价值变动　　42 000 000

依据前面述及的所得税法实施条例第五十六条规定，税法上不确认任何形式的资产减值，可供出售金融资产的计税基础不变，仍为9 000万元。会计上确认减值损失5 400万元，汇算清缴时需要做纳税调整处理，调增应税所得额 5 400 万元。填制《纳税调整项目明细表（A105000）》第33行，如表3-13所示。

表3-13　纳税调整项目明细表（A105000）

行　次	项　目	账载金额	税收金额	调增金额	调减金额
		1	2	3	4
33	（二）资产减值准备金	54 000 000	*	54 000 000	0

期末可供出售金融资产账面价值为3 600万元，计税基础大于账面价值，形成可抵扣暂时性差异5 400万元。确认递延所得税资产时将原来的其他综合收益转回，所得税的会计处理如下：

借：递延所得税资产　　10 500 000（42 000 000×25%）

　其他综合收益　　3 000 000（12 000 000×25%）

　贷：所得税费用　　13 500 000（54 000 000×25%）

（5）2017年12月31日，收盘价格每股市价为10元。可供出售权益工具投资发生的减值损失，价值回升时，不得通过损益转回。确认转回可供出售金融资产减值损失为2 400万元[600×（10–6）]，会计处理如下：

借：可供出售金融资产——公允价值变动　　24 000 000

　贷：其他综合收益　　24 000 000

可供出售金融资产市价回升，会计与税法处理一致，都不影响损益，转回以前确认的递延所得税资产。

借：其他综合收益　　　　6 000 000（24 000 000×25%）

　贷：递延所得税资产　　　　6 000 000

如果涉及的不是股票等权益工具，而是债券等债务工具，对于已确认减值损失的可供出售债务工具，在随后的会计期间公允价值上升且客观上与原减值损失确认后发生的事项有关的，转回原确认的减值损失，计入当期损益。会计处理如下：

借：可供出售金融资产——公允价值变动　　　　24 000 000

　贷：资产减值损失　　　　24 000 000

汇算清缴时需要做纳税调整处理，调减应税所得额 2 400 万元。填制《纳税调整项目明细表（A105000）》第 33 行，如表 3-14 所示。

表 3-14　纳税调整项目明细表（A105000）

行　次	项　目	账载金额	税收金额	调增金额	调减金额
		1	2	3	4
32	（二）资产减值准备金	–24 000 000	*	0	–24 000 000

借：所得税费用　　　　6 000 000

　贷：递延所得税资产　　　　6 000 000

（6）2018 年以 9 600 万元卖掉此股票，会计处理如下：

借：其他货币资金——存出投资款　　　　96 000 000

　　可供出售金融资产——公允价值变动　　　　30 000 000

　　其他综合收益　　　　24 000 000

　贷：可供出售金融资产——成本　　　　90 000 000

　　　投资收益　　　　60 000 000

另外，由于该资产已经离开了三和公司，所以将其递延所得税资产余额全部冲回：

借：所得税费用　　　　13 500 000

　贷：递延所得税资产　　　　7 500 000

（3 000 000+10 500 000–6000 000）

　　　其他综合收益　　　　6 000 000

会计实际确认的转让收益为 6 000 万元。税法确认的转让为收益 600 万元（9 600–9 900），即汇算清缴时应纳税调减 5 400 万元，填报《投资收益纳税调整明细表（A105030）》第 2 行，如表 3-15 所示。

表 3-15 投资收益纳税调整明细表（A105030）

行次	项　　目	处置收益						
		会计确认的处置收入	税收计算的处置收入	处置投资的账面价值	处置投资的计税基础	会计确认的处置所得或损失	税收计算的处置所得	纳税调整金额
		4	5	6	7	8（4–6）	9（5–7）	10（9–8）
2	二、可供出售金融资产	96 000 000	96 000 000	36 000 000	90 000 000	60 000 000	6 000 000	–54 000 000

3.5 BOT 项目金融资产处理模式下的税会差异

2013 年以来，PPP 模式在我国实现了突飞猛进地发展。PPP 的契约模式具有多种形式，主要有 BTO（建设—转让—运营）、TOT（转让—运营—转让）、BOT（建设—运营—转让）等。作为 PPP 模式的一种形式，BOT 在公共服务、水务、学校后勤、垃圾处理等行业均有应用，通常由地方政府通过招标方式选择项目法人，授予项目法人特许经营权，由项目法人投资、建设并运行此项目，约定特许经营权期满无偿移交给政府。

由于会计准则和税法对 BOT 项目形成的资产、预计负债和调试期收入的处理不同，产生了税会差异。

3.5.1 BOT 项目形成资产的税会差异

针对企业采用 BOT 方式参与公共基础设施建设业务应当如何处理，2008 年 8 月发布的《企业会计准则解释第 2 号》做出了明确规定。建造合同收入应当按照收取或应收对价的公允价值计量，在确认收入的同时，需要确认金融资产或无形资产。

实际操作中存在以下情形：

第一种情形：如果合同规定项目公司在有关基础设施建成后，从事经营的一定期间内有权利向获取服务的对象收取费用，但收费金额不确定的，该权利不构成一项无条件收取现金的权利，项目公司应当在确认收入的同时确认无形资产。

此时，无形资产在经营期内按照直线法摊销，其计税基础和账面价值一致，不存在时间性差异。

第二种情形：如果合同规定基础设施建成后的一定期间内，项目公司可以无条件地自合同授予方收取确定金额的货币资金或其他金融资产的；或在项目公司提供经营服务的收费低于某一限定金额的情况下，合同授予方按照合同规定负责将有关差价补偿给项目公司的，应当在确认收入的同时确认金融资产，并按照《企业会计准则第 22 号——金融工具确认和计量》的规定处理。如果项目公司自合同授予方收取的金额有一部分固定，一部分浮动，则固定部分确认金融资产，浮动部分确认无形资产，按混合模式核算，如各组成部分没有单独计价的，应按各组成部分公允价值的比例对建造支出进行拆分。

对于这种情况，税法实际操作中，按照无形资产的会计处理模式，将资产账面价值作为计税基础，这使金融资产和混合模式核算下 BOT 资产的期末账面价值大于计税基础，由此而形成应纳税暂时性差异为递延所得税负债。

【例 3-12】东海市拟在 2015 年开始新建一座垃圾焚烧发电厂，新华公司以 BOT 模式承接了该工程，合同约定授予建设单位特许经营权。合同预计 3 年完工，预计静态投资总成本 4.5 亿元（不含建设期利息）。

融资方案如下：资本金 30%，贷款金额 70%，贷款利率 6.55%。投标测算资本金财务内部收益率 9.78%。2015 年 1 月 1 日正式进行施工。实际工作量：2015 年完成了 1.35 亿元；2016 年完成了 1.8 亿元，2017 年完成了 1.35 亿元。建造期内累计发生的利息支出为 3 000 万元，其中第二年利息支出 1 000 万元，第三年利息支出 2 000 万元。2017 年 7 月 1 日进入设备联合调试期，调试期净收入 200 万元，其中垃圾处理净收入 120 万元。2017 年 12 月 31 日调试结束，设备性能达到预计使用状态。2018 年 1 月 1 日正式商业运营。

合同约定，经营期内，每年提供的垃圾处理量 50 万吨，垃圾处理费 110 元/吨。年度垃圾处理量超过 50 万吨的，视为无偿处理。项目公司在特许经营期内利用垃圾处理预热发电所产生的剩余电量可按相关规定并入国家电网，电价为 0.65 元/度。预计至移交时（2036 年年底）保持一定资产状态需要支付共计 1.5 亿元。假设现金流量在年末发生，未来运营期有足够的应税所得用于可抵扣性暂时性差异。

计算金融资产会计处理模式和无形资产产生的递延所得税资产和递延所得税负债。

项目实际利率（投标利率）计算如下：

加权平均资本成本=自有资金比例×自有资金内部收益率+贷款比例×贷款利率=30%×9.78%+70%×6.55%/（1–25%）=9%

按合同约定条件，计算运营期保底量现金流现值如下：

年保底收入=50×110=5 500（万元），折现率=9%，项目运营期 2018—2036 年，共 19 年。

项目运营期保底量现金流入折现=PV（5 500, 9%, 19）=49 225.63（万元）

建设期每年金融资产利息收入=年度平均投资支出×项目实际利率+上年度利息收入×项目实际利率

2015 年按项目实际利率计算的金融资产利息收入=（0+13 500）/2×8.5%=574（万元）

2016 年按项目实际利率计算的金融资产利息收入=（13 500+31 500）/2×8.5%+574×8.5%=1 961（万元）

2017 年按项目实际利率计算的金融资产利息收入=（31 500+45 000）/2×8.5%+（574+1 961）×8.5%=3 466（万元）

2017 年年末账面金融资产价值=投资支出本金+各年度按项目实际利率计算的金融资产利

息收入=45 000+574+1 961+3 466=51 001（万元）

建设期递延所得税负债=利息收入×25%

建设期递延所得税资产=利息支出×25%

轧抵后建设期递延所得税负债=（利息收入–利息支出）×25%=［（574–0）+（1 961–1 000）+（3 466–2 000）］×25%=750（万元）

运营期第一年2015年差异计算过程：

会计计税基数：2015年资产摊余价值=51 001（万元）

摊余年限=2033–2014=19（年）

归属于金融资产等额本息额=–51 001/PV（8.5%，19，1，0）=5 503（万元）

实际利息收入=摊余价值×实际利率=51 001×8.5%=4 335（万元）

偿还本金部分=金融资产等额本息额–实际利息收入=5 503– 4 335=1 168（万元）

期末摊余成本=51 001–1 168=49 833（万元）

税法计税基础：投资支出本金+资本化利息=45 000+1 000+2 000=48 000（万元）

每年摊销额=48 000/19=2 526（万元）

2018年资产的税会差异=2 526–1 168=1 358（万元）

2018年递延所得税负债=1 358×0.25=339（万元）

2018年累计的递延所得税负债=750+339=1 089（万元）

依次类推，至2036年期末，资产的摊余价值为0，递延所得税负债余额也为0。

3.5.2 BOT项目形成预计负债的税会差异

《企业会计准则解释第2号》指出，按照BOT合同规定，企业为使有关基础设施保持一定的服务能力或在移交给合同授予方之前保持一定的使用状态，预计将发生的支出，应当按照《企业会计准则第 13 号——或有事项》的规定处理。因此，该项预计支出确认为预计负债。

BOT项目公司按照项目工作量或运营年限估计报告期末清偿现时义务的最佳估计数，确认为当期损益，同时确认预计负债。以后期间，根据对未来偿付该等义务的最佳估计支出的现价持续复核结果，调整前期现时义务估计准备的金额，调整的差额计入当期损益。对预计负债计税基础小于账面价值所形成的可抵扣暂时性差异应确认为递延所得税资产。

【例3-13】承例3-12。计算预计负债产生的递延所得税。

2018—2036年每年预计负债计提数=15 000/19=789.47（万元）

假设2018年、2019年未使用，2020年使用100万元。

2018年未使用，预计负债余额=789.47万元，递延所得税资产余额=789.47×25%=197.36（万元）；

2019年未使用，预计负债余额=789.47+789.47=1 578.94（万元），递延所得税资产余额=1 578.94×25%=394.74（万元）；

2020 年预计负债余额=1 578.94+789.47–100=2 268.41（万元），递延所得税资产余额=2 268.41×25%=567.10（万元），递延所得税当年发生数=567.1–394.74=172.36（万元）；后续年度依次类推。

3.5.3　BOT 项目调试期收入处理形成的税会差异

很多 BOT 项目投资额大，工艺复杂，在试运行前需经过 1～3 个月的联动调试，调试期间实际收入扣除必要的调试费用后的利润，在会计处理上将该部分调试利润冲减投资成本，但税务上需要调增应纳税所得额，该部分利润冲减投资成本将造成 BOT 资产的期末价值小于计税基数，由此产生可抵扣的暂时性差异为递延所得税资产。

【例 3-14】承例 3-12。计算调试期间收入的处理产生的递延所得税资产。

2018 年试运行会计利润=200/19=10.53（万元）

税务利润=200（万元）

税会差异=200–10.53=189.47（万元）

递延所得税资产=189.47×0%（垃圾处理行业实行所得税三免三减半优惠）=0

2019 年试运行利润=10.53 万元，税务利润=0，税会差异=0–10.53=–10.53，因税率为 0，递延所得税资产=0

2020 年计算同 2019 年。

2021 年：会计利润=10.53 万元，税务利润=0，税会差异=0–10.53=–10.53 万元，递延所得税资产=10.53×12.5%=1.32（万元）

2022 年、2023 年计算同 2021 年。

2024—2036 年：会计利润=10.53 万元，税务利润=0，税会差异=0–10.53=–10.53（万元），递延所得税资产=10.53×25%=2.63（万元）。

第 4 章 长期股权投资的税会差异

《企业会计准则第 2 号——长期股权投资》(2014)规定，长期股权投资，是指投资方对被投资单位实施控制、重大影响的权益性投资，以及对其合营企业的权益性投资。长期股权投资的税会差异主要体现在取得长期股权投资、持有长期股权投资、处置长期股权投资等业务中。本章主要介绍这些业务的税会差异、纳税调整处理和纳税申报表的填制。

4.1 取得长期股权投资的税会差异

对于长期股权投资的初始计量，会计准则主要从长期股权投资取得的途径进行规范，包括企业合并和其他方式。前者包括同一控制下的企业合并和非同一控制下的企业合并；后者包括支付现金、发行权益性证券、非货币性资产交换、债务重组等方式。

4.1.1 企业合并取得长期股权投资的税会差异

1. 同一控制下的企业合并取得长期股权投资的税会差异

同一控制下的企业合并，合并方以支付现金、转让非现金资产或承担债务方式作为合并对价的，在合并日按照被合并方所有者权益在最终控制方合并财务报表中的账面价值的份额作为长期股权投资的初始投资成本。长期股权投资初始投资成本与支付的现金、转让的非现金资产以及所承担债务账面价值之间的差额，调整资本公积；资本公积不足冲减的，调整留存收益。

合并方以发行权益性证券作为合并对价的，在合并日按照被合并方所有者权益在最终控制方合并财务报表中的账面价值的份额作为长期股权投资的初始投资成本。按照发行股份的面值总额作为股本，长期股权投资初始投资成本与所发行股份面值总额之间的差额，调整资本公积；资本公积不足冲减的，调整留存收益。

长期股权投资的计税成本原则上以投资方实际支付的全部价款确定。全部价款包括现金、非现金资产公允价值、所承担债务的公允价值、所发行权益性证券的公允价值以及支付的相关税费（不含企业所得税），但不包括从被投资企业收取的已宣告但尚未发放的现金股利或利润。

所得税法规定，被投资方对投资方支付的红利所得并入投资方的应纳税所得额。该项规定实际上是要求被投资方用留存收益转增资本（股本）进行税务处理时，视同"先分配，再投资"，即转增资本的金额视同追加投资，作为投资的计税成本处理。被投资方用资本溢价（股本溢价）转增资本（股本）时，不计入投资方的计税成本。

对于同一控制下企业合并发生的各项直接相关费用（资产评估费、咨询费等），会计准则与所得税法处理是一致的。会计上列入"管理费用"账户；所得税法规定，企业实际发生的咨询费、评估费等在发生当期据实申报扣除。

企业支付的对价包含非现金资产，还涉及下列税收问题：

（1）《增值税暂行条例实施细则》第四条规定，以存货（不含开发产品）换取投资，应当视同销售计算增值税。如果是自产应税消费品，还需缴纳消费税。计算增值税时，按同期或最近时期同类存货的加权平均价格计算。如果同期或近期无同类售价，按组成计税价格计算。但计算消费税时，按最高售价计算。

（2）所得税法实施条例第二十五条规定，企业发生非货币性资产交换的，应当视同销售货物、转让财产。以非现金资产对外投资行为应视同销售，按照公平价格确定收入，同时允许扣除其计税成本。

【例 4-1】2017 年 1 月 1 日，北疆公司以一所厂房和银行存款 200 万元对东海公司进行投资（北疆公司和东海公司属于同一控制下的两个公司），占东海公司 60%的股权，投资时东海公司所有者权益的账面价值为 14 000 万元。投资时北疆公司资本公积为 500 万元，盈余公积为 200 万元。该厂房的账面原价为 8 000 万元，已计提累计折旧 500 万元，已计提固定资产减值准备 200 万元，公允价值为 7 600 万元。

北疆公司的会计处理与税务处理如表 4-1 所示。

表 4-1　北疆公司的会计处理与税务处理

会计处理		税务处理		税会差异
		增值税	企业所得税	
借：固定资产清理	73 000 000	视同销售，按照"销售使用过的固定资产"进行税务处理；已使用过的货	企业以经营活动的部分非货币性资产对外投资，在投资交易发生时，将其分解为按公允价值销售有关非货	对于转出的固定资产减值准备，税法做纳税调减。会计处理未涉及任何损益类账户，应纳税所得额为
累计折旧	5 000 000			
固定资产减值准备	2 000 000			
贷：固定资产	80 000 000			
借：长期股权投资——东海公司				

续表

会计处理	税务处理		税会差异
	增值税	企业所得税	
84 000 000 （140 000 000×60%） 贷：固定资产清理 73 000 000 其他货币资金——存出投资款 2 000 000 资本公积 9 000 000	物、销售价格不超过其原值的货物，可免予征收增值税	币性资产和对外投资两项经济业务进行所得税处理	100 万元（7 600−7 300−200），纳税申报时该笔业务调增应纳税所得额 100 万元

该业务中涉及固定资产部分属于国税函〔2008〕第 828 号规定的视同销售，而会计处理没有确认收入，两者存在税会差异，纳税申报时需要纳税调整处理，填制《视同销售和房地产开发企业特定业务纳税调整明细表（A105010）》，如表 4-2 所示。

表 4-2 视同销售和房地产开发企业特定业务纳税调整明细表（A105010）

行 次	项 目	税收金额	纳税调整金额
		1	2
1	一、视同销售（营业）收入		
8	（七）用于对外投资项目视同销售收入	76 000 000	7 6000 000
11	二、视同销售（营业）成本		
18	（七）用于对外投资项目视同销售成本	75 000 000	75 000 000

【例 4-2】2017 年 6 月 30 日，远华公司向同一集团内的峰松公司收购其持有的南海公司 100% 的股权，并于当日起能够对南海公司实施控制。合并后南海公司仍维持其独立法人资格继续经营。两公司在企业合并前采用的会计政策相同。

在合并日，南海公司所有者权益的总额为 4 404 万元，远华公司净资产为 6 000 万元，其中股本 4 000 万元，盈余公积 1 400 万元，资本公积（股本溢价）550 万元，未分配利润 50 万元。远华公司向峰松公司支付的对价如下：现金 3 431 万元；产成品成本 1 000 万元，公允价值为 1 400 万元；旧设备原价 800 万元，累计折旧 400 万元，公允价值为 500 万元；自建房屋原价 900 万元，累计折旧 300 万元，公允价值为 700 万元。

假设产品销售的增值税税率为 17%，不考虑土地增值税、城市维护建设税和教育费附加。合并日远华公司确认对南海公司的长期股权投资。

远华公司的会计处理如下：

借：长期股权投资——南海公司 44 040 000

累计折旧 7 000 000

资本公积——股本溢价 5 500 000

盈余公积　　7 150 000

贷：库存商品　　10 000 000

应交税费——应交增值税（销项税额）　　2 380 000

（14 000 000×17%）

固定资产——设备　　8 000 000

——房屋　　9 000 000

库存现金　　34 310 000

税务处理：以非现金资产换取股权视同销售处理，调增应纳税所得额 600 万元［（1 400–1 000）+（500–400）+（700–600）］，长期股权投资计税成本为 6 251 万元（3 413+1 400+500+700 +238）。

纳税申报时填制《视同销售和房地产开发企业特定业务纳税调整明细表（A105010）》，如表 4-3 所示。

表 4-3　视同销售和房地产开发企业特定业务纳税调整明细表（A105010）

行　次	项　目	税收金额	纳税调整金额
		1	2
1	一、视同销售（营业）收入		
8	（七）用于对外投资项目视同销售收入	26 000 000	26 000 000
11	二、视同销售（营业）成本		
18	（七）用于对外投资项目视同销售成本	20 000 000	20 000 000

2. 非同一控制下的企业合并取得长期股权投资的税会差异

非同一控制下的企业合并的初始成本为付出的资产的公允价值。账面价值与公允价值之间的差额计入当期损益，反映在营业外收入中。

企业合并成本包括购买方付出的资产、发生或承担的负债、发行的权益性证券的公允价值以及为进行企业合并发生的各项直接费用之和。其中，支付非货币性资产为对价的，所支付的非货币性资产在购买日的公允价值与其账面价值的差额作为资产处置损益，计入企业合并当期的利润表。

企业长期股权投资的计税成本以为取得该项投资所付出的全部代价确定。全部代价包括现金、非现金资产公允价值、所承担债务的公允价值、所发行权益性证券的公允价值以及支付的相关税费（不含企业所得税），但不包括自被投资企业收取的已宣告但尚未发放的现金股利或利润。

非同一控制下控股合并取得的长期股权投资的计税成本与会计成本基本相同，但也存在差异，主要如下：

（1）非同一控制下企业合并发生的各项直接相关费用（资产评估费等）计入投资成本，

根据所得税法实施条例第二十八条、第二十九条、第三十条的规定，企业生产经营过程中耗费按规定已计入成本的，不得再作为期间费用重复扣除。因此，为合并发生的直接相关费用也可计入投资计税成本。

（2）所得税法实施条例第三十七条规定，企业在生产经营活动中发生的合理的不需要资本化的借款费用，准予扣除。由此可见，企业为投资而发生的借款费用，其会计处理与税务处理一致。

（3）作为对价的存货、固定资产、无形资产、长期股权投资已计提减值准备的，在视同销售计算资产转让所得时，允许扣除的成本为计税成本净值。

计税成本净值=固定资产、无形资产初始计税成本（不扣除减值准备）–已扣除的折旧额、摊销额

【例 4-3】2017 年 1 月 1 日，盛鹏公司取得了南特公司 70%的股权。合并中，盛鹏公司支付的有关资产，在购买日的账面价值与公允价值如表 4-4 所示。合并中，盛鹏公司为核实南特公司的资产价值，聘请有关机构对该项合并进行咨询，支付咨询费用 100 万元。假定合并前盛鹏公司与南特公司属于关联方。

表 4-4 盛鹏公司支付有关资产的账面价值与公允价值 单位：万元

项　目	账面价值	公允价值
土地使用权	2 000	3 000
专利技术	900	1 000
银行存款	900	900
合　计	3 800	4 900

盛鹏公司的会计处理如下：

借：长期股权投资　　49 000 000

　贷：无形资产　　29 000 000

　　银行存款　　9 000 000

　　营业外收入　　11 000 000

税务处理：

（1）支付的咨询费 100 万元，本期允许据实扣除，调减应纳税所得额 100 万元。

（2）长期股权投资计税成本为 4 900 万元。

（3）若专利技术原价 1 200 万元，累计摊销 100 万元，计提无形资产减值准备 200 万元。初始计税成本与会计成本相同，税法按 10 年平均扣除，已累计扣除 480 万元。以前年度已累计调减 180 万元（100+200–480）。

无形资产账面价值=1 200–100–200=900（万元）

无形资产计税成本=1 200–480=720（万元）

无形资产转让所得=（3 000–2 000）+（1 000–720）=1 280（万元）

本期调增应纳税所得额=1 280–1 200=80（万元）

【例 4-4】2017 年 3 月 1 日，新博公司以一房产和银行存款 200 万元向创维公司投资（新博公司和创维公司不属于同一控制的两个公司），占创维公司 60%的股权。该固定资产的账面原价为 8 000 万元，已计提累计折旧 500 万元，已计提固定资产减值准备 200 万元，公允价值为 7 600 万元。投资时创维公司所有者权益的账面价值为 14 000 万元。投资时新博公司资本公积为 500 万元，盈余公积为 200 万元。不考虑其他相关税费。

新博公司的会计处理与税务处理如表 4-5 所示。

表 4-5　新博公司的会计处理与税务处理

会计处理		税务处理
借：固定资产清理	73 000 000	税法上的应纳税所得额为 100 万元（7 600–7 500），会计上的损益为 300 万元，所以应纳税所得额调减固定资产 200 万元（如果资产不计提减值准备，非同一控制下以不动产投资，无税会差异）
累计折旧	5 000 000	
固定资产减值准备	2 000 000	
贷：固定资产	80 000 000	
借：长期股权投资——创维公司	78 000 000	
	（2 000 000+76 000 000）	
贷：固定资产清理	73 000 000	
其他货币资金——存出投资款	2 000 000	
营业外收入	3 000 000	

4.1.2　其他方式取得长期股权投资的税会差异

其他方式取得长期股权投资，主要是指通过企业合并以外的方式获得投资，如非货币性资产交换、支付现金、发行证券和债务重组等。非货币性资产交换、债务重组取得长期股权投资的税会差异、纳税调整处理及纳税申报表的填制，请参见第 11 章和第 12 章。

此处主要介绍支付现金和发行证券取得长期股权投资的税会差异与纳税调整。

在会计处理上，以支付现金取得的长期股权投资，按照实际支付的购买价款作为初始投资成本，初始投资成本包括与取得长期股权投资直接相关的费用、税金及其他必要支出；以发行权益性证券取得的长期股权投资，按照发行权益性证券的公允价值作为初始投资成本。

在税务处理上，长期股权投资按企业发生的实际支出作为计税基础。以支付现金取得的长期股权投资，按实际支付的购买价款作为计税基础；以发行权益性证券取得的长期股权投资，按该投资资产的公允价值和应支付的相关税费作为计税基础。

（1）依据会计准则的规定，以现金支付方式取得的长期股权投资按照实际支付的购买价款作为初始投资成本。此时，税会处理一致。

【例 4-5】达群公司 2016 年 5 月以现金资产 5 000 万元取得利惠公司 40%的股权，并能对利惠公司施加重大影响；取得投资时利惠公司可辨认净资产的公允价值为 14 000 万元。

按会计准则规定，确定的股权投资成本 5 600 万元，因初始投资成本 5 000 万元已确定，因此调增长期股权投资账面价值 600 万元，长期股权投资的账面价值 5 600 万元。

（2）依据会计准则的规定，以发行权益性证券方式取得的长期股权投资，以权益性证券的公允价值为基础确定其入账价值。依据税法的规定，则直接以该项投资的公允价值为基础确定其计税成本。如果权益性证券的公允价值与长期股权投资的公允价值不相等，投资企业就需要对暂时性差异进行会计处理，并依据税法规定调整应纳税所得额。

4.2 持有长期股权投资的税会差异

长期股权投资在持有期间，其后续计量主要采用成本法和权益法。在条件变化时，计量方法可能会随着改变。本节主要介绍成本法和权益法下长期股权投资后续计量的税会差异、纳税调整处理及纳税申报表的填制。

根据《小企业会计准则》，小企业的长期股权投资在后续计量时只采用成本法，并且不计提减值准备。

4.2.1 成本法下长期股权投资的税会差异

投资方能够对被投资单位实施控制的长期股权投资，采用成本法进行会计处理。在会计处理上，采用成本法的长期股权投资按照初始投资成本计价。追加或收回投资调整长期股权投资的成本。被投资企业宣告分派的现金股利或利润，确认为当期投资收益。

在税务处理上，投资企业确认所得税法第六条规定的股息、红利等权益性投资收益，不限于被投资企业接受投资后产生的累计净利润的分配额，所获得的利润或现金股利超过上述数额的部分不作为初始投资成本的收回。也就是说，被投资企业宣告分派的现金股利或利润，从被投资方的累计净利润（包括累计未分配利润和盈余公积）中取得的任何分配支付额，都确认为当期股息、红利等权益性投资收益。股息、红利等权益性投资收益以被投资方做出利润分配决策的时间确认收入的实现。企业对外投资期间，除追加或收回投资调整长期股权投资的计税基础外，长期股权投资的计税基础保持不变。

在同一控制下长期股权投资是按照确定被合并方所有者权益账面价值的份额作为长期股权投资的初始成本的，长期股权投资的初始成本与支付的现金、转让的非现金资产及所承担债务账面价值之间的差额，调整资本公积；资本公积不足冲减的，调整留存收益。所以，对于同一控制下的企业合并不涉及递延所得税的问题。

非同一控制下的吸收合并不确认长期股权投资，但是投资方取得的资产、负债的入账价值是按照合并日的公允价值计量的。如果是免税合并，则计税基础按资产的账面价值计量。这样资产的账面价值和计税基础之间就会产生暂时性差异。

所得税法实施条例第八十三条规定，企业购买上市公司的股票从上市公司分得的股息、红利是否免税，按下列规定处理：

（1）股票持有时间超过 12 个月转让的，免征所得税。

（2）股票持有时间不超过 12 个月转让的，应当将分得的股息、红利并入当期所得缴纳企业所得税。

【例 4-6】

（1）2015 年 1 月 1 日，华文公司以 100 万元为代价取得天德公司 70%的股份。

（2）2015 年 3 月 20 日，天德公司宣告发放 2014 年度现金股利 30 万元。

（3）2015 年度，天德公司实现净利润 40 万元，2016 年 3 月 20 日，天德公司宣告发放 2015 年度现金股利 20 万元。

（4）2016 年度，天德公司实现净利润 60 万元，2017 年 3 月 20 日，天德公司以盈余公积 60 万元转增股本。

（5）2017 年 5 月 10 日，华文公司将天德公司股权全部转让，取得 180 万元。

华文公司的税会处理如下：

（1）2015 年 1 月 1 日华文公司取得长期股权投资。

借：长期股权投资——天德公司　　1 000 000

　贷：其他货币资金——存出投资款　　1 000 000

长期股权投资的账面价值与计税基础相等。

（2）2015 年 3 月 20 日天德公司宣告发放的这部分股利。

借：应收股利——天德公司　　210 000

　贷：投资收益　　210 000

税务处理：华文公司确认股权投资的持有收益（股息所得）21 万元，属于免税收入。发生持有期间投资收益，并按税法规定为减免税收入的（如国债利息收入等），《投资收益纳税调整明细表（A105030）》不做调整，但需要填报《符合条件的居民企业之间的股息、红利等权益性投资收益优惠明细表（107011）》，如表 4-6 所示。

（3）2016 年 3 月 20 日，天德公司分配上年股利。

借：应收股利——天德公司　　140 000

　贷：投资收益　　140 000

税务处理：天德公司分派现金股利时，华文公司确认股权投资的持有收益（股息所得）14 万元，属于免税收入。发生持有期间投资收益，并按税法规定为减免税收入的（如国债利息收入等），不需要填报《投资收益纳税调整明细表（A105030）》，但需要填报《符合条件的居民企业之间的股息、红利等权益性投资收益优惠明细表（107011）》，如表 4-7 所示。

表 4-6　符合条件的居民企业之间的股息、红利等权益性投资收益优惠明细表（A107011）

行次	被投资企业	被投资企业统一社会信用代码（纳税人识别号）	投资性质	投资成本	投资比例	被投资企业利润分配确认金额		被投资企业清算确认金额			撤回或减少投资确认金额						合计
						被投资企业做出利润分配或转股决定时间	依决定归属于本公司的股息、红利等权益性投资收益金额	分得的被投资企业清算剩余资产	被清算企业累计未分配利润和累计盈余公积应享有部分	应确认的股息所得	从被投资企业撤回或减少投资取得的资产	减少投资比例	收回初始投资成本	取得资产中超过收回初始投资成本部分	撤回或减少投资应享有被投资企业累计未分配利润和累计盈余公积	应确认的股息所得	
	1	2	3	4	5	6	7	8	9	10（8与9孰小）	11	12	13（4×12）	14（11–13）	15	16（14与15孰小）	17（7+10+16）
1	天德公司		直接投资	1 000 000	70%	2 015.3	210 000										210 000

表 4-7　符合条件的居民企业之间的股息、红利等权益性投资收益优惠明细表（A107011）

行次	被投资企业	被投资企业统一社会信用代码（纳税人识别号）	投资性质	投资成本	投资比例	被投资企业利润分配确认金额		被投资企业清算确认金额			撤回或减少投资确认金额						合计
						被投资企业做出利润分配或转股决定时间	依决定归属于本公司的股息、红利等权益性投资收益金额	分得的被投资企业清算剩余资产	被清算企业累计未分配利润和累计盈余公积应享有部分	应确认的股息所得	从被投资企业撤回或减少投资取得的资产	减少投资比例	收回初始投资成本	取得资产中超过收回初始投资成本部分	撤回或减少投资应享有被投资企业累计未分配利润和累计盈余公积	应确认的股息所得	
	1	2	3	4	5	6	7	8	9	10（8 与 9 孰小）	11	12	13（4×12）	14（11–13）	15	16（14 与 15 孰小）	17（7+10+16）
1	天德公司		直接投资	1 000 000	70%	2 016.3	140 000										140 000

（4）2017 年 3 月 20 日天德公司以盈余公积 60 万元转增股本，华文公司不做会计处理。

税务处理：根据税法规定，以盈余公积转增股本，分解为收到现金股利和追加投资两笔业务进行税务处理。

华文公司确认股息性所得 42 万元（60×70%），即调增 2016 年度应纳税所得额 42 万元。华文公司该项长期股权投资的账面价值仍为 100 万元，计税基础为 142 万元（100+42）。

借：递延所得税资产　　105 000（420 000×25%）

　贷：所得税费用　　105 000

（5）2017 年 5 月 10 日，华文公司将天德公司股权全部转让。

会计处理：华文公司确认投资转让所得 80 万元（180–100）

借：其他货币资金——存出投资款　　1 800 000

　贷：长期股权投资——天德公司　　1 000 000

　　投资收益　　800 000

税务处理：该项股权投资的计税基础为 142 万元，按照税法规定确认投资转让所得 38 万元（180–142），因此华文公司调减 2017 年度应纳税所得额 42 万元（80–38）。

借：所得税费用　　105 000（420 000×25%）

　贷：递延所得税资产　　105 000

至此，华文公司长期股权投资持有期间发生的暂时性差异全部转回。

在纳税申报时需做纳税调整处理，填报《投资收益纳税调整明细表（A105030）》第 6 行，如表 4-8 所示。

表 4-8　投资收益纳税调整明细表（A105030）

行次	项　目	处置收益						
		会计确认的处置收入	税收计算的处置收入	处置投资的账面价值	处置投资的计税基础	会计确认的处置所得或损失	税收计算的处置所得	纳税调整金额
		4	5	6	7	8（4–6）	9（5–7）	10（9–8）
6	六、长期股权投资	1 800 000	1 800 000	1 000 000	1 420 000	800 000	420 000	–380 000

4.2.2　权益法下长期股权投资的税会差异

投资方对联营企业和合营企业的长期股权投资，采用权益法进行会计处理。在权益法下长期股权的后续计量要随着被投资方的损益情况调整长期股权投资的成本。而所得税法规定长期股权投资的计税基础在持有期间不变，这样，长期股权投资的账面价值与计税基础就会产生暂时性差异。

1. 被投资企业当年实现利润或发生亏损

长期股权投资准则第十一条规定：投资方取得长期股权投资后，应当按照应享有或应分担的被投资单位实现的净损益和其他综合收益的份额，分别确认投资收益和其他综合收益，同时调整长期股权投资的账面价值；投资方按照被投资单位宣告分派的利润或现金股利计算应享有的部分，相应减少长期股权投资的账面价值。

（1）被投资企业实现利润。被投资企业实现净利润，投资企业按照持股比例调增长期股权投资的账面价值，但长期股权投资的计税基础不变，因此，长期股权投资的账面价值大于计税基础，产生应纳税暂时性差异。

【例 4-7】华文公司于 2015 年 1 月支付价款 900 万元取得天德公司 30%的股权，作为长期股权投资进行会计处理，取得时天德公司净资产账面价值为 3 600 万元（假设天德公司各项可辨认的资产、负债的公允价值与其账面价值相同），华文公司对天德公司具有重大影响。假设华文公司和天德公司的企业所得税率相同。

天德公司 2015 年实现净利 240 万元，2016 年经股东会决议分配其中的 100 万元。天德公司 2016 年实现净损益 960 万元。2017 年年初华文公司出售取得 1 500 万元。

华文公司的税会处理如下：

（1）初始投资时。

借：长期股权投资——成本　　10 800 000

　贷：其他货币资金——存出投资款　　9 000 000

　　营业外收入　　1 800 000

会计处理：长期股权投资的入账价值为 1 080 万元，确认营业外收入 180 万元。

税务处理：长期股权投资的计税基础为 900 万元，营业外收入 180 万元应调减应纳税所得税额。

华文公司在纳税申报时，将 1 800 000 元的营业外收入填列在《一般企业收入明细表（A101010）》的第 26 行中，如表 4-9 所示。做纳税调整处理时，填制《纳税调整项目明细表（A105000）》，如表 4-10 所示。

表 4-9 一般企业收入明细表（A101010）

行　次	项　目	金　额
26	（十）其他	1 800 000

表 4-10 纳税调整项目明细表（A105000）

行　次	项　目	账载金额	税收金额	调增金额	调减金额
		1	2	3	4
5	（四）按权益法核算长期股权投资对初始投资成本调整确认收益	*	*	*	1 800 000

（2）2015 年年末确认投资收益：2 400 000×30%=720 000（元）。

借：长期股权投资——损益调整　　720 000

　贷：投资收益　　720 000

税务处理：确认投资收益 72 万元，长期股权投资账面价增加 72 万元；税法不确认投资收益，且计税基础不变，投资收益 72 万元调减应纳税所得税额。

在纳税申报时，华文公司需填报《投资收益纳税调整明细表（A105030）》，如表 4-11 所示。

表 4-11　投资收益纳税调整明细表（A105030）

行　次	项　目	持有收益		
		账载金额	税收金额	纳税调整金额
		1	2	3（2–1）
6	六、长期股权投资	720 000	0	–720 000

同时确认递延所得税负债：（1 800 000+720 000）×25%=630 000（元）。

借：所得税费用　　630 000

　贷：递延所得税负债　　630 000

（3）2016 年分回股利：1 000 000×30%=300 000（元）。

借：其他货币资金——存出投资款　　300 000

　贷：长期股权投资——损益调整　　300 000

税务处理：会计上长期股权投资账面减少 30 万元；税法上确认的投资收益为 30 万元，做纳税调增金额为 30 万元。

在纳税申报时，华文公司需填报《投资收益纳税调整明细表（A105030）》，如表 4-12 所示。

表 4-12　投资收益纳税调整明细表（A105030）

行　次	项　目	持有收益		
		账载金额	税收金额	纳税调整金额
		1	2	3（2–1）
6	六、长期股权投资	0	300 000	300 000

30 万元的投资收益属于免税收入，华文公司需要填报《符合条件的居民企业之间的股息、红利等权益性投资收益优惠明细表（A107011）》，如表 4-13 所示。

表4-13 符合条件的居民企业之间的股息、红利等权益性投资收益优惠明细表（A107011）

行次	被投资企业	被投资企业统一社会信用代码（纳税人识别号）	投资性质	投资成本	投资比例	被投资企业利润分配确认金额		被投资企业清算确认金额			撤回或减少投资确认金额						合计
						被投资企业做出利润分配或转股决定时间	依决定归属于本公司的股息、红利等权益性投资收益金额	分得的被投资企业清算剩余资产	被清算企业累计未分配利润和累计盈余公积应享有部分	应确认的股息所得	从被投资企业撤回或减少投资取得的资产	减少投资比例	收回初始投资成本	取得资产中超过收回初始投资成本部分	撤回或减少投资应享有被投资企业累计未分配利润和累计盈余公积	应确认的股息所得	
	1	2	3	4	5	6	7	8	9	10（8与9孰小）	11	12	13（4×12）	14（11−13）	15	16（14与15孰小）	17（7+10+16）
1	天德公司		直接投资	9 000 000	30%	2 016.3	300 000										300 000

（4）2016 年天德公司实现的利润确认投资收益：9 600 000×30%=2 880 000（元）。

借：长期股权投资——损益调整　　　　2 880 000

　贷：投资收益　　　　　　　　　　　　2 880 000

税务处理：确认投资收益 288 万元，长期股权投资账面价值增加 288 万元；税法不确认投资收益，且计税基础不变，投资收益 288 万元调减应纳税所得税额。在纳税申报时，华文公司需填报《投资收益纳税调整明细表（A105030）》，如表 4-14 所示。

表 4-14　投资收益纳税调整明细表（A105030）

行　次	项　目	持有收益		
		账载金额	税收金额	纳税调整金额
		1	2	3（2–1）
6	六、长期股权投资	2 880 000		–2 880 000

同时确认递延所得税负债：（288–30）×25%=645 000（元）。

借：所得税费用　　　　645 000

　贷：递延所得税负债　　　　645 000

（5）2017 年，出售该长期股权投资时。

借：其他货币资金——存出投资款　　　　15 000 000

　贷：长期股权投资——成本　　　　10 800 000

　　　　　　　　——损益调整　　　　3 300 000

　　投资收益　　　　900 000

会计处理：确认的投资收益为 900 000 元。

税务处理：确认的投资收益为 600 万元（1 500–900），纳税调增金额为 510 万元（600–90）。

纳税申报时，需做纳税调整处理，填报《投资收益纳税调整明细表（A105030）》第 6 行，如表 4-15 所示。

表 4-15　投资收益纳税调整明细表（A105030）

行　次	项　目	处置收益						
		会计确认的处置收入	税收计算的处置收入	处置投资的账面价值	处置投资的计税基础	会计确认的处置所得或损失	税收计算的处置所得	纳税调整金额
		4	5	6	7	8（4–6）	9（5–7）	10（9–8）
6	六、长期股权投资	15 000 000	15 000 000	14 100 000	9 000 000	900 000	6 000 000	5 100 000

至此，华文公司长期股权投资持有期间所发生的暂时性差异全部转回：5 100 000×25%=1 275 000（元）。

借：递延所得税负债　　　　1 275 000

　贷：所得税费用　　　　1 275 000

（2）被投资企业发生亏损。被投资企业当年发生净亏损，除长期股权投资账面价值已为零的情况外，投资企业按应分担的份额确认投资损失。如果投资企业分担的被投资企业净亏损的份额大于长期股权投资的账面价值，则以该项长期股权投资的账面价值减记至零为限。

年终计税时，被投资企业发生亏损时，投资企业按持股比例调减长期投资的账面价值，但所得税法不确认投资亏损。由于长期股权投资的账面价值小于计税基础，因此形成了可抵扣暂时性差异，符合确认条件的，确认相关的递延所得税资产，借记“递延所得税资产”账户，贷记“所得税费用”账户。

以后如果被投资企业继续亏损，则按规定仍确认投资损失，且符合确认条件的，再确认相关的递延所得税资产，直至停止确认投资损失为止。递延所得税资产存续期间如果所得税税率变动，则按照新所得税税率调整递延所得税资产的账面价值，由此带来的收益或损失计入变动当期的所得税费用。

【例 4-8】2017 年 12 月 31 日，华发公司以银行存款购入派神公司 30%的股份作为长期股权投资进行会计处理，购买价款为 2 000 万元，并对派神公司产生重大影响。取得投资日派神公司资产、负债的公允价值与其账面价值相同。

2018 年，派神公司全年发生亏损 500 万元。假设派神公司的所得税税率为 15%，华发公司的所得税税率为 25%。

华发公司的会计处理如下：

确认投资损失=500×30%=150（万元）

借：投资收益　　　　1 500 000

　贷：长期股权投资——损益调整　　　　1 500 000

确认递延所得税资产=150÷85%×（25%−15%）=17.64（万元）

借：递延所得税资产　　　　176 400

　贷：所得税费用　　　　176 400

如果华发、派神双方的所得税税率相同，则只对当期应交所得税有影响，而对递延所得税没有影响。

以后年度，被投资企业以其税前利润弥补以前年度亏损时，投资企业先按规定在年终确认投资收益，即按应享有被投资企业净利润的份额，借记“长期股权投资——损益调整”账户，贷记“投资收益”账户。如果投资企业存在备查簿登记的未确认投资损失，则先以应享有被投资企业净利润的份额抵消未确认投资损失，然后恢复确认投资收益。如果被投资企业补亏以后还有现金股利或利润要分配，则宣告分配现金股利或利润时，投资企业借记“应收股利”账户，贷记“长期股权投资——损益调整”账户。

以后年度计算所得税时，因被投资企业以税前利润弥补以前年度的亏损，投资企业按照确认的投资收益中包含的被投资企业税前补亏的份额和投资企业适用的所得税税率计算的所得税金额，转回递延所得税资产，借记“所得税费用”账户，贷记“递延所得税资产”账户。被投资企业税前补亏结束，投资企业原确认的递延所得税资产全部转销结平。

2. 被投资企业发生的其他所有者权益变动

长期股权投资准则第十一条规定，投资方对于被投资单位除净损益、其他综合收益和利润分配以外所有者权益的其他变动，应当调整长期股权投资的账面价值并计入所有者权益。但是此时的计税基础仍不改变，这就形成了应纳税暂时性差异。此时符合规定，应确认递延所得税负债。

【例 4-9】2017 年 1 月，利天公司持有津卫公司 30%的股份，当期津卫公司因持有的可供出售金融资产公允价值的变动计入其他综合收益的金额为 500 万元。

利天公司的会计处理如下：

调增长期股权投资=500×30%=150（万元）

借：长期股权投资——其他权益变动　　1 500 000

　贷：其他综合收益　　1 500 000

确认递延所得税负债=150×25%=37.5（万元）

借：其他综合收益　　375 000

　贷：递延所得税负债　　375 000

4.2.3 长期股权投资减值的税会差异

在长期股权投资减值准备方面的税会差异如表 4-16 所示。

表 4-16 长期股权投资减值准备的税会差异

会计处理	税务处理	税务调整
企业对长期股权投资账面价值定期或至少每年年度终了时，逐项进行检查。如果由于市价持续下跌或被投资企业经营状况发生变化等原因导致长期股权投资可收回金额低于其账面价值的，则计提减值准备	长期股权投资期末计价以成本法为计税基础，长期股权投资减值准备不得在当期的应纳税所得额中予以扣除，形成了可抵扣暂时性差异	在适用的税率发生变化时，对已确认的递延所得税资产和递延所得税负债需要重新计量，并将税率变动的影响数计入当期的所得税费用。在长期股权投资计提减值准备后，由于所得税法上长期股权投资减值准备不能在当期的应纳税所得额中予以扣除，因此，导致长期股权投资的账面价值小于所得税法上的计税基础，形成了可抵减的暂时性差异

【例 4-10】2017 年 12 月 31 日，新威公司长期股权投资的账面价值为 6 000 万元，经减值测试可收回金额为 5 000 万元。

新威公司的会计处理如下：

资产减值损失=6 000–5 000=1 000（万元）

借：资产减值损失　　　　10 000 000

　贷：长期股权投资减值准备　　　　10 000 000

递延所得税资产=1 000×25%=250（万元）

借：递延所得税资产　　　　2 500 000

　贷：所得税费用　　　　2 500 000

所得税法实施条例第五十六条规定，企业的各项资产，包括固定资产、生物资产、无形资产、长期待摊费用、投资资产、存货等，以历史成本为计税基础。前款所称历史成本，是指企业取得该项资产时实际发生的支出。企业持有各项资产期间资产增值或者减值，除国务院财政、税务主管部门规定可以确认损益外，不得调整该资产的计税基础。

因此，长期股权投资减值准备不得在税前扣除，新威公司在纳税申报时，需做纳税调整处理，填报《纳税调整项目明细表（A105000）》第 33 行，如表 4-17 所示。

表 4-17　纳税调整项目明细表（A105000）

行　次	项　目	账载金额	税收金额	调增金额	调减金额
		1	2	3	4
33	（二）资产减值准备金	10 000 000	*	10 000 000	

此外，财税〔2009〕57 号规定，企业的股权投资符合下列条件之一的，减除可收回金额后确认的无法收回的股权投资，可以作为股权投资损失在计算应纳税所得额时扣除：

（1）被投资方依法宣告破产、关闭、解散、被撤销，或者被依法注销、吊销营业执照的；

（2）被投资方财务状况严重恶化，累计发生巨额亏损，已连续停止经营 3 年以上，且无重新恢复经营改组计划的；

（3）对被投资方不具有控制权，投资期限届满或者投资期限已超过 10 年，且被投资企业因连续 3 年经营亏损导致资不抵债的；

（4）被投资方财务状况严重恶化，累计发生巨额亏损，已完成清算或清算期超过 3 年以上的；

（5）国务院财政、税务主管部门规定的其他条件。

4.3 处置长期股权投资的税会差异

长期股权投资准则第十七条规定，处置长期股权投资，其账面价值与实际取得价款之间的差额，应当计入当期损益。采用权益法核算的长期股权投资，在处置该项投资时，采用与被投资单位直接处置相关资产或负债相同的基础，按相应比例对原计入其他综合收益的部分进行会计处理。

根据会计准则规定，转让、处置长期股权投资时，以所收到的处置收入与长期股权投资的账面价值（包括已确认但尚未收到的应收股利）和处置过程中发生的按会计规定计入损益的相关税费的差额确认为当期投资损益，并同时结转已经计提的长期股权投资减值准备。

在税务处理上，企业处置长期股权投资，属于所得税法第六条规定的转让财产收入。所得税法第十四条规定，企业对外投资期间，投资资产的成本在计算应纳税所得额时不得扣除。第十六条规定，企业转让资产，该项资产的净值和转让费用可以在计算应纳税所得额时扣除。所以，企业处置长期股权投资时，其计税基础与实际取得价款的差额计入应纳税所得额。

企业在转让、处置股权投资时发生的股权投资损失，允许在税前扣除，但每年中扣除的金额不得超过投资企业当年实现的股权投资收益和转让所得，超过的部分可以结转到以后的纳税年度进行扣除。

企业在转让、处置长期股权投资时，以所得税法上确认的投资收益作为计税基础，按照所得税税率，计算当期应缴纳的所得税金额；并根据会计上转让、处置长期股权投资时，投资收益的账面价值与计税基础的差额确定暂时性差异数。用该数额乘以税率计算可抵扣或转回的递延所得税资产，借记“所得税费用”账户；根据发生的可抵扣或转回的暂时性差异对所得税的影响额，借记或贷记“递延所得税资产”账户；以实际缴纳的所得税贷记“应交税费——应交所得税”账户。

【例 4-11】2015 年 1 月，中丰公司以一批设备为对价，取得泰康公司 30%股权作为长期股权投资进行会计处理，设备的原值为 1 300 万元，已提折旧 500 万元，公允价值为 1 000 万元。泰康公司净资产为 2 600 万元。假定泰康公司 2015 年实现净利润 200 万元，宣告分配现金股利 50 万元，双方所得税税率一致。假定泰康公司 2016 年净利润为 0，该项投资减值 80 万元。2017 年中丰公司将该项投资全部转让，收取价款 960 万元。

转让时，中丰公司的会计处理如下：

借：长期股权投资减值准备	800 000	
其他货币资金——存出投资款	9 600 000	
投资收益	50 000	
贷：长期股权投资——投资成本		10 000 000
——损益调整		450 000

2017 年年末，长期股权投资的账面价值为 0（965+80–1 000–45），计税基础也为 0。2016

年年末的可抵扣暂时性差异 35 万元转回。

中丰公司各年的暂时性差异如表 4-18 所示。

表 4-18　中丰公司各年的暂时性差异　　单位：万元

年　份	账面价值	计税基础	暂时性差异	
			应纳税暂时性差异	可抵扣暂时性差异
2015 年年末	1 045	1 000	45	0
2016 年年末	965	1 000	0	35
2017 年年末	0	0	0	0

【例 4-12】承例 4-11。假设泰康公司净资产为 3 500 万元。假定中丰公司 2017 年将该项投资全部转让，收取价款 960 万元。

中丰公司的会计处理如下：

借：长期股权投资减值准备　　800 000

　其他货币资金——存出投资款　　9 600 000

　投资收益　　550 000

　贷：长期股权投资——投资成本　　10 500 000

　　　　　　　　——损益调整　　450 000

2017 年年末，长期股权投资的账面价值为 0（1 015+80–1 050–45），计税基础也为 0。2016 年年末的应纳税暂时性差异 15 万元转回。

中丰公司各年的暂时性差异如表 4-19 所示。

表 4-19　中丰公司各年的暂时性差异　　单位：万元

年　份	账面价值	计税基础	暂时性差异	
			应纳税暂时性差异	可抵扣暂时性差异
2015 年年末	1 095	1 000	95	0
2016 年年末	1 015	1 000	15	0
2017 年年末	0	0	0	0

对于投资损失，如果存在税会差异，在纳税申报时，企业需填制二级《资产损失税前扣除及纳税调整明细表（A105090）》，然后将相关数据填列在一级附表《纳税调整项目明细表（A105000）》，最终将相关汇总数据填列在主表《企业所得税年度纳税申报表（A 类）（A100000）》的第 15 行或第 16 行。相关报表如表 4-20 至表 4-22 所示。

表 4-20 资产损失税前扣除及纳税调整明细表（A105090）

行 次	项 目	账载金额	税收金额	纳税调整金额
		1	2	3（1–2）
12	（三）投资损失			

表 4-21 纳税调整项目明细表（A105000）

行 次	项 目	账载金额	税收金额	调增金额	调减金额
		1	2	3	4
34	（三）资产损失（填写 A105090）				

表 4-22 中华人民共和国企业所得税年度纳税申报表（A 类）（A100000）

行 次	类 别	项 目	金 额
15		加：纳税调整增加额（填写 A105000）	
16		减：纳税调整减少额（填写 A105000）	

第5章 投资性房地产的税会差异

投资性房地产是指为赚取租金或资本增值，或两者兼有而持有的房地产。所得税法及其实施条例未定义投资性房地产。对于会计确认的投资性房地产，仍须按一般的固定资产或无形资产进行税务处理。本章主要介绍取得投资性房地产的税会差异、持有投资性房地产的税会差异、投资性房地产转换的税会差异，以及这些业务的纳税调整处理和纳税申报表的填制。

5.1 取得投资性房地产的税会差异

会计准则规定，企业取得的投资性房地产，按照取得时的成本进行初始计量：外购投资性房地产的成本，包括购买价款和可直接归属于该资产的相关税费；自行建造投资性房地产的成本，由建造该项资产达到预定可使用状态前所发生的必要支出构成。对于在建造投资性房地产过程中发生的利息支出，根据《企业会计准则第 17 号——借款费用》的规定，如果符合“资产支出已经发生，借款费用已经发生和为使资产达到预定可使用或者可销售状态所必要的购建或者生产活动已经开始”条件的，将借款费用资本化，计入投资性房地产的账面价值。

在初始计量方面，所得税法规定与会计规定基本趋于一致，都倾向于采用历史成本，如表 5-1 所示。

表 5-1 投资性房地产成本的税会规定

项目	会计准则	所得税法
外购投资性房地产的成本	包括购买价款、相关税费和可直接归属于该资产的其他支出	购入的固定资产，按购入价加上发生的包装费、运杂费、安装费以及缴纳的税金后的价值计价

续表

项　目	会计准则	所得税法
自行建造的投资性房地产	自行建造投资性房地产的成本，由建造该项资产达到预定可使用状态前所发生的必要支出构成	自制、自建的固定资产，在竣工使用时按实际发生的成本计价
在建造投资性房地产过程中发生的利息支出	根据《企业会计准则第 17 号——借款费用》的规定处理，将符合资本条件的借款费用计入投资性房地产的账面价值	从事房地产开发业务的纳税人为开发房地产而借入资金所发生的借款费用，在房地产完工之前发生的，计入有关房地产的开发成本
其他方式取得的投资性房地产的成本	按照相关准则的规定确定	涉及一些特殊事项时（如债务重组、非货币性资产交换等），根据其相关准则规定分析相关税会差异

【例 5-1】2014 年 12 月 31 日，城建股份有限公司一建筑物完工投入使用，总价值为 100 万元，城建公司将其留给自己使用，预计使用年限为 20 年，采用直线法计提折旧，假设报废时无残值。使用一年后，2016 年 1 月 1 日将该建筑物对外出租，租期为 2 年，每年收取租金 8 万元，出租当日该建筑物的公允价值为 105 万元，2016 年 12 月 31 日该建筑物的公允价值为 110 万元，2017 年 12 月 31 日该建筑物的公允价值为 120 万元，2017 年 12 月 31 日租期到期公司收回自己使用。（城建公司对投资性房地产采用公允价值计量。）

（1）2014 年 12 月 31 日建筑物完工时的会计处理。

借：固定资产	1 000 000	
贷：在建工程		1 000 000

（2）假设 2015 年按年计提折旧。

借：管理费用	50 000	
贷：累计折旧		50 000

（3）2016 年 1 月 1 日将该建筑物对外出租。

建筑物对外出租时：

借：投资性房地产——成本	1 050 000	
累计折旧	50 000	
贷：固定资产		1 000 000
其他综合收益		100 000

按照所得税法规定，尽管企业资产发生了增值，但不涉及所得税问题。

取得租金收入时：

借：银行存款	80 000	
贷：其他业务收入		80 000

（4）在资产负债表日对投资性房地产按当日公允价值计量，不再对投资性房地产提取折旧

或价值摊销。

因此，2016 年 12 月 31 日对投资性房地产按当日公允价值进行计量，同时调整当期损益。

借：投资性房地产——公允价值变动　　　　50 000

　贷：公允价值变动损益　　　　50 000

由于“公允价值变动损益”属于损益类账户，因此会对当期损益产生影响，增加当年度利润 50 000 元。按所得税法规定，不涉及应纳税所得额的计算，因此当年需在利润的基础上调减纳税所得额 50 000 元，在纳税申报时，填报《纳税调整项目明细表（A105000）》第 7 行，如表 5-2 所示。

表 5-2　纳税调整项目明细表（A105000）

行　次	项　目	账载金额	税收金额	调增金额	调减金额
		1	2	3	4
7	（六）公允价值变动净损益	50 000	*		50 000

（5）2017 年 12 月 31 日租期到期，公司收回建筑物自己使用。

将采用公允价值模式计量的投资性房地产转为自用时，按该项投资性房地产在转换日的公允价值，借记“固定资产”账户；按该项投资性房地产的成本，贷记“投资性房地产——成本”账户；按该项投资性房地产的公允价值变动，贷记或借记“投资性房地产——公允价值变动”账户；按其差额，贷记或借记“公允价值变动损益”账户。

借：固定资产　　　　1 200 000

　贷：投资性房地产——成本　　　　1 050 000

　　　　　　　　——公允价值变动　　　　50 000

　　公允价值变动损益　　　　100 000

本年度发生的公允价值变动损益会增加公司利润 100 000 元，而按所得税法规定，不涉及应纳税所得额的计算，因此需调减纳税所得额 100 000 元，在纳税申报时，填报《纳税调整项目明细表（A105000）》第 7 行，如表 5-3 所示。

表 5-3　纳税调整项目明细表（A105000）

行　次	项　目	账载金额	税收金额	调增金额	调减金额
		1	2	3	4
7	（六）公允价值变动净损益	100 000	*		100 000

另外，收回自用固定资产的账面成本为 1 200 000 元，而所得税法认定的该固定资产的成本仍然为 1 000 000 元。

（6）收回后每年计提折旧=1 200 000÷17=70 588.24（元）。

借：管理费用　　　　70 588.24

贷：累计折旧　　70 588.24

公司在2018年度计算利润时扣除的折旧为70 588.24元，而在计算应纳税所得额时允许扣除的折旧只有50 000元，因此需调增纳税所得额20 588.24元。固定资产折旧的纳税调整处理，需要填报《资产折旧、摊销情况及纳税调整明细表》（A105080）的第2行，如表5-4所示。

表5-4　资产折旧、摊销情况及纳税调整明细表（A105080）

行次	项　目	账载金额			税收金额					纳税调整金额
		资产账载金额	本年折旧、摊销额	累计折旧、摊销额	资产计税基础	税收折旧额	享受加速折旧政策的资产按税收一般规定计算的折旧、摊销额	加速折旧统计额	累计折旧、摊销额	
		1	2	3	4	5	6	7=5–6	8	9（2–5）
1	一、固定资产（2+3+4+5+6+7）						*	*		
2	（一）房屋、建筑物	1 200 000	70 588.24	120 588.24	1 000 000	50 000	*	*	200 000	20 588.24

5.2 持有投资性房地产的税会差异

持有投资性房地产时，在成本模式下，税会处理基本一致；而在公允价值模式下，税会存在明显的差异：会计上在年末按投资性房地产的公允价值调整其账面价值，差额计入当期损益，不计提折旧或摊销；税务上按实际成本确定投资性房地产的账面价值，不确认公允价值变化所产生的应纳税所得额，对投资性房地产计提折旧或摊销。

5.2.1 成本模式下投资性房地产的税会差异

会计准则规定，采用成本模式进行后续计量的投资性房地产按期计提折旧或进行摊销，借记“其他业务成本”等账户，贷记“投资性房地产累计折旧（摊销）”账户。同时，投资性房地产经减值测试后确定发生减值的，计提减值准备，借记“资产减值损失”账户，贷记“投资性房地产减值准备”账户。减值损失一经确认，不得转回。

所得税法实施条例第五十六条规定，企业的各项资产，包括固定资产、生物资产、无形资产、长期待摊费用、投资资产、存货等，以历史成本为计税基础。前款所称历史成本，是指企业取得该项资产时实际发生的支出。企业持有各项资产期间资产增值或者减值，除国务院财政、税务主管部门规定可以确认损益外，不得调整该资产的计税基础。

因此，投资性房地产减值准备不得在税前扣除。

由此可以看出，采用成本计量模式，不存在减值迹象时，税会处理基本一致；存在减值迹象时，税会处理存在差异。

【例 5-2】 2015 年 1 月 1 日，中房公司用 2 000 万元购入一项土地使用权，并于同日将其出租，每年获得租金 400 万元。公司采用成本计量模式，该项土地使用权按 20 年分摊。2017 年 12 月 31 日，该项土地使用权的减值准备为 160 万元。

（1）2015 年 1 月 1 日。

借：投资性房地产　　20 000 000

　贷：银行存款　　20 000 000

税务处理：确认无形资产税收计价为 2 000 万元。

（2）每年确认租金收入，摊销投资性房地产账面价值。

借：银行存款　　4 000 000

　贷：其他业务收入　　4 000 000

借：其他业务成本　　1 000 000

　贷：投资性房地产累计摊销　　1 000 000

（3）2017 年计提减值准备。

借：资产减值损失　　1 600 000

　贷：投资性房地产减值准备　　1 600 000

投资性房地产计提减值准备时，纳税调整处理如下：

如果（本期会计折旧额或摊销额+本期计提减值准备）– 按税法规定本期允许扣除的折旧额或摊销额>0，此时投资性房地产账面价值小于计税基础，形成可抵扣暂时性差异，那么调增应纳税所得额=（本期会计折旧额或摊销额+本期计提减值准备）– 按税法规定本期允许扣除的折旧额或摊销额。

如果（本期会计折旧额或摊销额+本期计提减值准备）– 按税法规定本期允许扣除的折旧额或摊销额<0，此时投资性房地产账面价值大于计税基础，形成应纳税暂时性差异，那么调减应纳税所得额=（本期会计折旧额或摊销额+本期计提减值准备）– 按税法规定本期允许扣除的折旧额或摊销额。

假设税法和会计计提的摊销额一致，中房公司在纳税申报时，需对资产减值准备金做纳税调整处理，填报《纳税调整项目明细表（A105000）》第 33 行，如表 5-5 所示。

表 5-5　纳税调整项目明细表（A105000）

行　次	项　目	账载金额	税收金额	调增金额	调减金额
		1	2	3	4
33	（二）资产减值准备金	1 600 000	*	1 600 000	

5.2.2 公允价值模式下投资性房地产的税会差异

采用公允价值模式进行后续计量，须将资产负债表日投资性房地产的账面价值调整为公允价值，公允价值与原账面价值之间的差额计入当期损益。在这种计量模式下，不对投资性房地产计提折旧。

所得税法规定，对于投资性房地产，通常情况下不得调整固定资产账面价值。例如，当投资性房地产以低于账面价值的公允价值计价时，其差额所得税法不允许从应纳税所得额中扣除。但下述情况属于例外：国家统一规定的清产核资；将固定资产的一部分拆除；固定资产发生永久性损害，经主管税务机关审核，可调整至该固定资产可收回金额，并确认损失；根据实际价值调整原暂估价值或发现原计价有错误。另外，房屋、建筑物从投入使用月份的次月起计提折旧。

在公允价值模式下投资性房地产的税会差异如表 5-6 所示。

表 5-6 公允价值模式下投资性房地产的税会差异

会计处理	税务处理
投资性房地产采用公允价值计量，不对投资性房地产计提折旧或摊销，以资产负债表日投资性房地产的公允价值为基础调整其账面价值，公允价值与原账面价值之间的差额计入当期损益。不计提投资性房地产折旧。 当房地产用途未发生改变时，只允许成本模式转为公允价值模式。当房地产用途发生改变时，由公允价值计量的投资性房地产转为非投资性房地产，以转换当日的公允价值作为自用等非投资性房地产的账面价值，公允价值与原账面价值的差额计入当期损益	按照所得税法规定的方法计提折旧，对投资性房地产未实现的收益或损失不予确认。 当房地产用途未发生改变时，按成本计量，故调整该损益，同时按照所得税法的规定补提折旧，调整应纳税所得额。当自用等非投资性房地产转为公允价值计量的投资性房地产，如果公允价值小于原账面价值，差额计入损益，税法不承认该损益，需要调整纳税所得额，同时按照所得税法规定补提折旧；当公允价值大于原账面价值，直接计入所有者权益，不计入损益，税务处理时也不做调整，但可按照所得税法补提折旧纳税。 依据财税〔2007〕80 号的规定，按实际成本确定投资性房地产的账面价值，不确认公允价值变化所产生的所得，对投资性房地产计提折旧或摊销

【例 5-3】 2014 年 12 月 20 日，中原公司将一栋盖好的厂房出租给惠源公司，租期为 3 年，该厂房总造价为 80 万元。中原公司采用公允价值模式计量，2015 年年底，该厂房的公允价值为 100 万元。2016 年年底，该厂房的公允价值为 90 万元。2017 年 12 月 31 日，租期届满，中原公司将该厂房出售，取得价款 100 万元。假定税法规定按 20 年计提折旧，不考虑残值和除所得税以外的其他税费，中原公司每年实现的会计利润均为 100 万元，无其他纳税调整项目。

中原公司的会计处理和税务处理如表 5-7 所示。

表 5-7　中原公司的会计处理和税务处理

日　期	会计处理	税务处理
2014 年 12 月 20 日	借：投资性房地产——成本　800 000 　贷：在建工程　800 000	厂房建成即开始出租确认为投资性房地产，按实际发生的成本入账
2015 年 12 月 31 日	按市场价格对投资性房地产的账面价值进行调整，差额 20 万元计入当期损益；另外，采用公允价值模式的不需要对投资性房地产计提折旧。 借：投资性房地产——公允价值变动　200 000 　贷：公允价值变动损益　200 000	税务上计提折旧 4 万元（80÷20），不确认公允价值变动产生的所得，会计处理比税务处理多计收益 24 万元（20+4）。因此，中原公司在申报 2014 年所得税时调减应纳税所得额 24 万元，应交企业所得税 19 万元［（100−24）×25%］。 此时，资产的账面价值为 100 万元，资产的计税基础为 76 万元，二者之间的暂时性差异为 24 万元，属于应纳税暂时性差异，确认递延所得税负债 6 万元（24×25%）。 借：所得税费用　250 000 　贷：应交税费——应交所得税　190 000 　　递延所得税负债　60 000
2016 年 12 月 31 日	该厂房的公允价值为 90 万元，账面价值为 100 万元，差额计入当期损益。 借：公允价值变动损益　100 000 　贷：投资性房地产——公允价值变动　100 000	税务上计提折旧 4 万元，不确认资产公允价值变动产生的损失，会计处理比税务处理多计损失 6 万元（10−4）。因此，中原公司在申报 2015 年所得税时，调增应纳税所得额 6 万元，应交企业所得税 26.5 万元［（100+6）×25%］。 此时，资产的账面价值为 90 万元，资产计税基础为 72 万元（80−8），二者之间的差额 18 万元（90−72）为累计确认的应纳税暂时性差异。2016 年年底，保留的递延所得税负债余额为 4.5 万元（18×25%），该账户年初余额为 6 万元，转回递延所得税负债 1.5 万元。 借：所得税费用　250 000 　　递延所得税负债　15 000 　贷：应交税费——应交所得税　265 000

续表

日　期	会计处理	税务处理
2017年 12月31日	借：银行存款　1 000 000 　贷：其他业务收入　1 000 000 借：其他业务成本　900 000 　贷：投资性房地产——成本 　　800 000 　　——公允价值变动 　　100 000 　同时将投资性房地产累计公允价值变动转入其他业务收入。 借：公允价值变动损益　100 000 　贷：其他业务收入　100 000	税务上计提折旧4万元；确认厂房转让收入100万元、计税成本68万元（80–12），即确认转让所得32万元（100–68），税务处理比会计处理多计所得18万元。因此，中原公司在申报2016年所得税时调增应纳税所得额18万元，应交企业所得税29.5万元［（100+18）×25%］。 此时，厂房账面价值为零，计税基础（成本）也为零，年初递延所得税负债余额4.5万元全部转回。 借：所得税费用　250 000 　递延所得税负债　45 000 　贷：应交税费——应交所得税　295 000

中原公司进行2015年的纳税申报时，公允价值变动损益和固定资产折旧要做纳税调整处理。200 000元的公允价值变动损益，在纳税申报时，填报《纳税调整项目明细表（A105000）》第7行，如表5-8所示。

表5-8　纳税调整项目明细表（A105000）

行　次	项　目	账载金额	税收金额	调增金额	调减金额
		1	2	3	4
7	（六）公允价值变动净损益	200 000	*		200 000

40 000元的固定资产折旧，纳税调整时，中原公司填报《资产折旧、摊销情况及纳税调整明细表（A105080）》的第2行，如表5-9所示。

表5-9　资产折旧、摊销情况及纳税调整明细表（A105080）

行次	项　目	账载金额			税收金额					纳税调整金额
		资产账载金额	本年折旧、摊销额	累计折旧、摊销额	资产计税基础	税收折旧额	享受加速折旧政策的资产按税收一般规定计算的折旧、摊销额	加速折旧统计额	累计折旧、摊销额	
		1	2	3	4	5	6	7=5–6	8	9（2–5）
1	一、固定资产（2+3+4+5+6+7）						*	*		
2	（一）房屋、建筑物	1 000 000	0	0	800 000	40 000	*	*	40 000	–40 000

中原公司进行 2016 年的纳税申报时，公允价值变动损益和固定资产折旧要做纳税调整处理。100 000 元的公允价值变动损益，在纳税申报时，填报《纳税调整项目明细表（A105000）》第 7 行，如表 5-10 所示。

表 5-10　纳税调整项目明细表（A105000）

行　次	项　目	账载金额	税收金额	调增金额	调减金额
		1	2	3	4
7	（六）公允价值变动净损益	–100 000	*	100 000	

40 000 元的固定资产折旧，纳税调整时，中原公司填报《资产折旧、摊销情况及纳税调整明细表（A105080）》的第 2 行，如表 5-11 所示。

表 5-11　资产折旧、摊销情况及纳税调整明细表（A105080）

行次	项　目	账载金额			税收金额					纳税调整金额
		资产账载金额	本年折旧、摊销额	累计折旧、摊销额	资产计税基础	税收折旧额	享受加速折旧政策的资产按税收一般规定计算的折旧、摊销额	加速折旧统计额	累计折旧、摊销额	
		1	2	3	4	5	6	7（5–6）	8	9（2–5）
1	一、固定资产（2+3+4+5+6+7）						*	*		
2	（一）房屋、建筑物	900 000	0	0	800 000	40 000	*	*	80 000	–40 000

【例 5-4】2014 年 12 月 24 日，北光厂将一项用于出租的办公楼投入使用，该办公楼总投资为 100 万元。公司采用公允价值模式计量，2015 年年底，该办公楼的市场价格为 120 万元。2016 年年底，该办公楼的市场价格为 110 万元。2017 年 12 月，公司将该办公楼出售，取得价款 115 万元。假定所得税法规定，按 20 年计提折旧，不考虑残值和除所得税以外的其他税费，公司每年实现的利润均为 100 万元，无其他纳税调整项目。则与该项资产相关的暂时性差异和产生的递延所得税资产（或负债）及递延所得税费用和收益计算如表 5-12 所示。

表 5-12　暂时性差异及递延所得税费用的计算　　单位：万元

项　目	2015 年	2016 年	2017 年
账面价值	120	110	0
计税基础	100–100÷20=95	95–5=90	0
应税暂时性差异	120–95=25	20	0

续表

项　　目	2015 年	2016 年	2017 年
期初递延所得税负债	0	6.25	5
期末递延所得税负债	25×25%=6.25	20×25%=5	0
递延所得税费用	6.25–0=6.25	5–6.25=–1.25	0–5=–5

利润表中企业当期所得税的计算如表 5-13 所示。

表 5-13　利润表中企业当期所得税的计算　　单位：万元

项　　目	2015 年	2016 年	2017 年
会计利润	100	100	100
会计折旧	0	0	0
计税折旧	5	5	5
公允价值产生的收益	120–100=20	110–120=–10	0
会计转让收益	0	0	115–110=5
税法转让收益	0	0	115–（100–15）=30
应纳税所得额	100–20–5=75	100+10–5=105	100–5–5+30=120
当期应交所得税	75×25%=18.75	105×25%=26.25	120×25%=30
所得税费用	18.75+6.25=25	26.25+（–1.25）=25	30+（–5）=25

北光厂进行 2015 年的纳税申报时，公允价值变动损益和固定资产折旧要做纳税调整处理。200 000 元的公允价值变动损益，在纳税申报时，填报《纳税调整项目明细表（A105000）》第 7 行，如表 5-14 所示。

表 5-14　纳税调整项目明细表（A105000）

行　次	项　目	账载金额	税收金额	调增金额	调减金额
		1	2	3	4
7	（六）公允价值变动净损益	200 000	*		200 000

50 000 元的固定资产折旧，纳税调整时，北光厂填报《资产折旧、摊销情况及纳税调整明细表（A105080）》的第 2 行，如表 5-15 所示。

表 5-15　资产折旧、摊销情况及纳税调整明细表（A105080）

行次	项　　目	账载金额			税收金额					纳税调整金额
		资产账载金额	本年折旧、摊销额	累计折旧、摊销额	资产计税基础	税收折旧额	享受加速折旧政策的资产按税收一般规定计算的折旧、摊销额	加速折旧统计额	累计折旧、摊销额	
		1	2	3	4	5	6	7（5–6）	8	9（2–5）
1	一、固定资产（2+3+4+5+6+7）						*	*		
2	（一）房屋、建筑物	1 200 000	0	0	1 000 000	50 000	*	*	50 000	–50 000

北光厂进行 2016 年的纳税申报时，公允价值变动损益和固定资产折旧要做纳税调整处理。100 000 元的公允价值变动损益，在纳税申报时，填报《纳税调整项目明细表（A105000）》第 7 行，如表 5-16 所示。

表 5-16　纳税调整项目明细表（A105000）

行　　次	项　　目	账载金额	税收金额	调增金额	调减金额
		1	2	3	4
7	（六）公允价值变动净损益	–100 000	*	100 000	

50 000 元的固定资产折旧，纳税调整时，北光厂填报《资产折旧、摊销情况及纳税调整明细表（A105080）》的第 2 行，如表 5-17 所示。

表 5-17　资产折旧、摊销情况及纳税调整明细表（A105080）

行次	项　　目	账载金额			税收金额					纳税调整金额
		资产账载金额	本年折旧、摊销额	累计折旧、摊销额	资产计税基础	税收折旧额	享受加速折旧政策的资产按税收一般规定计算的折旧、摊销额	加速折旧统计额	累计折旧、摊销额	
		1	2	3	4	5	6	7（5–6）	8	9（2–5）
1	一、固定资产（2+3+4+5+6+7）						*	*		
2	（一）房屋、建筑物	1 100 000	0	0	1 000 000	50 000	*	*	100 000	–50 000

5.3 投资性房地产转换的税会差异

5.3.1 投资性房地产转为自用房地产

企业如果将投资性房地产转为自用，将投资性房地产转换为固定资产，会计上确定转换后的房地产入账价值时，会计准则区分成本模式与公允价值模式两种情况处理。

在成本模式下，按该项投资性房地产在转换日的账面余额、累计折旧或摊销、减值准备等，分别转入“固定资产”“累计折旧”“固定资产减值准备”等账户，即以其转换前的账面价值为基础确定的，不改变所转换房地产的账面金额。

所得税法规定，房地产企业自行建造的房屋如果在项目立项申报，并经有关部门在“建设工程规划许可证”上注明作为自建固定资产的，可以不作为视同销售处理，但必须在自建固定资产项目完工后规定的工作日内向主管税务机关报告，报送相关立项批准文件。如果在项目立项申报中，“建设工程规划许可证”上未注明是自建固定资产的，则要根据具体情况来分析：如果该开发产品先出租后自用，并且已做过视同销售处理，则转为自用后作为固定资产管理，按规定计提折旧在税前扣除；如果该开发产品建成后直接自用，则按所得税法规定按视同销售规定确认收入，计算缴纳企业所得税。

在公允价值模式下，以其转换当日的公允价值作为自用房地产账面价值，转换当日的公允价值与投资性房地产原账面价值的差额计入当期损益。由于该损益并不是因转让房地产形成的，因此税收上不予确认。

总之，投资性房地产转为自用房地产，在成本计量模式下，没有计提减值准备的，税会对资产的计价基本一致；计提了减值准备的，税会对资产的计价存在差异。在公允价值计量模式下，税会对资产的计价存在差异。

【例 5-5】2017 年 1 月，远洋公司将原采用公允价值计量模式计价的一幢出租用厂房收回，作为固定资产。在收回前，该厂房账面价值为 1 800 万元，成本为 1 500 万元，公允价值变动为 300 万元。转换当天，该厂房公允价值为 1 900 万元。

会计处理：该厂房转换后的入账价值按照转换当天该厂房的公允价值，确认为 1 900 万元，公允价值和账面价值的差额为 100 万元，计入当期损益。

借：固定资产	19 000 000	
贷：投资性房地产——成本		15 000 000
——公允价值变动		3 000 000
公允价值变动损益		1 000 000

税务处理：所得税法按照历史成本确认固定资产价值为 1 500 万元，固定资产计价上的税

会差异，会对固定资产使用寿命期限内的折旧产生影响，在各期间要进行纳税调整。

5.3.2 其他资产转为投资性房地产

企业将作为存货的房地产转换为采用成本模式计量的投资性房地产，按该项存货在转换日的账面价值，借记"投资性房地产"账户；对已计提的跌价准备，借记"存货跌价准备"账户；按账面余额，贷记"开发产品"账户。将自用房地产转换为成本模式计量的投资性房地产，按该房地产在转换日的原价、累计折旧、减值准备等，分别转入"投资性房地产"账户、"投资性房地产累计折旧（摊销）"账户、"投资性房地产减值准备"账户，借记"投资性房地产"账户、"累计折旧"账户，贷记"固定资产"账户、"投资性房地产累计折旧（摊销）"账户。

对于自用房地产转换为采用公允价值模式计量的投资性房地产，会计准则要求投资性房地产按照转换当日的公允价值计价，转换当日公允价值小于原账面价值的，按差额计入"公允价值变动损益"账户，该损益在年度企业所得税汇算时不允许税前扣除，调增应纳税所得额。如果转换当日的公允价值大于原账面价值，按其差额贷记"其他综合收益"账户，由于不是转让收益，税收上也不确认该收益，在年度企业所得税汇算时对计入其他综合收益的收益无须做纳税调整。

【例 5-6】中原地产公司将开发产品（一幢写字楼）作为投资性房地产对外出租，开发产品成本为 1 300 万元。转换当天，其公允价值为 1 500 万元。

（1）采用成本模式计量的投资性房地产的会计处理。

借：投资性房地产	13 000 000	
贷：开发商品		13 000 000

（2）采用公允价值模式计量的投资性房地产的会计处理。

借：投资性房地产——成本	15 000 000	
贷：开发商品		13 000 000
其他综合收益		2 000 000

第 6 章

固定资产的税会差异

固定资产，是指企业为提供劳务、出租或经营管理而持有的，使用寿命超过一个会计年度的有形资产。固定资产的税会差异主要体现在取得固定资产、持有固定资产和处置固定资产等业务中。本章主要介绍这些业务的税会差异、纳税调整处理和纳税申报表的填制。

6.1 取得固定资产的税会差异

固定资产的来源渠道不同，取得成本的具体构成内容不同，其会计处理也不尽相同。下面分别介绍通过自行建造、外购、投资者投入、融资租赁租入等途径取得固定资产的税会差异。非货币性资产交换、债务重组取得固定资产的税会差异、纳税调整处理和纳税申报表的填制，请参见第 11 章和第 12 章。

6.1.1 自行建造的固定资产

一般纳税人购进货物或应税劳务用于自行建造（包括改扩建、安装）机器设备等动产作为固定资产而发生的进项税额，凭增值税专用发票、海关进口增值税专用缴款书从销项税额中抵扣。购入时，按照专用发票或海关完税凭证上记载的计入工程物资或在建工程成本的金额，借记“工程物资”“在建工程”等账户；按专用发票或海关完税凭证上注明的增值税额，借记“应交税费——应交增值税（进项税额）”（或“应交税费——待认证进项税额”等）账户；按照应付或实际支付的金额，贷记“应付账款”“应付票据”“银行存款”“长期应付款”等账户。

根据国家税务总局《不动产进项税额分期抵扣暂行办法》（国税〔2016〕15 号）规定，一般纳税人 2016 年 5 月 1 日后取得并在会计制度上按固定资产核算的不动产，以及 2016

年 5 月 1 日后发生的不动产在建工程，其进项税额应按照有关规定分两年从销项税额中抵扣，第一年抵扣比例为 60%，第二年抵扣比例为 40%。从销项税额中抵扣的进项税额，应取得 2016 年 5 月 1 日后开具的合法有效的增值税扣税凭证，60%的部分于取得扣税凭证的当期从销项税额中抵扣；40%的部分为待抵扣进项税额，于取得扣税凭证的当月起第 13 个月从销项税额中抵扣。

一般纳税人 2016 年 5 月 1 日后购进货物或应税劳务用于自行建造（包括改扩建、安装）房屋建筑等不动产，购入工程物资时，借记“工程物资”等账户，按增值税专用发票上注明的增值税进项税额的 60%作为当期可抵扣的增值税额，借记“应交税费——应交增值税（进项税额）”账户，按增值税专用发票上注明的增值税进项税额的 40%作为自本月起第 13 个月可抵扣的进项税额，借记“应交税费——待抵扣进项税额”账户，按应付或实际支付的金额，贷记“应付账款”“应付票据”“银行存款”等账户。领用工程物资时，借记“在建工程”账户，贷记“工程物资”账户。

购进时已全额抵扣进项税额的货物和服务，转用于不动产在建工程的，其已抵扣进项税额的 40%部分，应于转用的当期从进项税额中扣减，计入待抵扣进项税额，借记“应交税费——待抵扣进项税额”账户，贷记“应交税费——应交增值税（进项税额转出）”账户。

企业为建造房屋建筑等不动产工程购入的工程物资，如用于机器设备等动产工程，或转为企业生产用原材料，按增值税专用发票上注明的不含税价格借记“在建工程”“原材料”等账户，贷记“工程物资”账户。

企业为建造房屋建筑等不动产工程或者机器设备等动产工程领用了本企业产品，按领用产品的成本及应负担的增值税额借记“在建工程”账户，按领用产品成本贷记“库存商品”账户。

所得税法实施条例第五十八条规定，自行建造的固定资产，以竣工结算前发生的支出为计税基础。

在建工程试运行期间的收入在会计上冲减工程成本；在税法中计入当期应纳税所得额。例如，某企业在建工程的建造成本为 6 000 元，试运行期间取得收入为 900 元，生产成本为 600 元。会计上固定资产价值为 5 700 元［6 000–（900–600）］。税法上当年调整应纳税所得额为 300 元（900–600）；固定资产价值为 6 000 元。

会计准则和所得税法都规定自行建造的固定资产的成本由该项资产达到预定可使用状态前所必要的实际支出构成，包括买价或自建成本和相关税费等。但两者之间还是存在差异的，如表 6-1 所示。

表 6-1 自行建造固定资产的税会差异

项目	所得税法	会计准则
需安装调试的固定资产的试运行收入	不能直接冲减“在建工程”成本，而并入总收入，调增应纳税所得额	冲减“在建工程”成本
外商投资企业因采购国产设备而收到退还的增值税款	作为收入调增应纳税所得额	用于冲减固定资产的入账价值

【例 6-1】上电公司因质量管理上的需要，准备为技术部门添置某种型号的用于产品质量检测的设备若干套。公司在自制这批设备的过程中，耗用外购材料 500 万元，该批材料已抵扣进项税额 85 万元，另领用自制产品 100 万元，耗用人工及其他费用 200 万元。

会计处理上，自制设备耗用外购材料 500 万元，不需要转出已抵扣的进项税额 85 万元；领用自制产品 100 万元，直接计入“在建工程”账户，不视同销售，产品完工后，由“在建工程”账户转入“固定资产”账户，转入金额为 800 万元（500+100+200）。公司生产这种设备是为了技术部门用于产品质量检测的，是为了作为固定资产而持有的，因此该自制设备通过“在建工程”账户进行会计处理，该事项不需要进行纳税调整。

6.1.2 外购的固定资产

企业外购的固定资产成本包括购买价款，相关税费，使固定资产达到预定可使用状态前所发生的可归属于该项资产的运输费、装卸费、安装费和专业人员服务费等。

企业购入机器设备等动产时，作为购入固定资产而发生的进项税额，凭增值税专用发票、海关进口增值税专用缴款书从销项税额中抵扣。

企业作为一般纳税人，自 2016 年 5 月 1 日后取得并按固定资产核算的不动产或者 2016 年 5 月 1 日后取得的不动产在建工程，其进项税额按现行增值税制度规定自取得之日起分两年从销项税额中抵扣的，应当按取得成本，借记“固定资产”“在建工程”等账户，按增值税专用发票上注明的增值税进项税额的 60%作为当期可抵扣的增值税额，借记“应交税费——应交增值税（进项税额）”账户，按增值税专用发票上注明的增值税进项税额的 40%作为自本月起第 13 个月可抵扣的进项税额，借记“应交税费——待抵扣进项税额”账户，按应付或实际支付的金额，贷记“应付账款”“应付票据”“银行存款”等账户。上述待抵扣的进项税额在下年度同月允许抵扣，按允许抵扣的金额，借记“应交税费——应交增值税（进项税额）”账户，贷记“应交税费——待抵扣进项税额”账户。

企业购入的固定资产若专用于简易计税方法计税项目、免征增值税项目、集体福利或者个人消费，其进项税额不得抵扣，计入固定资产成本。已抵扣进项税额的不动产，发生非正常损失，或者改变用途，专用于简易计税方法计税项目、免征增值税项目、集体福利或者个人消费的，按照下列公式计算不得抵扣的进项税额：

不得抵扣的进项税额=（已抵扣进项税额+待抵扣进项税额）×不动产净值率

不动产净值率=（不动产净值÷不动产原值）×100%

不得抵扣的进项税额小于或等于该不动产已抵扣进项税额的，应于该不动产改变用途的当期，将不得抵扣的进项税额从进项税额中扣减。

不得抵扣的进项税额大于该不动产已抵扣进项税额的，应于该不动产改变用途的当期，将已抵扣进项税额从进项税额中扣减，并从该不动产待抵扣进项税额中扣减不得抵扣进项税额与已抵扣进项税额的差额。

外购固定资产的税会差异如表 6-2 所示。

表 6-2 外购固定资产的税会差异

会计处理	税务处理	差 异
包括购买价款，相关税费，使固定资产达到预定可使用状态前所发生的可归属于该项资产的运输费、装卸费、安装费和专业人员服务费等。 购买固定资产的价款超过正常信用条件延期支付，实质上具有融资性质的固定资产的成本以购买价款的现值为基础确定。实际支付的价款与购买价款的现值之间的差额，除按照《企业会计准则第 17 号——借款费用》予以资本化的以外，在信用期间内计入当期损益。确定固定资产成本时，考虑预计弃置费用因素，按照现值计算确定计入固定资产原价的金额	以购买价款和支付的相关税费及直接归属于该资产达到预定用途发生的其他支出为计税基础	所得税法规定固定资产原值中不含有弃置费用，购买固定资产的价款无须折现，购买固定资产时计入当期损益的利息不允许在税前扣除。 正常情况下外购固定资产的账面价值与按照所得税法规定确定的计税基础是一致的。但是，如果外购固定资产超过正常信用条件延期或分期支付价款，则取得的固定资产账面价值与按照所得税法规定确定的计税基础之间会存在差异

【例 6-2】中化集团购入某项含有放射性元素的仪器 1 000 万元，增值税为 170 万元，预计使用期满报废时需要发生特殊处理费用的现值为 300 万元。

借：固定资产	13 000 000	
应交税费——应交增值税（进项税额）	1 700 000	
贷：银行存款		11 700 000
预计负债——预计弃置费		3 000 000

对于预计使用期满报废时需要特殊处理费用的现值为 300 万元，所得税法不予确认。所得税法认定的该固定资产的成本为 1 000 万元，因此在将来固定资产提取折旧时会计准则与所得税法存在差异，要做纳税调整处理。通常在企业实际支付弃置费用时，所得税法允许抵减应纳税所得额。在固定资产的持有期间，因确认弃置费用而多提的折旧和利息就不能进行税前扣除。可见，固定资产的弃置费用在会计确认当期不允许抵扣，实际支付时才可以抵减应纳税所得额，由此产生固定资产持有期间的暂时性差异。

根据《小企业会计准则》，小企业分期付款购入的固定资产，按照合同约定的付款总额和在签订合同过程中发生的相关税费等，借记“固定资产”账户或“在建工程”账户，贷记“长期应付款”等账户，如果发生增值税，借记“应交税费——应交增值税（进项税额）”账户。这与所得税法的规定是一致的，所以不存在税会差异，不需做纳税调整处理。

【例 6-3】力天公司 2015 年 12 月 31 日购入某型机器作为固定资产使用，该机器已收到，不需安装。购货合同约定，该型机器的总价款为 200 万元，分 3 年支付，2016 年 12 月 31 日支付 100 万元，2017 年 12 月 31 日支付 60 万元，2018 年 12 月 31 日支付 40 万元。预计使用 5 年，假定净残值为零，并且折旧方法、折旧年限和净残值会计与税法规定均相同，假定力天公司 3 年期银行借款年利率为 6%。

力天公司的税会处理如下：

（1）2015 年 12 月 31 日。

固定资产入账价值=100/（1+6%）+60/（$1+6\%)^2$+40/（$1+6\%)^3$=181.324（万元）

长期应付款入账价值为 200 万元。

未确认融资费用=200–181.324=18.676（万元）

借：固定资产　　1 813 240

　　未确认融资费用　　186 760

　贷：长期应付款　　2 000 000

税务处理：固定资产计税基础为 200 万元，而固定资产账面价值为 181.324 万元，差异金额为 18.676 万元。

由于计税基础大于账面价值导致以后期间计税折旧大于会计折旧的金额，因此分别调减各年度应纳税所得额 37 352 元［（2 000 000–181 324）÷5］。

（2）2016 年 12 月 31 日。

借：长期应付款　　1 000 000

　贷：银行存款　　1 000 000

借：财务费用　　108 790

［（2 000 000–186 760）×6%］

　贷：未确认融资费用　　108 790

税务处理：由于计税基础大于账面价值导致以后期间计税折旧大于会计折旧的金额，因此调减应纳税所得额 37 352 元。

由于固定资产计税基础大于账面价值的金额已通过固定资产折旧方式获得扣除，因此，“未确认融资费用”转入“财务费用”账户的金额不得重复扣除，调增应纳税所得额 108 790 元。

（3）2017 年 12 月 31 日。

借：长期应付款　　600 000

　贷：银行存款　　600 000

借：财务费用　　55 320

｛［（2 000 000–1 000 000）–（186 760–108 790）］×6%｝

贷：未确认融资费用　　　　55 320

税务处理：由于计税基础大于会计成本导致以后期间计税折旧大于会计折旧的金额，因此调减各年度应纳税所得额 37 352 元。

由于固定资产计税基础大于会计成本的金额已通过固定资产折旧方式获得扣除，因此，"未确认融资费用"转入"财务费用"账户的金额不得重复扣除，调增应纳税所得额 55 320 元。

（4）2018 年 12 月 31 日。

借：长期应付款　　　　400 000

贷：银行存款　　　　400 000

借：财务费用　　　　22 650

{［（2 000 000–1 000 000–600 000）–（186 760–108 790–55 320）］×6%}

贷：未确认融资费用　　　　22 650

税务处理：由于计税基础大于会计成本导致以后期间计税折旧大于会计折旧的金额，因此调减各年度应纳税所得额 37 352 元。

"未确认融资费用"转入"财务费用"账户的金额不得重复扣除，调增应纳税所得额 22 650 元。

6.1.3　投资者投入的固定资产

对于投资者投入的固定资产，会计准则规定，该固定资产按照投资合同或协议约定的价值确定，价值不公允的除外；所得税法规定接受投资的固定资产价值必须符合实际价值，不能完全按投资约定价值作为计价标准，按照合同或协议确定的合理价格或评估确认的价格确定。两者之间的差异如表 6-3 所示。

表 6-3　投资者投入固定资产的税会差异

会计处理	税务处理	差　　异
按照投资合同或协议约定的价值确定，但合同或协议约定价值不公允的除外	投资者投入的固定资产，根据该资产折旧程度，以合同或协议约定的合理价格或参照有关的市场价格合理确定	所得税法规定除按投资合同或协议约定的价格确定外，还可以按照评估确认的价格作为固定资产的计税成本；同时，会计准则还规定固定资产的成本中包含该项固定资产的预计弃置费用的现值，而所得税法中不包含这部分内容

6.1.4　融资租赁租入的固定资产

融资租赁租入固定资产的税会差异如表 6-4 所示。

表 6-4　融资租赁租入固定资产的税会差异

会计处理	税务处理
在租赁期开始日，承租人将租赁开始日租赁资产公允价值与最低租赁	以租赁合同约定的付款总额和承租人在签订租赁合同过程中发生的相关费用为计税基础，租赁合同未约定付款总额的，以该资产的公

续表

会计处理	税务处理
付款额现值两者中较低者作为租入资产的入账价值，将最低租赁付款额作为长期应付款的入账价值，其差额作为未确认融资费用。承租人在租赁谈判和签订租赁合同过程中发生的，可归属于租赁项目的手续费、律师费、差旅费、印花税等初始直接费用，计入租入资产价值	允价值和承租人在签订租赁合同过程中发生的相关费用为计税基础。 固定资产租赁费，在所得税法第二章“应纳税所得额”第四十七条进行了明确，企业根据生产经营活动的需要租入固定资产支付的租赁费，按照以下方法扣除： （1）以经营租赁方式租入固定资产发生的租赁费支出，按照租赁期限均匀扣除； （2）以融资租赁方式租入固定资产发生的租赁费支出，按照规定构成融资租入固定资产价值的部分提取折旧费用，分期扣除

由表 6-4 可知，融资租入固定资产的税会差异主要在两个方面：融资租入固定资产的入账金额不一致，在预计使用年限内调整折旧费；税法不确认“未确认融资费用”，在租赁期内调整财务费用。

【例 6-4】2013 年 12 月 1 日，甲公司向乙公司租入专用设备一台，当日签订融资租赁合同，租赁期为 2014 年 1 月 1 日至 2017 年 12 月 31 日，共四年。租赁期满后甲公司取得其设备的所有权，每年末支付租金 90 万元。租入专用设备，当日设备的公允价值为 300 万元，合同约定的年利率为 7%，初始直接费用为 1 万元。甲公司采用直线法计提折旧，会计与税法折旧年限均为 4 年，净残值为 0。假设企业所得税率为 25%，不考虑所得税以外的其他税费。单位为万元，保留两位小数。

1. 融资租赁固定资产的会计处理

（1）比较租赁期开始日租赁资产公允价值与最低租赁付款额现值，确定融资租赁固定资产的入账价值：

最低租赁付款额=租金+承租人担保的资产余值=90×4=360（万元）

最低租赁付款额现值=90×（*P*/*A*，4，7%）=90×3.387 2=304.85（万元）

租赁期开始日融资租赁固定资产公允价值 300 万元，与最低租赁付款额现值 304.85 万元相比，公允价值较低，再加上应当计入融资租赁固定资产入账价值的初始直接费用 1 万元，即融资租赁固定资产的入账价值为 301 万元。

（2）未确认融资费用处理。

未确认融资费用=最低租赁付款额–租赁资产公允价值=360–300=60（万元）

2014 年 1 月 1 日的会计处理：

借：固定资产——融资租入固定资产　　301

　　未确认融资费用　　60

　贷：长期应付款——应付融资租赁款　　360

　　　银行存款　　1

（3）年末支付租金。

借：长期应付款——应付融资租赁款 90

贷：银行存款 90

（4）采用插值法计算实际利率 R。根据下列公式：

$$90\times(P/A, R, 4)=300（万元）$$

$$(90\times3.387\,2-300)\div(90\times3.387\,2-90\times3.312\,1)=(7\%-R)\div(7\%-8\%)$$

计算得出：R=7.71%

（5）分摊未确认融资费用。

每期未确认融资费用摊销=期初应付本金余额×实际利率=(期初长期应付款余额–期初未确认融资费用余额)×实际利率，则 2014 年 12 月 31 日支付第一期租金确认的融资费用=(360–60)×7.71%=23.13（万元）。

会计处理：

借：财务费用 23.13

贷：未确认融资费用 23.13

每年应付本金余额如表 6-5 所示。

表 6-5 每年应付本金余额表 单位：万元

日期	长期应付款余额	未确认融资费用余额	应付本金余额
2014-01-01	360	60	300
2014-12-31	270	36.87	233.13
2015-12-31	180	18.9	161.1
2016-12-31	90	6.48	83.52
2017-12-31	90		90

每年末未确认融资费用摊销如表 6-6 所示。

表 6-6 融资费用摊销表 单位：万元

日期	应付本金余额（a）	实际利率（b）	财务费用（$c=a\times b$）	未确认融资费用（$d=c$）
2014-12-31	300	7.71%	23.13	23.13
2015-12-31	233.13	7.71%	17.97	17.97
2016-12-31	161.1	7.71%	12.42	12.42
2017-12-31	83.52	7.71%	6.48	6.48
合计			60	60

（6）计提折旧。

年折旧额=301÷4=75.25（万元）

借：制造费用 75.25

贷：累计折旧 75.25

2. 融资租赁固定资产的纳税调整

融资租赁固定资产的计税基础=租赁合同约定的付款总额+支付的相关税费=90×4+1=301（万元）

每年税前可以扣除的折旧额=361÷4=90.25（万元）

自 2014 年起，会计将“未确认融资费用”计入当期“财务费用”，此项费用税前不可以扣除，按照每年计入财务费用的金额做纳税调增处理。每年固定资产折旧费用做纳税调减处理。财务费用与固定资产折旧费用的纳税调整，如表 6-7 所示。

表 6-7 财务费用与固定资产折旧费用的纳税调整

单位：万元

时间	财务费用			固定资产折旧费用			合计
	账面价值	计税基础	纳税调整	账面价值	计税基础	纳税调整	纳税调整
2014-12-31	23.13	0	23.13	75.25	90.25	–15	8.13
2015-12-31	17.97	0	17.97	75.25	90.25	–15	2.97
2016-12-31	12.42	0	12.42	75.25	90.25	–15	–2.58
2017-12-31	6.48	0	6.48	75.25	90.25	–15	–8.52
合计	60	0	60	301	361	–60	0

4 年期间，固定资产累计折旧调减金额合计为 60 万元，各期财务费用调增金额合计为 60 万元，调增与调减金额相等。可见，融资租赁固定资产，会计确认的入账价值与税法确认的计税基础之间的差异，通过固定资产折旧费用和未确认融资费用进行纳税调整。

假设甲公司每年的税前利润均为 200 万元，无其他纳税调整事项，则每年所得税费用的缴纳如表 6-8 所示。

表 6-8 所得税费用计算表

单位：万元

日期	会计利润	纳税调整	应纳税所得额	应纳所得税额
2014-12-31	200	8.13	208.13	52.03
2015-12-31	200	2.97	202.97	50.74
2016-12-31	200	–2.58	197.42	49.36
2017-12-31	200	–8.52	191.48	47.87

《小企业会计准则》简化融资租赁固定资产的会计处理。对于融资租赁固定资产，小企业按租赁协议或者合同确定的支付租赁款以及使固定资产达到预定可使用状态前发生的其他有关必要支出来确定其入账价值，不涉及“未确认融资费用”的会计处理。

《小企业会计准则》的规定与所得税法是一致的，二者不存在差异。

6.2 持有固定资产的税会差异

持有固定资产的税会差异主要体现在固定资产折旧、固定资产后续支出和固定资产减值准备等业务中。本节主要介绍这些业务的税会差异、纳税调整处理及纳税申报表的填制。

6.2.1 计提固定资产折旧的税会差异

会计准则规定，企业对所有固定资产计提折旧，但已提足折旧仍继续使用的固定资产和单独计价入账的土地除外。固定资产折旧的税会差异如表 6-9 所示。

表 6-9　固定资产折旧的税会差异

项　目	税务处理	会计处理
折旧计提的起点	所得税法实施条例第五十九条规定，企业应当自固定资产投入使用月份的次月起计算折旧	企业从固定资产达到预定可使用状态的次月起计提折旧
折旧范围	不得提取折旧的固定资产包括： （1）房屋、建筑物以外未投入使用的固定资产； （2）以经营租赁方式租入的固定资产； （3）以融资租赁方式租出的固定资产； （4）已足额提取折旧仍继续使用的固定资产； （5）与经营活动无关的固定资产； （6）单独估价作为固定资产入账的土地； （7）其他不得计算折旧扣除的固定资产	除了已提足折旧仍继续使用的固定资产和单独计价入账的土地之外，企业对所有固定资产计提折旧
计提折旧的总额	固定资产计提折旧的总额为固定资产的计税成本，即固定资产原值扣除其预计净残值后的金额	固定资产应计折旧总额是计提折旧的固定资产的入账价值扣除其预计净残值后的金额，已计提减值准备的固定资产，还应当扣除已计提的固定资产减值准备累计金额
折旧方法	采用直线法折旧时，企业的固定资产由于技术进步等原因，确需加速折旧的，可以缩短折旧年限或者采取加速折旧的方法。采取缩短折旧年限方法的，最低折旧年限不得低于规定折旧年限的 60%；采取加速折旧方法的，可以采取双倍余额递减法或者年数总和法。 所得税法实施条例第五十九条规定，固定资产按照直线法计算的折旧，准予扣除	选用的折旧方法包括年限平均法、工作量法、双倍余额递减法和年数总和法等，固定资产的折旧方法一经确定，不得随意变更

续表

项目	税务处理	会计处理
计提折旧的时间	企业从固定资产使用月份的次月起计提折旧；停止使用的固定资产，从停止使用月份的次月起停止计提折旧。已达到预定可使用状态但尚未办理竣工决算的固定资产，按照估计价值确定其成本，并计提折旧和做纳税调整处理，因为不符合所得税法的确定性原则，不应按估计价值计算折旧税前扣除；待办理竣工决算后，再按实际成本确定其计税基础，计提折旧并在税前扣除	固定资产按月计提折旧，当月增加的固定资产，当月不计提折旧，从下月起计提折旧；当月减少的固定资产，当月仍计提折旧，从下月起不计提折旧
折旧年限	除另有规定者外，房屋、建筑物为 20 年；飞机、火车、轮船、机器、机械和其他生产设备为 10 年；与生产经营活动有关的器具、工具、家具等为 5 年；飞机、火车、轮船以外的运输工具为 4 年；电子设备为 3 年	企业确定固定资产使用寿命，应考虑下列因素：预计生产能力或实物产量，预计有形损耗和无形损耗，法律或者类似规定对资产使用情况的限制
预计净残值	企业根据固定资产的性质和使用情况，合理确定固定资产的预计净残值。固定资产的预计净残值一经确定，不得变更。 所得税法只认可企业在取得固定资产时合理确定的预计净残值，因此一旦企业在固定资产使用过程中对其预计净残值进行了调整，并据此计提折旧，则与所得税法允许扣除的折旧额存在差异	企业根据固定资产的性质和使用情况，合理确定固定资产的使用寿命和预计净残值。固定资产的使用寿命、预计净残值一经确定，不得随意变更。 企业至少于每年年度终了，对预计净残值进行复核。预计净残值预计数与原先估计数有差异的，调整预计净残值

根据所得税法、《国家税务总局关于企业固定资产加速折旧所得税处理有关问题的通知》（国税发〔2009〕81 号）、《国家税务总局关于融资性售后回租业务中承租方出售资产行为有关税收问题的公告》（国家税务总局公告 2010 年第 13 号）、《国家税务总局关于企业所得税若干问题的公告》（国家税务总局公告 2011 年第 34 号）、《国家税务总局关于发布〈企业所得税政策性搬迁所得税管理办法〉的公告》（国家税务总局公告 2012 年第 40 号）、《财政部 国家税务总局关于进一步鼓励软件产业和集成电路产业发展企业所得税政策的通知》（财税〔2012〕27 号）、《国家税务总局关于企业所得税应纳税所得额若干问题的公告》（国家税务总局公告 2014 年第 29 号）、《财政部 国家税务总局关于完善固定资产加速折旧税收政策有关问题的通知》（财税〔2014〕75 号）、《财政部 国家税务总局关于进一步完善固定资产加速折旧企业所得税政策的通知》（财税〔2015〕106 号）、《国家税务总局关于全民所有制企业公司制改制企业所得税处理问题的公告》（国家税务总局公告 2017 年第 34 号）等相关规定，固定资产折旧的纳税调整可以填报《资产折旧、摊销情况及纳税调整明细表》（A105080），如表 6-10 所示。

表 6-10　资产折旧、摊销情况及纳税调整明细表（A105080）

行次	项　　目		账载金额			税收金额					纳税调整金额
			资产原值	本年折旧、摊销额	累计折旧、摊销额	资产计税基础	税收折旧额	享受加速折旧政策的资产按税收一般规定计算的折旧、摊销额	加速折旧统计额	累计折旧、摊销额	
			1	2	3	4	5	6	7（5–6）	8	9（2–5）
1	一、固定资产（2+3+4+5+6+7）							*	*		
2	所有固定资产	（一）房屋、建筑物						*	*		
3		（二）飞机、火车、轮船、机器、机械和其他生产设备						*	*		
4		（三）与生产经营活动有关的器具、工具、家具等						*	*		
5		（四）飞机、火车、轮船以外的运输工具						*	*		
6		（五）电子设备						*	*		
7		（六）其他						*	*		

【例 6-5】中原公司为一家一般生产企业，不属于固定资产加速折旧政策范围内的企业，2016 年 12 月购入生产工具设备使用，原价为 1 525 000 元，增值税为 259 250 元，预计使用年限为 5 年，预计净残值为 25 000 元，按年数总和法计提折旧。2017 年 12 月公司在进行检查时发现，由于经营环境恶化，该设备有可能发生减值，可收回金额为 920 000 元。假设整个过程不考虑其他相关税费。该设备一直采用年数总和法计提折旧，预计净残值始终为 25 000 元。预计使用寿命没有发生变更。中原公司按年度计提固定资产折旧。

（1）中原公司的会计处理。

2016 年 12 月，取得固定资产：

借：固定资产　　1 525 000

　　应交税费——应交增值税（进项税额）　　259 250

　贷：银行存款　　1 784 250

在不考虑减值因素情况下，2017—2021 年每年应计提的折旧额分别如下：

2017 年：（1 525 000–25 000）×5÷15=500 000（元）

2018 年：（1 525 000–25 000）×4÷15=400 000（元）

2019 年：（1 525 000–25 000）×3÷15=300 000（元）

2020 年：（1 525 000–25 000）×2÷15=200 000（元）

2021 年：（1 525 000–25 000）×1÷15=100 000（元）

1)2017 年年末计提折旧。在计提固定资产减值准备前，2017 年年末应计提折旧为 500 000 元。

借：制造费用　　500 000

　贷：累计折旧　　500 000

2）2017 年年末计提减值准备。2017 年 12 月对固定资产进行检查时发现，由于经营环境恶化，该设备的可收回金额为 920 000 元，而其账面净值为 1 025 000 元，计提减值准备为 105 000 元（1 025 000–920 000）。

借：资产减值损失　　105 000

　贷：固定资产减值准备　　105 000

2017 年计提减值准备 105 000 元后，该设备的账面价值为 920 000 元（1 525 000–500 000–105 000）。

3)2018—2021 年计提折旧。2018 年年末应计提的折旧额为 358 000 元[（920 000– 25 000）×4÷10]。

借：制造费用　　358 000

　贷：累计折旧　　358 000

2018 年年末计提折旧后，该设备的账面价值为 562 000 元（920 000–358 000）。

2019 年年末计提折旧额为 268 500 元［（920 000–25 000）×3÷10］，该设备的账面价值为 293 500 元（562 000–268 500）。

2020 年年末计提折旧额为 179 000 元［（920 000–25 000）×2÷10］，该设备的账面价值为 114 500 元（293 500–179 000）。

2021 年年末应计提折旧额为 89 500 元［（920 000–25 000）×1÷10］。

（2）中原公司的纳税调整。根据所得税法规定，固定资产计提折旧一般只能采用直线法，假如该公司不享受加速折旧政策，而且不能减去计提的固定资产减值准备，因此要做纳税调整处理。中原公司 2017—2021 年每年计提折旧额为 300 000 元［（1 525 000–25 000）÷5］。中原公司 2017—2021 年各年分别按照会计口径和税法口径计算提取（或转入）的折旧额以及两者的差异额，如表 6-11 所示。

表 6-11　2017—2021 年按照会计和税法口径计算折旧额　　单位：元

年　份	按照会计口径提取	按照税法口径提取	差 异 额
2017	500 000	300 000	200 000
2018	358 000	300 000	58 000
2019	268 500	300 000	–31 500
2020	179 000	300 000	–121 000
2021	89 500	300 000	–210 500
总　计	1 395 000	1 500 000	–105 000

中原公司进行 2017 年度纳税申报时，对于固定资产折旧的税会差异，需要填报《资产折旧、摊销情况及纳税调整明细表（A105080）》，如表 6-12 所示。对于固定资产减值准备的税会差异，需要填报《纳税调整项目明细表》（A105000）第 33 行，如表 6-13 所示。

表 6-12 资产折旧、摊销情况及纳税调整明细表（A105080）

行次	项 目	账载金额			税收金额					纳税调整金额
		资产原值	本年折旧、摊销额	累计折旧、摊销额	资产计税基础	税收折旧额	享受加速折旧政策的资产按税收一般规定计算的折旧、摊销额	加速折旧统计额	累计折旧、摊销额	
		1	2	3	4	5	6	7（5–6）	8	9（2–5）
1	一、固定资产（2+3+4+5+6+7）						*	*		
4	（三）与生产经营活动有关的器具、工具、家具等	1 525 000	500 000	500 000	1 525 000	300 000	*	*	300 000	200 000

表 6-13 纳税调整项目明细表（105000）

行 次	项 目	账载金额	税收金额	调增金额	调减金额
		1	2	3	4
33	（二）资产减值准备金	105 000	*	105 000	

中原公司进行 2018 年度纳税申报时，对于固定资产折旧的税会差异，需要填报《资产折旧、摊销情况及纳税调整明细表（A105080）》，如表 6-14 所示。

表 6-14 资产折旧、摊销情况及纳税调整明细表（A105080）

行次	项 目	税收金额					纳税调整金额
		资产计税基础	税收折旧额	享受加速折旧政策的资产按税收一般规定计算的折旧、摊销额	加速折旧统计额	累计折旧、摊销额	
		4	5	6	7（5–6）	8	9（2–5）
1	一、固定资产（2+3+4+5+6+7）			*	*		
4	（三）与生产经营活动有关的器具、工具、家具等	1 500 000	300 000	*	*	600 000	58 000

中原公司进行 2019 年度纳税申报时，对于固定资产折旧的税会差异，需要填报《资产折旧、摊销情况及纳税调整明细表（A105080）》，如表 6-15 所示。

表 6-15 资产折旧、摊销情况及纳税调整明细表（A105080）

行次	项目	账载金额			税收金额					纳税调整金额
		资产原值	本年折旧、摊销额	累计折旧、摊销额	资产计税基础	税收折旧额	享受加速折旧政策的资产按税收一般规定计算的折旧、摊销额	加速折旧统计额	累计折旧、摊销额	
		1	2	3	4	5	6	7（5–6）	8	9（2–5）
1	一、固定资产（2+3+4+5+6+7）						*	*		
4	（三）与生产经营活动有关的器具、工具、家具等	1 395 000	268 500	1 126 500	1 500 000	300 000	*	*	900 000	–31 500

中原公司进行 2020 年度纳税申报时，对于固定资产折旧的税会差异，需要填报《资产折旧、摊销情况及纳税调整明细表（A105080）》，如表 6-16 所示。

表 6-16 资产折旧、摊销情况及纳税调整明细表（A105080）

行次	项目	账载金额			税收金额					纳税调整金额
		资产原值	本年折旧、摊销额	累计折旧、摊销额	资产计税基础	税收折旧额	享受加速折旧政策的资产按税收一般规定计算的折旧、摊销额	加速折旧统计额	累计折旧、摊销额	
		1	2	3	4	5	6	7(5–6)	8	9（2–5）
1	一、固定资产（2+3+4+5+6+7）						*	*		
4	（三）与生产经营活动有关的器具、工具、家具等	1 395 000	179 000	1 305 500	1 500 000	300 000	*	*	1 200 000	–121 000

中原公司进行 2021 年度纳税申报时，对于固定资产折旧的税会差异，需要填报《资产折旧、摊销情况及纳税调整明细表（A105080）》，如表 6-17 所示。

表 6-17　资产折旧、摊销情况及纳税调整明细表（A105080）

行次	项　目	账载金额			税收金额					纳税调整金额
		资产原值	本年折旧、摊销额	累计折旧、摊销额	资产计税基础	税收折旧额	享受加速折旧政策的资产按税收一般规定计算的折旧、摊销额	加速折旧统计额	累计折旧、摊销额	
		1	2	3	4	5	6	7（5–6）	8	9（2–5）
1	一、固定资产（2+3+4+5+6+7）						*	*		
4	（三）与生产经营活动有关的器具、工具、家具等	1 395 000	89 500	1 395 000	1 500 000	300 000	*	*	1 500 000	–210 500

《关于企业所得税应纳税所得额若干问题的公告》（国家税务总局公告 2014 年第 29 号）对固定资产折旧的企业所得税处理做了如下规定：

（1）企业固定资产会计折旧年限如果短于税法规定的最低折旧年限，其按会计折旧年限计提的折旧高于按税法规定的最低折旧年限计提的折旧部分，调增当期应纳税所得额；企业固定资产会计折旧年限已期满且会计折旧已提足，但税法规定的最低折旧年限尚未到期且税收折旧尚未足额扣除，其未足额扣除的部分准予在剩余的税收折旧年限继续按规定扣除。

（2）企业固定资产会计折旧年限如果长于税法规定的最低折旧年限，其折旧按会计折旧年限计算扣除，税法另有规定除外。

（3）企业按会计规定提取的固定资产减值准备，不得税前扣除，其折旧仍按税法确定的固定资产计税基础计算扣除。

（4）企业按税法规定实行加速折旧的，其按加速折旧办法计算的折旧额可全额在税前扣除。

（5）石油天然气开采企业在计提油气资产折耗（折旧）时，由于会计与税法规定计算方法不同导致的折耗（折旧）差异，按税法规定进行纳税调整。

《国家税务总局关于企业所得税应纳税所得额若干税务处理问题的公告》（国家税务总局公告 2012 年第 15 号）第八条规定：企业依据财务会计制度规定，并在实际会计处理上已确认的支出，凡未超过税法和有关税收法规规定的税前扣除范围和标准的，可按企业实际会计处理确认的支出，在企业所得税前扣除，计算其应纳税所得额。之所以做出上述规定，主要目的是为了减少税会差异，尽可能使税收与会计协调一致，方便纳税人纳税申报和税务机关税收征管。但 2012 年第 15 号公告施行后，部分税务机关与纳税人在固定资产折旧税会差异的处理上存在分歧，2014 年第 29 号公告对这类问题进行了明确。

（1）企业会计折旧年限短于税法最低折旧年限的协调。所得税法第八条规定：企业实际发生的与取得应税收入相关的、合理的成本、费用准予在税前扣除。企业会计折旧提足后，在剩余的税收折旧年限已没有会计折旧，但由于前期已提折旧按税法规定进行了纳税调增，也就是说，税收与会计之间差异部分已实际进行了会计处理，因此，准予将前期纳税调增的部分在后期按税法规定进行纳税调减。这样处理，符合企业所得税税前扣除基本原则，也与 2012 年第 15 号公告、所得税法第八条规定一致。

（2）企业会计折旧年限长于税法最低折旧年限的协调。如果企业固定资产采用的会计折旧年限长于税法规定的最低折旧年限，视同会计与税法无差异，按 2012 年第 15 号公告规定按会计年限计算折旧扣除，不需要在年度汇算清缴时进行纳税调减。这样处理，大大减少纳税调整成本，与 2012 年第 15 公告一致。

（3）会计上提取减值准备的固定资产折旧的税会差异协调。根据税法规定，企业计提的固定资产减值准备进行纳税调增。另根据税法规定，企业持有固定资产期间资产增值或者减值，除国务院财政、税务主管部门规定可以确认损益外，不得调整该资产的计税基础。由于企业计提的固定资产减值准备已进行纳税调增，并未税前扣除，所以，尽管固定资产的账面净值已经减少，但此时该固定资产的计税基础并未调整，仍可按税法确定的计税基础计算折旧扣除。这样处理，符合税法和 2012 年第 15 号公告的立法意图。

（4）会计与税法折旧方法不同导致的税会差异协调。一种情况是，企业按所得税法第三十二条规定实行加速折旧的，2014 年第 29 号公告明确其按加速折旧办法计算的折旧额可全额在税前扣除，而不必按 2012 年第 15 公告规定看会计上是否已按加速折旧处理。另一种情况是，《财政部 国家税务总局关于开采油（气）资源企业费用和有关固定资产折耗摊销折旧税务处理问题的通知》（财税〔2009〕49 号）规定油气企业在开始商业性生产之前形成的开发资产，准予按直线法计提折旧扣除，最低折旧年限为 8 年。按会计准则规定，企业可以采用产量法或年限平均法对油气资产计提折耗。在采用产量法计提资产折耗的情况下，会形成税会差异。如果单纯套用 2012 年第 15 公告的规定，会导致折耗（折旧）得不到及时扣除，违背所得税法第八条规定。基于此，2014 年第 29 号公告明确，石油天然气开采企业在计提油气资产折耗（折旧）时，由于会计与税法规定计算方法不同导致的折耗（折旧）差异，按税法规定进行纳税调整。

所得税法第三十二条规定，企业的固定资产由于技术进步等原因，确需加速折旧的，可以缩短折旧年限或者采取加速折旧的方法。所得税法实施条例第九十八条规定，企业所得税法第三十二条所称可以采取缩短折旧年限或者采取加速折旧的方法的固定资产，包括：由于技术进步，产品更新换代较快的固定资产；常年处于强震动、高腐蚀状态的固定资产。

采取缩短折旧年限方法的，最低折旧年限不得低于所得税法实施条例第六十条规定折旧年限的 60%；采取加速折旧方法的，可以采取双倍余额递减法或者年数总和法。

《关于完善固定资产加速折旧企业所得税政策的通知》（财税〔2014〕75 号）规定，自 2014 年 1 月 1 日起，有关固定资产加速折旧企业所得税政策按照以下办法执行：

（1）对生物药品制造业，专用设备制造业，铁路、船舶、航空航天和其他运输设备制造业，计算机、通信和其他电子设备制造业，仪器仪表制造业，信息传输、软件和信息技术服务业等六个行业的企业 2014 年 1 月 1 日后新购进的固定资产，可缩短折旧年限或采取加速折旧的方法。

对上述六个行业的小型微利企业 2014 年 1 月 1 日后新购进的研发和生产经营共用的仪器、设备，单位价值不超过 100 万元的，允许一次性计入当期成本费用在计算应纳税所得额时扣除，不再分年度计算折旧；单位价值超过 100 万元的，可缩短折旧年限或采取加速折旧的方法。

（2）对所有行业企业 2014 年 1 月 1 日后新购进的专门用于研发的仪器、设备，单位价值不超过 100 万元的，允许一次性计入当期成本费用在计算应纳税所得额时扣除，不再分年度计算折旧；单位价值超过 100 万元的，可缩短折旧年限或采取加速折旧的方法。

（3）对所有行业企业持有的单位价值不超过 5 000 元的固定资产，允许一次性计入当期成本费用在计算应纳税所得额时扣除，不再分年度计算折旧。

（4）企业按第（1）条、第（2）条规定缩短折旧年限的，最低折旧年限不得低于企业所得税法实施条例第六十条规定折旧年限的 60%；采取加速折旧方法的，可采取双倍余额递减法或者年数总和法。第（1）至（3）条规定之外的企业固定资产加速折旧所得税处理问题，继续按照企业所得税法及其实施条例和现行税收政策规定执行。

《关于进一步完善固定资产加速折旧企业所得税政策的通知》（财税〔2015〕106 号）规定，自 2015 年 1 月 1 日起，有关固定资产加速折旧企业所得税政策按照以下办法执行：

（1）对轻工、纺织、机械、汽车等四个领域重点行业的企业 2015 年 1 月 1 日后新购进的固定资产，可由企业选择缩短折旧年限或采取加速折旧的方法。

（2）对上述行业的小型微利企业 2015 年 1 月 1 日后新购进的研发和生产经营公用的仪器、设备，单位价值不超过 100 万元的，允许一次性计入当期成本费用在计算应纳税所得额时扣除，不再分年度计算折旧；单位价值超过 100 万元的，可由企业选择缩短折旧年限或采取加速折旧的方法。

（3）企业按本通知第（1）条、第（2）条规定缩短折旧年限的，最低折旧年限不得低于企业所得税法实施条例第六十条规定折旧年限的 60%；采取加速折旧方法的，可采取双倍余额递减法或者年数总和法。

按照企业所得税法及其实施条例有关规定，企业根据自身生产经营需要，也可选择不实行加速折旧政策。

按照财税〔2014〕75 号和财税〔2015〕106 号的规定，六大行业和四个领域重点行业固定资产加速折旧、缩短折旧年限，以及其他企业研发仪器、设备，单项固定资产价值低于 5 000 元的一次性扣除等，享受税收优惠政策，企业需要填报《资产折旧、摊销情况及纳税调整明细表（A105080）》，如表 6-18 所示。

表 6-18 具体填报要求如下。

（1）第 6、7 列填报说明。

第 6 列“享受加速折旧政策的资产按税收一般规定计算的折旧、摊销额”：仅适用于第 8～17 行、第 29 行，填报纳税人享受加速折旧政策的资产按照税法一般规定计算的允许税前扣除的本年资产折旧、摊销额。本列仅填报加速后的税法折旧额大于按照税法一般规定计算折旧额对应月份的金额。

第 7 列“加速折旧统计额”：用于统计纳税人享受各类固定资产加速折旧政策的优惠金额。

（2）第 8～13 行填报说明。这六行适用于按照财税〔2014〕75 号和财税〔2015〕106 号文件规定，享受各类固定资产加速折旧政策的资产加速折旧情况。

第 8 行，填报六个行业以及四大领域重要行业的纳税人，对于新购进固定资产在税收上采取加速折旧的情况，该行次不填报重要行业纳税人享受一次性扣除政策的资产；

第 9 行，填报其他行业的纳税人价值超过 100 万元以上专用研发设备采取缩短折旧年限或加速折旧方法的纳税调减或者加速折旧优惠统计情况；

第 10～13 行，填报新购进单位价值不超过 100 万元研发设备和单位价值不超过 5 000 元固定资产，按照税收规定一次性在当期扣除金额。

（3）第 14、15 行填报说明。这两行适用于按所得税法实施条例第九十八条规定，填报企业固定资产因技术进步，产品更新换代较快或常年处于强震动、高腐蚀状态的固定资产，按税收规定享受固定资产加速折旧的有关情况。

（4）第 16、17、29 行填报说明。这三行适用于按财税〔2012〕27 号文件规定，填报企业外购软件作为固定资产处理、集成电路生产企业的生产设备和企业外购软件作为无形资产处理，享受加速折旧或摊销的有关情况。

表 6-18　资产折旧、摊销情况及纳税调整明细表（A105080）

行次	项目		账载金额			税收金额					纳税调整金额
			资产原值	本年折旧、摊销额	累计折旧、摊销额	资产计税基础	税收折旧额	享受加速折旧政策的资产按税收一般规定计算的折旧、摊销额	加速折旧统计额	累计折旧、摊销额	
			1	2	3	4	5	6	7（5–6）	8	9（2–5）
8	其中：享受固定资产加速折旧及一次性扣除政策的资产加速折旧额大于一般折旧额的部分	（一）重要行业固定资产加速折旧（不含一次性扣除）									*
9		（二）其他行业研发设备加速折旧									*
10		（三）允许一次性扣除的固定资产（11+12+13）									*
11		1．单价不超过 100 万元专用研发设备									*
12		2．重要行业小型微利企业单价不超过 100 万元研发与生产公用设备									*
13		3．500 0 元以下固定资产									*
14		（四）技术进步、更新换代固定资产									*
15		（五）常年强震动、高腐蚀固定资产									*
16		（六）外购软件折旧									*
17		（七）集成电路企业生产设备									*
29	其中：享受企业外购软件加速摊销政策										*

6.2.2 固定资产后续支出的税会差异

固定资产后续支出，在不同情况下，会计处理规定和税法规定存在差异，所得税法规定固定资产日常修理费用可在发生当期直接据实扣除。固定资产修理的税务处理与会计处理不完全相同，并在税前扣除上产生暂时性差异。

所得税法第十三条规定，在计算应纳税所得额时，企业发生的下列支出，作为长期待摊费用，按照规定摊销的，准予扣除：已足额提取折旧的固定资产的改建支出；租入固定资产的改建支出；固定资产的大修理支出。

固定资产的大修理支出，是指同时符合下列条件的支出：

（1）修理支出达到取得固定资产时的计税基础 50%以上；

（2）修理后固定资产的使用寿命延长 2 年以上。

所得税法实施条例规定，固定资产的改建支出是指改变房屋或建筑物结构、延长使用年限等发生的支出。已足额提取折旧的固定资产的改建支出，按固定资产预计尚可使用年限分期摊销；租入固定资产的改建支出，按照合同约定的剩余租赁期限分期摊销。所得税法实施条例第五十八条规定，改建的固定资产，除已足额提取折旧的固定资产的改建支出和租入固定资产的改建支出外，以改建过程中发生的改建支出增加计税基础。改建的固定资产延长使用年限的，适当延长折旧年限。

会计准则和所得税法均确认为当期费用的情况：如果发生的固定资产后续支出为一般修理支出，在实际发生时计入当期损益，可作为成本费用项目，允许在计算企业所得税时全额扣除。

会计准则和所得税法均确认为固定资产成本的情况：符合固定资产确认标准的大修理支出和改建支出，会计和税法均予以资本化，增加固定资产成本和计税基础，如有被替换的部分，则扣除其价值。计提的固定资产折旧费用允许在计算企业所得税时全额扣除。

在此种情况下，固定资产的账面价值与计税基础一致，无须考虑暂时性差异对所得税费用的影响。会计准则确认为当期费用，所得税法确认为长期待摊费用或固定资产。不满足固定资产确认条件的固定资产大修理支出和已提足折旧固定资产发生的改建支出，可以先在长期待摊费用账户归集，修理或改建项目完成后，在会计上一次性计入费用，税收上确认为长期待摊费用或固定资产，在固定资产尚可使用年限内分期摊销。在此种情况下，需要考虑资产账面价值与计税基础的差异对所得税费用的影响。

固定资产后续支出的税会差异如表 6-19 所示。

表 6-19　固定资产后续支出的税会差异

税务处理	会计处理
已足额提取折旧的固定资产的改建支出，按照固定资产预计尚可使用年限分期摊销。改建的固定资产延长使用年限的，适当延长折旧年限	与固定资产有关的后续支出，符合会计准则第四条规定的固定资产确认条件的，计入固定资产成本；不符合的，在发生当期计入当期损益

【例 6-6】2010 年 12 月 31 日，经典公司投入使用一条生产线，原价 100 000 元，估计净残值 4 000 元，预计使用 10 年。2016 年 12 月 31 日，公司决定对现有生产线进行扩建，以提高其生产能力；2017 年 1 月 1 日至 2017 年 3 月 31 日，经 3 个月的改扩建，完成了对这条生产线的改扩建工程，共发生支出 20 000 元，全部以银行存款支付；改扩建后，预计其使用年限延长了 2 年，估计净残值不变。该固定资产采用直线法计提折旧。为简化计算，整个过程不考虑其他税费。

（1）2016 年 12 月 31 日固定资产转入改扩建时。

2011 年 1 月 1 日至 2016 年 12 月 31 日，公司每年提取的折旧金额分别为：

固定资产折旧=（100 000 – 4 000）÷ 10=9 600（元）

累计折旧金额= 9 600 × 6 = 57 600（元）

将固定资产的净值转入“在建工程”时的会计处理：

借：在建工程　　42 400

　　累计折旧　　57 600

　贷：固定资产　　100 000

（2）2017 年 1 月 1 日至 3 月 31 日，固定资产后续支出发生时的会计处理。

借：在建工程　　20 000

　贷：银行存款　　20 000

（3）2017 年 3 月 31 日，生产线达到预定可使用状态时的会计处理。

借：固定资产　　62 400

　贷：在建工程　　62 400

（4）2017 年 4 月 1 日起，每年计提的固定资产折旧 9 733 元［62 400–4 000）÷6］，2016 年计提的固定资产折旧 7 300 元（9 733×9÷12）。

计提固定资产折旧的会计处理为：

借：制造费用　　7 300

　贷：累计折旧　　7 300

按所得税法的规定，经典公司的处理如下：2017 年 3 月 31 日，计算的改扩建后的固定资产原价为 120 000 元（100 000 + 20 000）。2011 年 1 月 1 日至 2016 年 12 月 31 日累计提取折旧金额 57 600 元。2017 年 4 月 1 日起，每年计提的固定资产折旧为 9 733 元［（120 000–4 000–57 600）÷6］。2017 年计提的固定资产折旧为 7 300 元（9 733×9÷12）。

已提足折旧的固定资产的改建支出、经营租入固定资产的改建支出、固定资产的大修理支出都可以形成长期待摊费用。如果存在长期待摊费用的纳税调整，企业可以填报《资产折旧、摊销情况及纳税调整明细表》（A105080），如表 6-20 所示。

表 6-20 资产折旧、摊销情况及纳税调整明细表（A105080）

行次	项目	账载金额			税收金额					纳税调整金额
		资产原值	本年折旧、摊销额	累计折旧、摊销额	资产计税基础	税收折旧额	享受加速折旧政策的资产按税收一般规定计算的折旧、摊销额	加速折旧统计额	累计折旧、摊销额	
		1	2	3	4	5	6	7(5–6)	8	9(2–5)
31	四、长期待摊费用（32+33+34+35+36）						*	*		
32	（一）已足额提取折旧的固定资产的改建支出						*	*		
33	（二）租入固定资产的改建支出						*	*		
34	（三）固定资产的大修理支出						*	*		
35	（四）开办费						*	*		
36	（五）其他						*	*		

6.2.3 固定资产减值的税会差异

根据所得税法规定，企业实际发生的与取得收入有关的、合理的支出，包括成本、费用、税金、损失和其他支出，可以在计算应纳税所得额时扣除。在资产可能已经发生了减值的迹象，而没有实际发生资产的损失时，在税收上不认定为资产的减值，不允许在计算应纳税所得额时扣除；只有资产实际发生了损失时，符合所得税法规定条件的，在税收上经批准才可以认定为损失，允许在计算应纳税所得额时扣除。固定资产减值的税会差异如表 6-21 所示。

表 6-21 固定资产减值的税会差异

会计处理	税务处理	差　　异
企业在会计期末判断固定资产是否存在可能发生减值的迹象。资产存在减值迹象的，估计其可收回金额。可收回金额根据资产的公允价值减去处置费用后的净额与资产预计未来现金流量的现值两者之间较高者确定。资产未	企业计提的固定资产减值准备不得在税前扣除，而当计提减值准备的固定资产被处置时，已计	会计准则规定，固定资产的减值准备税前可以扣除；所得税法规定，企

续表

会计处理	税务处理	差　异
来现金流量的现值按照资产在持续使用过程中和最终处置时所产生的预计未来现金流量，选择恰当的折现率对其进行折现后的金额加以确定。预计资产未来现金流量的现值，综合考虑资产的预计未来现金流量、使用寿命和折现率等因素	提的固定资产减值准备已在计提期间调增应纳税所得额的，处置时调减应纳税所得额	业计提的固定资产减值准备不得在税前扣除

表 6-21 所产生的差异，即因计提固定资产减值准备的期间与允许在计算应纳税所得额时扣除的资产损失的期间不同而产生的差异，作为可抵扣暂时性差异，在计算当期应纳税所得额时，企业在按照会计准则规定计算的当期利润总额的基础上，加上按照所得税法规定不允许从当期应纳税所得额中扣除但按会计准则规定计入计提当期损益的固定资产减值准备的金额，调整为当期应纳税所得额。

会计准则规定，固定资产的减值准备不可转回，以后年度固定资产的账面价值小于计税价值，因此产生的都是可抵扣暂时性差异，产生递延所得税资产。

【例 6-7】2014 年 12 月，大华公司购进一台生产用设备，价值 100 万元，预计使用年限为 5 年（税法规定不短于 5 年），预计净残值为 5 万元，采用平均年限法计提折旧。2016 年年末，公司发现该设备发生减值，预计可收回金额为 35 万元，剩余使用年限为 2 年，预计净残值不变。

大华公司的税会处理如下：

（1）购进设备。

借：固定资产　　1 000 000

　贷：银行存款　　1 000 000

（2）2015 年提取折旧 19 万元［（100 000–5 000）÷5］。

借：制造费用　　190 000

　贷：累计折旧　　190 000

会计处理与税务处理一致。

（3）2016 年提取折旧 19 万元。

借：制造费用　　190 000

　贷：累计折旧　　190 000

2016 年年末计提减值准备：

借：资产减值损失——固定资产减值损失　　270 000

（1 000 000–190 000×2–350 000）

　贷：固定资产减值准备　　270 000

大华公司在 2016 年年末提取的固定资产减值准备，不得在税前扣除，在纳税申报时，需做纳税调整处理，填报《纳税调整项目明细表》（A105000）第 33 行，如表 6-22 所示。

表 6-22　纳税调整项目明细表（A105000）

行　次	项　目	账载金额	税收金额	调增金额	调减金额
		1	2	3	4
33	（二）资产减值准备金	270 000	*	270 000	

调增应纳税所得额 27 万元，同时确认递延所得税资产。

借：递延所得税资产　　67 500

　贷：所得税费用　　67 500

（4）2017 年和 2018 年每年提取折旧 15 万元［（350 000–50 000）÷2］。

借：制造费用　　150 000

　贷：累计折旧　　150 000

税务处理：大华公司在 2016 年年末提取的固定资产减值准备，不得在税前扣除，此时固定资产的账面价值为 35 万元，而计税基础为 62 万元［1 000 000–（190 000×2）］。

2017 年和 2018 年，大华公司对于固定资产折旧的税会差异，需要填报《资产折旧、摊销情况及纳税调整明细表（A105080）》，如表 6-23 所示。

表 6-23　资产折旧、摊销情况及纳税调整明细表（A105080）

行次	项　目	账载金额			税收金额					纳税调整金额
		资产原值	本年折旧、摊销额	累计折旧、摊销额	资产计税基础	税收折旧额	享受加速折旧政策的资产按税收一般规定计算的折旧、摊销额	加速折旧统计额	累计折旧、摊销额	
		1	2	3	4	5	6	7（5–6）	8	9（2–5）
1	一、固定资产（2+3+4+5+6+7）						*	*		
4	（三）与生产经营活动有关的器具、工具、家具等	1 000 000	150 000	530 000	1 000 000	190 000	*	*	570 000	–40 000

因此，大华公司每年申报调减应纳税所得额 4 万元，同时转回递延所得税资产。

借：所得税费用　　10 000

　贷：递延所得税资产　　10 000

（5）2019 年。会计实际提取的折旧为 0，对于固定资产折旧的税会差异，大华公司需要填报《资产折旧、摊销情况及纳税调整明细表（A105080）》，如表 6-24 所示。

表 6-24　资产折旧、摊销情况及纳税调整明细表（A105080）

行次	项　　目	账载金额			税收金额					纳税调整金额
		资产原值	本年折旧、摊销额	累计折旧、摊销额	资产计税基础	税收折旧额	享受加速折旧政策的资产按税收一般规定计算的折旧、摊销额	加速折旧统计额	累计折旧、摊销额	
		1	2	3	4	5	6	7（5–6）	8	9（2–5）
1	一、固定资产（2+3+4+5+6+7）						*	*		
4	（三）与生产经营活动有关的器具、工具、家具等	1 000 000	0	68 000	1 000 000	190 000	*	*	760 000	–190 000

因此，大华公司调减应纳税所得额 19 万元，同时转回递延所得税资产。至此，大华公司因计提减值准备而发生的暂时性差异全部转回（27–4×2–19=0）。

借：所得税费用　47 500

　　贷：递延所得税资产　47 500

如果 2018 年 12 月将固定资产出售，收入 10 万元，纳税调整时，会计损益为 5 万元［10–（100–68–27）］；计税损益为–14 万元［10–（100–76）］，纳税调减额为–19 万元（–14–5）。

由此可见，如果按冲减的“固定资产减值准备”借方发生额做纳税调减 27 万元，则忽视了 2017 年和 2018 年累计已做纳税调减 8 万元的因素，形成重复调减，产生纳税调整错误。

6.3　处置固定资产的税会差异

固定资产处置包括出售、报废、投资、捐赠、抵债、调拨等。固定资产处置的税会差异包括企业所得税和企业流转税两方面。

6.3.1　固定资产处置的税会差异

固定资产处置的税会差异如表 6-25 所示。

表 6-25　固定资产处置的税会差异

会计准则	所得税法	差　　异
企业持有待售的固定资产，对其预计净残值进行调整。企业出售、转让、报废固定资产或发生固定资产毁损时，将处置收入扣除账面价值和相关税费后的金额计入当期损益。固定资产的账面	准予扣除金额为与纳税人取得收入有关的成本、费用和损失，即纳税人转让各类固定资产发生的费用允许扣除的余额部分，并且当纳税人不能提供完整、准确	会计准则规定，企业将固定资产的处置收入扣除账面价值和相关税费后的金额计入当期损益。所得税法规定，纳税人处置固定资产的损益

续表

会计准则	所得税法	差　异
价值是固定资产成本扣减累计折旧和累计减值准备后的金额。固定资产盘亏造成的损失，计入当期损益	的收入及成本、费用凭证，不能正确计算应纳税所得额时，税务机关有权核定其应纳税所得额	为处置收入扣除税法口径上的原值、残值、保险或责任人赔偿款后的余额部分

1. 以固定资产抵偿债务

以固定资产抵债，适用《企业会计准则第 12 号——债务重组》。债务人以非现金资产抵偿债务的过程，首先是债务人将非现金资产按公允价值进行处置，以确定转让收益；再以处置所得（公允价值）偿付债务，同时据此确认债务重组损益。这表明债务重组交易最终以公允价值作为交易价格，不产生所得税纳税差异，无须做纳税调整处理。

【例 6-8】奇奇公司与华丰公司达成债务重组协议，奇奇公司将其一辆小汽车（原价 10 万元，累计折旧 4 万元，公允价值 7 万元）偿还华丰公司的债务 8 万元。假定小汽车未计提减值准备。

奇奇公司的会计处理如下：

借：固定资产清理　　60 000

　　累计折旧　　40 000

　贷：固定资产　　100 000

债务重组收益=80 000−70 000=10 000（元）

资产转让收益=70 000−60 000=10 000（元）

借：应付账款　　80 000

　贷：固定资产清理　　60 000

　　　资产处置收益——处置非流动资产收益　　10 000

　　　营业外收入——债务重组利得　　10 000

2. 以固定资产对外投资

以固定资产对外投资，视为非货币性资产交换，适用《企业会计准则第 7 号——非货币性资产交换》。只有采用公允价值计价的情况下才确认损益，而且，采用公允价值法时无论是否涉及补价，企业都将换出资产的公允价值与其账面价值的差额确认为交易损益。在采用账面价值法时，企业一律不确认交易损益。

【例 6-9】承例 6-8。假如奇奇公司将小汽车投资给华丰公司，协议价为 8 万元，该投资具有商业实质。其余条件不变。进一步假设奇奇公司收到华丰公司的补价 1 万元，其余条件不变。

针对这两笔业务，奇奇公司的会计处理如下：

（1）投资华丰公司时。

借：长期股权投资（公允价值）　　　　80 000
　贷：固定资产清理（账面价值）　　　　60 000
　　　资产处置收益　　　　20 000

（2）收到补价时。

借：长期股权投资（公允价值）　　　　80 000
　　银行存款　　　　10 000
　贷：固定资产清理（账面价值）　　　　60 000
　　　资产处置收益　　　　30 000

由于会计准则采用了公允价值，并将交易收益计入了“资产处置收益”账户，换出固定资产的计提成本与会计价值一样，不存在纳税差异，因此无须做纳税调整处理。

【例 6-10】承例 6-8。假如协议价不公允，该投资不具有商业实质，其余条件不变。

奇奇公司的会计处理如下：

借：长期股权投资　　　　60 000
　贷：固定资产清理　　　　60 000

税务处理：将固定资产对外投资视同销售，奇奇公司在汇算清缴时做纳税调整处理，填制《视同销售和房地产开发企业特定业务纳税调整明细表（A105010）》，如表 6-26 所示。

表 6-26　视同销售和房地产开发企业特定业务纳税调整明细表（A105010）

行　次	项　目	税收金额	纳税调整金额
		1	2
1	一、视同销售（营业）收入		
8	（七）用于对外投资项目视同销售收入	80 000	80 000
11	二、视同销售（营业）成本		
18	（七）用于对外投资项目视同销售成本	60 000	60 000

3. 固定资产的盘亏与报废

财税〔2009〕57 号规定，对企业盘亏的固定资产，以该固定资产的账面净值减除责任人赔偿后的余额，作为固定资产盘亏损失在计算应纳税所得额时扣除；对企业毁损、报废的固定资产，以该固定资产的账面净值减除残值、保险赔款和责任人赔偿后的余额，作为固定资产毁损、报废损失在计算应纳税所得额时扣除；对企业被盗的固定资产，以该固定资产的账面净值减除保险赔款和责任人赔偿后的余额，作为固定资产被盗损失在计算应纳税所得额时扣除。

对固定资产盘亏、毁损、报废而造成的净损失，会计将财产损失计入“营业外支出”账户，作为会计利润的抵减项。

【例 6-11】2017 年年末盘点，东风公司盘亏一批运输卡车，原价 150 万元，已提折旧 50 万元，经董事会决议，由过失人赔偿 85 万元。

东风公司的会计处理如表 6-27 所示。

表 6-27　东风公司的会计处理

转销盘亏资产	收到过失人的赔款	结转净损失
借：待处理财产损益—— 待处理固定资产损益　1 000 000 　累计折旧　500 000 　贷：固定资产　1 500 000	借：银行存款　850 000 　贷：待处理财产损益—— 　待处理固定资产损益　850 000	借：营业外支出——固定资产盘亏 150 000 　贷：待处理财产损益—— 　待处理固定资产损益　150 000

4. 固定资产对外捐赠

企业将自产、委托加工的产成品和外购的固定资产用于捐赠，将捐赠资产的账面价值及应缴纳的流转税等相关费用，借记“营业外支出”账户；按捐出资产已计提的减值准备，借记“固定资产减值准备”账户；按捐出资产的账面余额，贷记“固定资产”账户；按捐出资产涉及的应缴纳的增值税、消费税及相关税费，贷记“应交税费”等账户。涉及捐出固定资产的，通过“固定资产清理”账户，对捐出固定资产的账面价值、发生的清理费用及应缴纳的相关税费等通过“固定资产清理”账户的余额转入“营业外支出”账户。

【例 6-12】2017 年 2 月 18 日，润泽公司将购入的一台挖掘机直接捐往灾区，该设备原值 70 万元，已提折旧 30 万元，发生减值准备 10 万元，发生清理费用 1 万元。该挖掘机的市场公允价值是 40 万元，捐赠中无其他相关税费。若润泽公司年末利润总额为 1 000 万元，无其他纳税调整事项，所得税税率为 25%。

润泽公司的会计处理为：

借：固定资产清理　300 000
　　固定资产减值准备　100 000
　　累计折旧　300 000
　贷：固定资产　700 000

支付清理费时：

借：固定资产清理　10 000
　贷：银行存款　10 000

将固定资产清理转入营业外支出：

借：营业外支出　310 000
　贷：固定资产清理　310 000

上述业务，属于国税函〔2008〕第 828 号规定的视同销售，而会计处理没有确认收入，两者存在税会差异，润泽公司纳税申报时需要纳税调整处理，填制《视同销售和房地产开发企业特定业务纳税调整明细表（A105010）》（见表 6-28）和《捐赠支出纳税调整明细表（A105070）》（见表 6-29）。

表 6-28　视同销售和房地产开发企业特定业务纳税调整明细表（A105010）

行　次	项　目	税收金额	纳税调整金额
		1	2
1	一、视同销售（营业）收入		
7	（六）用于对外捐赠视同销售收入	400 000	400 000
11	二、视同销售（营业）成本		
17	（六）用于对外捐赠视同销售成本	310 000	310 000

表 6-29　捐赠支出纳税调整明细表（A105070）

行次	项　目	账载金额	以前年度结转可扣除的捐赠额	按税收规定计算的扣除限额	税收金额	纳税调增金额	纳税调减金额	可结转以后年度扣除的捐赠额
		1	2	3	4	5	6	7
1	一、非公益性捐赠	310 000	*	*	*	310 000	*	*

视同销售产生的纳税调整金额=40-（70-30-10）-1=9（万元）

因为直接向灾区的捐赠不得扣除，所以对外捐赠产生的纳税调整金额为 31 万元，因捐赠业务产生的纳税调整金额为 40 万元（9 +31）。

润泽公司 2017 年应纳所得税额=（1 000+40）×25% =260（万元）

借：所得税费用　　　　2 600 000

　贷：应交税费——应交所得税　　　　2 600 000

由此可以看出，捐赠必须是符合所得税法规定的公益性捐赠才可以按年度会计利润总额的 12%以内准予扣除，否则一律不得扣除，要调整应纳税所得额。

5. 固定资产损失的税务处理

固定资产损失属于固定资产达到或超过使用年限而正常报废清理的损失，企业可以填报《资产损失税前扣除及纳税调整明细表》（A105090）第 4 行；固定资产损失属于专项申报的资产损失，需要在第 11 行填报。具体填报如表 6-30 所示。

表 6-30　资产损失税前扣除及纳税调整明细表（A105090）

行次	项　目	资产损失的账载金额	资产处置收入	赔偿收入	资产计税基础	资产损失的税收金额	纳税调整金额
		1	2	3	4	5（4-2-3）	6（1-5）
4	（三）固定资产达到或超过使用年限而正常报废清理的损失						
11	（二）非货币资产损失						

6.3.2 工程物资转存货的税会处理

在会计实务中，企业自营方式建造固定资产，工程完工后剩余的工程物资，如转作本企业存货，按其实际成本或计划成本转作企业的存货；若增值税专用发票上注明的增值税进项税额的 40%的部分已记入待抵扣进项税额，且仍未进行抵扣，则将其记入“应交税费——应交增值税（进项税额）”账户。

【例 6-13】大华有限公司拟自行改扩建一个生产车间，2017 年 1 月，为此购入工程物资一批，价款为 300 000 元，适用的增值税税率为 17%，支付的增值税进项税额为 51 000 元，款项通过银行存款支付。1—4 月，工程先后领用工程物资 200 000 元（不含增值税额）；剩余工程物资转为该公司的存货，假定不考虑其他相关税费。

根据上述资料，大华公司的会计处理如下：

（1）购入为工程准备的物资。

借：工程物资	300 000	
应交税费——应交增值税（进项税额）	30 600	
——待抵扣进项税额	20 400	
贷：银行存款		351 000

（2）工程领用物资。

借：在建工程	200 000	
贷：工程物资		200 000

（3）剩余工程物资转作存货，做相应的处理。

借：原材料	100 000	
应交税费——应交增值税（进项税额）	20 400	
贷：工程物资		100 000
应交税费——待抵扣进项税额		20 400

6.3.3 出租不动产异地预缴增值税的税会处理

《财政部 国家税务总局关于全面推开营业税改征增值税试点的通知》（财税〔2016〕36 号）规定，不动产租赁包括不动产经营租赁和不动产融资租赁，其中不动产经营租赁包括将建筑物、构筑物等不动产的广告位出租，以及纳税人提供的车辆停放服务、道路通行服务（包括过路费、过桥费、过闸费等）等。不动产租赁服务，按 11%的税率缴纳增值税。《国家税务总局关于发布纳税人提供不动产经营租赁服务增值税征收管理暂行办法的公告》（国税〔2016〕16 号）规定，纳税人以经营租赁方式出租其取得的不动产，适用于异地预缴增值税。下面主要从预缴增值税的范围、税率、计算方法、纳税申报和税会差异等方面进行介绍。

1. 预缴增值税的范围

纳税人以经营租赁方式出租其取得的不动产（包括以直接购买、接受捐赠、接受投资入股、自建以及抵债等各种形式），不动产所在地与机构所在地不在同一县（市、区）的，纳税人应向不动产所在地主管国税机关按照征收率预缴税款，向机构所在地主管国税机关申报纳税。不动产所在地与机构所在地在同一县（市、区）的，纳税人向机构所在地主管国税机关申报纳税。

由于道路通行服务对应的标的资产，通常会跨若干个行政区域，其所在地的县（市、区）难以准确界定，因此国税〔2016〕16 号第二条规定，纳税人提供的道路通行服务不适用预缴增值税政策，发生纳税义务直接在机构所在地主管国税机关申报纳税。

国税〔2016〕16 号第五条规定，纳税人出租的不动产所在地与其机构所在地在同一直辖市或计划单列市但不在同一县（市、区）的，由直辖市或计划单列市国家税务局决定是否在不动产所在地预缴税款。换言之，注册地在北京、上海、天津、重庆以及大连、青岛、深圳、宁波、厦门等九个城市的单位和个体工商户，出租坐落地与注册地同市不同县（市、区）的不动产，是否需要预缴由所在直辖市或者计划单列市国家税务局决定。

2. 预缴增值税的税率

（1）一般纳税人。一般纳税人出租其 2016 年 4 月 30 日前取得的不动产，可以选择适用简易计税方法，按照 5%的征收率计算应纳税额；出租其 2016 年 5 月 1 日后取得的不动产，适用一般计税方法计税，适用税率 11%。

（2）小规模纳税人。单位和个体工商户出租不动产（不含个体工商户出租住房），按照 5%的征收率计算应纳税额；个体工商户出租住房，按照 5%的征收率减按 1.5%计算应纳税额；其他个人出租不动产（不含住房），按照 5%的征收率计算应纳税额；其他个人出租住房，按照 5%的征收率减按 1.5%计算应纳税额。

3. 预缴增值税的计算

（1）纳税人适用一般计税方法计税的，预缴增值税按下式计算：

$$应预缴增值税=含税销售额\div(1+11\%)\times3\%$$

（2）纳税人适用简易计税方法的，除个人出租住房外，预缴增值税按下式计算：

$$应预缴增值税=预收款\div(1+5\%)\times5\%$$

（3）个体工商户出租住房，预缴增值税按下式计算：

$$应预缴增值税=预收款\div(1+5\%)\times1.5\%$$

4. 根据预缴增值税计算城市维护建设税和教育费附加

《财政部 国家税务总局关于纳税人异地预缴增值税有关城市维护建设税和教育费附加政策问题的通知》(财税〔2016〕74 号)的规定，纳税人在预缴增值税款时，应以实际缴纳的增值税为计税依据，按机构所在地的城市维护建设税适用税率和教育费附加征收率就地计算缴纳城市维护建设税和教育费附加。不动产机构所在地在市区的，城建税税率为7%；所在地在县城、镇的，城建税税率为 5%；所在地不在市区、县城或镇的，城建税税率为 1%。教育费附加和地方教育费附加征收率全国统一为 3%和 2%。

5. 预缴增值税的申报和预缴

国税〔2016〕16 号规定，单位和个体工商户出租不动产，在向不动产所在地主管国税机关预缴税款时，应填写《增值税预缴税款表》，如表 6-31 所示。

表 6-31 增值税预缴税款表

项目编号			项目名称		
项目地址					
预征项目和栏次		销售额	扣除金额	预征率	预征税额
		1	2	3	4
建筑服务	1				
销售不动产	2				
出租不动产	3				
	4				
	5				
合计	6				

纳税人出租不动产需要预缴税款的，应在取得租金的次月纳税申报期或不动产所在地主管国税机关核定的纳税期限预缴税款。因此，一般纳税人当月取得租金的，应在次月申报期预缴税款。需要注意的是，公告在界定纳税人预缴税款的时间时，是以“取得租金”为参照时点的，体现的是收付实现制概念，因此，只要没有取得租金，哪怕已经发生纳税义务，也无须预缴税款。

纳税人按照规定应向不动产所在地主管国税机关预缴税款而自应当预缴之月起超过 6 个月没有预缴税款的，由机构所在地主管国税机关按照《中华人民共和国税收征收管理法》及相关规定进行处理。

【例 6-14】建威公司为一般纳税人，注册地位于北京市朝阳区。该公司在上海市静安区拥有一处不动产，该不动产于 2016 年 3 月 21 日购置。2017 年 10 月建威公司将该不动产对外出租，选用简易计税方法计税，并已向朝阳区主管国税机关履行计税方法备案手续。10 月 15 日取得季付租金 378 万元，同日向承租方开具增值税专用发票，金额 360 万元，税额 18 万元。不考虑该公司其他业务，以及该不动产处置业务除增值税及其附加税费之外的其他税费。

税务处理如下：

（1）2017 年 10 月 15 日取得租金，发生纳税义务，应在 11 月中报期向静安区主管国税机关预缴增值税，填报《增值税预缴税款表》，携带该不动产租赁业务的合同原件及复印件，并取得完税凭证。纳税人异地不动产转让和租赁业务不适用外出经营活动税收管理相关制度规定，企业外出开展不动产转让和租赁业务不再需要开具外管证和进行报验登记。

应预缴增值税=378÷（1+5%）×5%=18（万元）

应预缴城建税=18×7%=1.26（万元）

应预缴教育费附加=18×3%=0.54（万元）

应预缴地方教育费附加=18×2%=0.36（万元）

（2）11 月申报期填报增值税申报表，附列资料（一）第 9b 行第 1 列填写 378 万元，第 2 列填写 18 万元；附列资料（四）的第 5 行第 2、3、4 列填写 18 万元；主表第 5 行填写 360 万元，第 21 行和第 28 行填写 18 万元；第 34 行自动计算为零。

会计处理如下：

（1）预缴增值税及其附加时，凭完税凭证等。

借：应交税费——预交增值税　　180 000
　　　　　　——应交城建税　　12 600
　　　　　　——应交教育费附加　　5 400
　　　　　　——应交地方教育费附加　　3 600
　贷：银行存款　　201 600

（2）收取租金，凭入账单等原始凭证。

借：银行存款　　3 780 000
　贷：预收账款　　3 780 000

（3）确认纳税义务。

借：应交税费——待转销项税额　　180 000
　贷：应交税费——简易计税　　180 000

（4）本季度各月确认收入。

借：预收账款　　1 260 000（3 780 000÷3）
　贷：其他业务收入　　1 200 000（3 600 000÷3）
　　　应交税费——待转销项税额　　60 000（180 000÷3）

（5）月末结转应纳税额。

借：应交税费——简易计税　　180 000
　贷：应交税费——未交增值税　　180 000

（6）预缴税款抵减应纳税额。

借：应交税费——未交增值税　　180 000

贷：应交税费——预交增值税　　　　180 000

（7）资产负债表日结转已交附加税。

借：税金及附加　　　　21 600

贷：应交税费——应交城建税　　　　12 600

——应交教育费附加　　　　5 400

——应交地方教育费附加　　　　3 600

通过上述处理，建威公司纳税申报表上反映了其异地出租不动产业务 10 月份发生纳税义务 18 万元，已于当期在不动产所在地上海市静安区国税机关完税，机构所在地朝阳区国税机关应补税额为零。会计收入按照权责发生制的原则进行确认为每月 120 万元。税务与会计由于收付实现制和权责发生制导致的口径上的差异，通过“应交税费——待转销项税额”账户进行调整。

第 7 章

无形资产的税会差异

无形资产，是指企业拥有或者控制的没有实物形态的可辨认非货币性资产。无形资产的税会差异主要体现在取得无形资产、持有无形资产和处置无形资产等业务中。本章主要介绍这些业务的税会差异、纳税调整处理和纳税申报表的填制。

7.1 取得无形资产的税会差异

本节主要介绍通过外购、投资者投入、接受捐赠、自行研发等方式取得无形资产的税会差异。非货币性资产交换、债务重组取得无形资产的税会差异、纳税调整处理及纳税申报表的填制，请参见第 11 章和第 12 章。

7.1.1 无形资产确认的税会差异

会计准则与所得税法在无形资产确认方面存在的差异，如表 7-1 所示。

表 7-1 无形资产确认的税会差异

会计处理	税务处理	差　异
无形资产同时满足下列条件的，才能予以确认： （1）与该无形资产有关的经济利益很可能流入企业； （2）该无形资产的成本能够可靠地计量	企业为生产产品、提供劳务、出租或者经营管理而持有的、没有实物形态的非货币性长期资产，包括专利权、商标权、著作权、土地使用权、非专利技术、商誉等	一是土地使用权。会计准则规定，企业取得的土地使用权确认为无形资产，但如果改变土地用途，用于赚取租金或者资本增值的，将其作为投资性房地产处理。所得税法没有将土地使用权分别归属于无形资产和投资性房地产，企业将取得的土地使用权作为无形资产处理。 二是商誉。会计准则将商誉作为独立于无形资产的单独一类资产进行确认、计量和报告，而所得税法将商誉作为无形资产的一部分进行处理

7.1.2 外购、投资者投入、接受捐赠无形资产的税会差异

会计准则规定无形资产按照成本进行初始计量。除内部开发无形资产外，以其他方式取得的无形资产的计税基础一般等于账面价值。

会计准则规定，投资者投入的无形资产，按投资合同或协议约定的价值入账，如合同或协议约定价值不公允，则按公允价值确定。

通过接受捐赠取得的无形资产以该资产的公允价值和支付的相关税费为计税基础。

外购无形资产的税会差异如表 7-2 所示。

表 7-2 外购无形资产的税会差异

会计处理	税务处理	差 异
购买无形资产的价款超过正常信用条件延期支付，实质上具有融资性质的，无形资产的成本以购买价款的现值为基础确定。实际支付的价款与购买价款的现值之间的差额，除按照《企业会计准则第 17 号——借款费用》应予资本化的以外，应当在信用期间内计入当期损益	以购买价款和支付的相关税费以及直接归属于使该资产达到预定用途发生的其他支出为计税基础	会计准则规定无形资产的初始成本中含有购买无形资产的价款超过正常信用条件延期支付，无形资产的成本以购买价款的现值为基础确定，实际支付的价款与购买价款的现值之间的差额，应予资本化的以外，在信用期间内计入当期损益。因此，实际支付的价款不一定全部作为无形资产的成本。所得税法规定无形资产初始成本按照实际支付的金额来计价，购买无形资产的价款无须折现，购买无形资产时会计计入当期损益的利息不允许在税前扣除

【例 7-1】假设华飞公司 2017 年 1 月 1 日通过延期支付方式取得一项专利权，该项专利权的购买成本为 2 400 000 元。华飞公司因延期支付款项而需要支付的费用是 600 000 元，其中，2017 年需要负担 240 000 元。该项资产采用直线法摊销，会计准则和所得税法规定的摊销年限为 5 年。

根据上述资料，2017 年 1 月 1 日，无形资产在税法上的入账价值为 3 000 000 元，在会计上的入账价值为 2 400 000 元。2017 年 1 月 1 日，会计上确认的 240 000 元的未确认融资费用，税法上不准予以扣除，只有在实际支付该笔费用时，税法才予以扣除。2017 年会计上确认的无形资产的累计摊销额为 480 000 元，税法上确认的无形资产的累计摊销额为 600 000 元，应纳税所得额需调增 120 000 元。

【例 7-2】华瑞公司计划外购一项技术，若现在支付价款，价款和相关税费为 1 000 万元，若延期一年支付，价款和相关税费为 1 200 万元，延期支付的价差有 100 万元可以资本化，无形资产采用直线法摊销，会计准则和所得税法规定的摊销年限均为 5 年。

华瑞公司的会计处理与税务处理如表 7-3 所示。

表 7-3　华瑞公司的会计处理与税务处理

项　目	会计处理	税务处理	差　异
现在支付价款	每年计入当期损益为=200 万元（1 000÷5）	允许扣除的费用每年也为 200 万元	没有差异
延期一年支付	在第 1 年将不能资本化的延期支付价差 100 万元计入损益，其余 1 100 万元计入无形资产。 每年计入成本费用依次为 320 万元、220 万元、220 万元、220 万元、220 万元	将实际支付的价款 1 200 万元作为此无形资产的价值允许扣除的费用，每年为 240 万元（1 200÷5）	延期支付价款与现在支付价款相比，延期支付共计获得抵税收益 50 万元［（240–200）×5×25%］，获得推迟支付 1 000 万元资金的利益，但多支付 200 万元的价款

根据《小企业会计准则》，小企业分期付款购入的无形资产，按照合同约定的付款总额和在签订合同过程中发生的相关税费等，借记“无形资产”账户，贷记“长期应付款”等账户。这与所得税法的规定是一致的，所以不存在税会差异，无须做纳税调整处理。

7.1.3　自行研发无形资产的税会差异

无论是会计准则，还是所得税法，都将研发费用列入重点规范的对象，这充分体现了我国现阶段对企业创新和技术创新的鼓励政策。表 7-4 列示了会计准则与所得税法关于企业研究开发支出的一些规定。

表 7-4　研究开发支出的税务处理与会计处理

会计处理			税务处理
无法区分研究开发阶段	研究阶段	开发阶段	
将其发生的研发支出全部费用化，计入当期管理费用；同时从事多项研究开发活动的，所发生的支出能够按照合理的标准在各项研究开发活动之间进行分配，研发支出无法明确分配的，计入当期损益，不计入开发活动的成本	从已经进行的研究活动看，将来是否会转入开发、开发后是否会形成无形资产等具有较大的不确定性。企业研究阶段的支出全部费用化，计入当期管理费用	企业内部开发项目发生的开发支出，在同时满足下列条件时，才能确认为无形资产： （1）完成该无形资产以使其能够使用或出售在技术上具有可行性； （2）企业应能够说明其开发无形资产的目的； （3）无形资产能够为企业带来未来经济利益； （4）有足够的技术、财务资源和其他资源支持，以完成该无形资产的开发，并有能力使用或出售该无形资产； （5）归属于该无形资产开发阶段的支出能够可靠地计量，企业对于研究开发的支出，单独进行会计处理	以开发过程中该资产符合资本化条件后至达到预定用途前发生的支出为计税基础

财政部、国家税务总局、科学技术部印发了《关于完善研究开发费用税前加计扣除政策的通知》(财税〔2015〕119号)和《关于提高科技型中小企业研究开发费用税前加计扣除比例的通知》(财税〔2017〕34号),对研发费加计扣除政策进行了详细的规定。

1. 研发活动的定义

研发活动,是指企业为获得科学与技术新知识,创造性运用科学技术新知识,或实质性改进技术、产品(服务)、工艺而持续进行的具有明确目标的系统性活动。

企业为获得创新性、创意性、突破性的产品进行创意设计活动而发生的相关费用,可按照财税〔2015〕119 号规定进行税前加计扣除。创意设计活动是指多媒体软件、动漫游戏软件开发,数字动漫、游戏设计制作;房屋建筑工程设计(绿色建筑评价标准为三星)、风景园林工程专项设计;工业设计、多媒体设计、动漫及衍生产品设计、模型设计等。

2. 允许加计扣除的研发费用的具体范围

(1)人员人工费用。直接从事研发活动人员的工资薪金、基本养老保险费、基本医疗保险费、失业保险费、工伤保险费、生育保险费和住房公积金,以及外聘研发人员的劳务费用。

(2)直接投入费用。研发活动直接消耗的材料、燃料和动力费用;用于中间试验和产品试制的模具、工艺装备开发及制造费,不构成固定资产的样品、样机及一般测试手段购置费,试制产品的检验费;用于研发活动的仪器、设备的运行维护、调整、检验、维修等费用,以及通过经营租赁方式租入的用于研发活动的仪器、设备租赁费。

(3)折旧费用。用于研发活动的仪器、设备的折旧费。

(4)无形资产摊销。用于研发活动的软件、专利权、非专利技术(包括许可证、专有技术、设计和计算方法等)的摊销费用。

(5)新产品设计费等。包括新产品设计费、新工艺规程制定费、新药研制的临床试验费、勘探开发技术的现场试验费。

(6)其他相关费用。与研发活动直接相关的其他费用,如技术图书资料费、资料翻译费、专家咨询费、高新科技研发保险费,研发成果的检索、分析、评议、论证、鉴定、评审、评估、验收费用,知识产权的申请费、注册费、代理费,职工福利费、补充养老保险费、补充医疗保险费,差旅费、会议费等。此项费用总额不得超过可加计扣除研发费用总额的10%。

对于研发费用明细的填列,需要填报三级附表《研发费用加计扣除优惠明细表》(A107012)的第3~35行,如表7-5所示。

表 7-5　研发费用加计扣除优惠明细表　（A107012）

研发活动费用明细		
3	一、自主研发、合作研发、集中研发（4+8+17+20+24+35）	
4	（一）人员人工费用（5+6+7）	
5	1．直接从事研发活动人员工资薪金	
6	2．直接从事研发活动人员五险一金	
7	3．外聘研发人员的劳务费用	
8	（二）直接投入费用（9+10+…+16）	
9	1．研发活动直接消耗材料	
10	2．研发活动直接消耗燃料	
11	3．研发活动直接消耗动力费用	
12	4．用于中间试验和产品试制的模具、工艺装备开发及制造费	
13	5．用于不构成固定资产的样品、样机及一般测试手段购置费	
14	6．用于试制产品的检验费	
15	7．用于研发活动的仪器、设备的运行维护、调整、检验、维修等费用	
16	8．通过经营租赁方式租入的用于研发活动的仪器、设备租赁费	
17	（三）折旧费用（18+19）	
18	1．用于研发活动的仪器的折旧费	
19	2．用于研发活动的设备的折旧费	
20	（四）无形资产摊销（21+22+23）	
21	1．用于研发活动的软件的摊销费用	
22	2．用于研发活动的专利权的摊销费用	
23	3．用于研发活动的非专利技术（包括许可证、专有技术、设计和计算方法等）的摊销费用	
24	（五）新产品设计费等（25+26+27+28）	
25	1．新产品设计费	
26	2．新工艺规程制定费	
27	3．新药研制的临床试验费	
28	4．勘探开发技术的现场试验费	
29	（六）其他相关费用（30+31+32+33+34）	
30	1．技术图书资料费、资料翻译费、专家咨询费、高新科技研发保险费	
31	2．研发成果的检索、分析、评议、论证、鉴定、评审、评估、验收费用	
32	3．知识产权的申请费、注册费、代理费	
33	4．职工福利费、补充养老保险费、补充医疗保险费	
34	5．差旅费、会议费	
35	（七）经限额调整后的其他相关费用	

《国家税务总局关于企业研究开发费用税前加计扣除政策有关问题的公告》(国家税务总局公告2015年第97号)规定，企业取得作为不征税收入处理的财政性资金用于研发活动所形成的费用或无形资产，不得计算加计扣除额。国家税务总局发布的《关于研发费用税前加计扣除归集范围有关问题的公告》(国税〔2017〕40号)规定，企业取得的政府补助，会计处理时采用直接冲减研发费用方法且税务处理时未将其确认为应税收入的，应按冲减后的余额计算加计扣除金额。

3. 不能享受研发费用加计扣除的行业和活动

(1)不能享受研发费用加计扣除的行业，包括烟草制造业、住宿和餐饮业、批发和零售业、房地产业、租赁和商务服务业、娱乐业以及财政部和国家税务总局规定的其他行业。

(2)不能享受研发费用加计扣除的活动，包括：

1)企业产品(服务)的常规性升级。

2)对某项科研成果的直接应用，如直接采用公开的新工艺、材料、装置、产品、服务或知识等。

3)企业在商品化后为顾客提供的技术支持活动。

4)对现存产品、服务、技术、材料或工艺流程进行的重复或简单改变。

5)市场调查研究、效率调查或管理研究。

6)作为工业(服务)流程环节或常规的质量控制、测试分析、维修维护。

7)社会科学、艺术或人文学方面的研究。

4. 委托研发

企业委托外部机构或个人进行研发活动所发生的费用，按照费用实际发生额的80%计入委托方研发费用并计算加计扣除，受托方不得再进行加计扣除。委托外部研究开发费用实际发生额应按照独立交易原则确定。

委托方与受托方存在关联关系的，受托方应向委托方提供研发项目费用支出明细情况。

企业委托境外机构或个人进行研发活动所发生的费用，不得加计扣除。

对于委托研发的填列，需要填报三级附表《研发费用加计扣除优惠明细表》(A107012)的第36~38行，如表7-6所示。

表7-6 研发费用加计扣除优惠明细表(A107012)

36	二、委托研发[(37–38)×80%]	
37	委托外部机构或个人进行研发活动所发生的费用	
38	其中：委托境外进行研发活动所发生的费用	

5. 特殊收入部分

企业取得研发过程中形成的下脚料、残次品、中间试制品等特殊收入，在计算确认收入当年的加计扣除研发费用时，应从已归集研发费用中扣减该特殊收入，不足扣减的，加计扣除研发费用按零计算。

对于特殊收入部分的填列，需要填报三级附表《研发费用加计扣除优惠明细表》（A107012）的第 45 行，如表 7-7 所示。

表 7-7　研发费用加计扣除优惠明细表（A107012）

研发活动费用明细		
44	六、允许扣除的研发费用合计（40+42+43）	
45	减：特殊收入部分	
46	七、允许扣除的研发费用抵减特殊收入后的金额（44-45）	

6. 税前加计扣除比例的规定

企业开展研发活动中实际发生的研发费用，未形成无形资产计入当期损益的，在按规定据实扣除的基础上，按照本年度实际发生额的 50%，从本年度应纳税所得额中扣除；形成无形资产的，按照无形资产成本的 150%在税前摊销。

科技型中小企业开展研发活动中实际发生的研发费用，未形成无形资产计入当期损益的，在按规定据实扣除的基础上，在 2017 年 1 月 1 日至 2019 年 12 月 31 日期间，再按照实际发生额的 75%在税前加计扣除；形成无形资产的，在上述期间按照无形资产成本的 175%在税前摊销。

对于税前加计扣除比例的填列，需要填报三级附表《研发费用加计扣除优惠明细表》（A107012）的第 49 行，如表 7-8 所示。

表 7-8　研发费用加计扣除优惠明细表（A107012）

研发活动费用明细		
49	八、加计扣除比例	

【例 7-3】开利公司 2017 年的研究开发支出为 1 000 万元，2018 年新的研究开发项目支出为 1 200 万元（其中研究阶段支出 200 万元，开发阶段支出 1 000 万元），新研究开发项目于 2018 年 12 月 26 日达到预定用途。2018 年没扣除研究开发支出的税前利润为 2 000 万元，无其他纳税调整项目。

开利公司的会计处理与税务处理如表 7-9 所示。

表 7-9 开利公司的会计处理与税务处理

会计处理	税务处理
2018 年新项目研发支出归集： 借：研发支出——费用化支出 2 000 000 ——资本化支出 10 000 000 贷：原材料、银行存款、应付职工薪酬等 12 000 000 12 月 26 日新项目达到预定用途： 借：无形资产 10 000 000 贷：研发支出——资本化支出 10 000 000 借：管理费用 2 000 000 贷：研发支出——费用化支出 2 000 000	2018 年可在税前加计扣除的研发费=1 200×50%= 600（万元） 利润总额=2 000–200=1 800（万元） 应纳税所得额=2 000–1 200–600=200（万元） 应纳所得税额=200×25%=50（万元） 年末无形资产的账面价值为 1 000 万元，计税基础为零，差额 1 000 万元为应纳税暂时性差异，应确认递延所得税负债 250 万元（1 000×25%）。 会计处理为： 借：所得税费用 3 000 000 贷：应交税费——应交所得税 500 000 递延所得税负债 2 500 000

【例 7-4】2017 年 1 月 1 日，京智公司的董事会批准研发某项新型技术。该董事会认为，研发该项目具有可靠的技术和财务等资源的支持，并且一旦研发成功将降低该公司的生产成本。该公司在研究开发过程中发生材料费用 60 万元、人工费用 30 万元、使用其他无形资产的摊销费用 5 万元（会计摊销与税法扣除额一致）以及其他费用 20 万元，总计 115 万元，其中，符合资本化条件的支出为 50 万元。2017 年 12 月 31 日，该项新型技术已经达到预定用途。

京智公司的税会处理如下：

（1）发生研发支出。

借：研发支出——费用化支出 650 000

——资本化支出 500 000

贷：原材料 600 000

应付职工薪酬 300 000

银行存款 200 000

累计摊销 50 000

（2）2017 年 12 月 31 日，该项新型技术已经达到预定用途。

借：管理费用 650 000

无形资产 500 000

贷：研发支出——费用化支出 650 000

——资本化支出 500 000

税务处理：本期费用化金额 65 万元，允许据实扣除，同时纳税调减 32.5 万元（65×50%）。无形资产的账面价值为 50 万元，而计税基础为 75 万元（50×150%）。此差异对所得税影响计入各年度所得税费用，而不通过“递延所得税资产”账户进行会计处理。

所得税法规定，在计算应纳税所得额时，企业会计处理方法与税收法律、行政法规的规定不一致的，依照税收法律、行政法规的规定计算；2007 年版《企业财务通则》也规定，企业会计处理与税收法律、行政法规规定不一致的，纳税时依法进行调整。因此，企业按照会计准则的规定进行会计处理，如实计算其财务状况和经营成果；按照税收法律、行政法规的规定进行税务处理，如实计算应纳税所得额，及时足额缴纳税款。

企业在会计处理的利润总额基础上，根据税收规定对会计与税收的差异进行调整，从而正确计算应纳税所得额和应纳税额。当然，在所得税法没有相关规定的情况下，计算应纳税所得额和应纳税额时，按照会计规定执行。

【例 7-5】 2017 年，苏惠公司自主开发一项新技术，研究开发项目人员工资、材料费等费用支出（不含研发设备支出）为 2 000 万元，其中研究阶段支出为 1 000 万元，开发阶段支出 1 000 万元（满足资本化条件）。公司另购入一台单价 280 万元的设备用于研究开发，预计使用年限为 5 年，假设无残值。

苏惠公司的会计处理与税务处理如表 7-10 所示。

表 7-10　苏惠公司的会计处理与税务处理

会计处理	税务处理
将 1 000 万元费用化计入管理费用，1 000 万元资本化计入无形资产。假设无形资产使用寿命为 10 年，采用直线法摊销，不考虑残值，则本期摊销无形资产 100 万元（1 000÷10），计提折旧 56 万元（280÷5）	允许扣除的当期费用为 3 420 万元［2 000×（1+50%）+280×（1+50%）］，从而造成本期所得税影响为 566 万元［（3 420–1 000–100–56）×25%］。以后年度，若购置的设备和开发的技术不转让，则资本化计入无形资产的开发支出摊余价值 900 万元（1 000–100），每年应纳税所得额调增 100 万元，资本化计入固定资产的设备支出折余价值 224 万元（280–56），每年应纳税所得额调增 56 万元

在纳税申报时，先填报三级附表《研发费用加计扣除优惠明细表》（A107012），如表 7-11 所示，然后填报二级附表《免税、减计收入及加计扣除优惠明细表》（A107010），如表 7-12 所示。

表 7-11　研发费用加计扣除优惠明细表（A107012）

基本信息			
1	□一般企业　　□科技型中小企业	科技型中小企业登记编号	
2	本年可享受研发费用加计扣除项目数量		
研发活动费用明细			
3	一、自主研发、合作研发、集中研发（4+8+17+20+24+35）		
4	（一）人员人工费用（5+6+7）		
5	1. 直接从事研发活动人员工资薪金		

续表

基本信息		
6	2．直接从事研发活动人员五险一金	
7	3．外聘研发人员的劳务费用	
8	（二）直接投入费用（9+10+…+16）	
9	1．研发活动直接消耗材料	
10	2．研发活动直接消耗燃料	
11	3．研发活动直接消耗动力费用	
12	4．用于中间试验和产品试制的模具、工艺装备开发及制造费	
13	5．用于不构成固定资产的样品、样机及一般测试手段购置费	
14	6．用于试制产品的检验费	
15	7．用于研发活动的仪器、设备的运行维护、调整、检验、维修等费用	
16	8．通过经营租赁方式租入的用于研发活动的仪器、设备租赁费	
17	（三）折旧费用（18+19）	
18	1．用于研发活动的仪器的折旧费	
19	2．用于研发活动的设备的折旧费	
20	（四）无形资产摊销（21+22+23）	
21	1．用于研发活动的软件的摊销费用	
22	2．用于研发活动的专利权的摊销费用	
23	3．用于研发活动的非专利技术（包括许可证、专有技术、设计和计算方法等）的摊销费用	
24	（五）新产品设计费等（25+26+27+28）	
25	1．新产品设计费	
26	2．新工艺规程制定费	
27	3．新药研制的临床试验费	
28	4．勘探开发技术的现场试验费	
29	（六）其他相关费用（30+31+32+33+34）	
30	1．技术图书资料费、资料翻译费、专家咨询费、高新科技研发保险费	
31	2．研发成果的检索、分析、评议、论证、鉴定、评审、评估、验收费用	
32	3．知识产权的申请费、注册费、代理费	
33	4．职工福利费、补充养老保险费、补充医疗保险费	
34	5．差旅费、会议费	
35	（七）经限额调整后的其他相关费用	
36	二、委托研发[（37-38）×80%]	
37	委托外部机构或个人进行研发活动所发生的费用	
38	其中：委托境外进行研发活动所发生的费用	
39	三、年度研发费用小计（3+36）	

续表

基本信息		
40	（一）本年费用化金额	
41	（二）本年资本化金额	
42	四、本年形成无形资产摊销额	
43	五、以前年度形成无形资产本年摊销额	
44	六、允许扣除的研发费用合计（40+42+43）	
45	减：特殊收入部分	
46	七、允许扣除的研发费用抵减特殊收入后的金额（44–45）	
47	减：当年销售研发活动直接形成产品（包括组成部分）对应的材料部分	
48	减：以前年度销售研发活动直接形成产品（包括组成部分）对应材料部分结转金额	
49	八、加计扣除比例	
50	九、本年研发费用加计扣除总额（46–47–48）×49	
51	十、销售研发活动直接形成产品（包括组成部分）对应材料部分结转以后年度扣减金额（当 46–47–48≥0，本行=0；当 46–47–48<0，本行=46–47–48 的绝对值）	

表 7-12　免税、减计收入及加计扣除优惠明细表（A107010）

行　次	项　目	金　额
26	（一）开发新技术、新产品、新工艺发生的研究开发费用加计扣除（填写 A107012）	

【例 7-6】广州通达公司 2017 年进行甲研发项目的研发工作，公司共投入 170 万元，其中直接消耗的材料费用 20 万元，直接从事研发活动人员工资薪金 60 万元，专门用于研发活动的仪器的折旧费 30 万元，专门用于研发活动的软件的摊销费用 20 万元，用于中间试验和产品试制的模具、工艺装备开发及制造费 40 万元。最终符合资本化条件的有 90 万元，其余 80 万元费用化处理。以前年度研发形成无形资产当年摊销额为 40 万元。研发形成的无形资产均按直线法 10 年摊销。

广州通达公司填报表 7-11 所示的《研发费用加计扣除优惠明细表》（A107012），过程如下。

（1）自主研发、合作研发、集中研发=85（万元）

第 3 行填报 1 700 000，第 4、5 行填报 200 000，第 8 行填报 600 000，第 9 行填报 200 000 万元，第 12 行填报 400 000，第 17、18 行填报 300 000，第 20、21 行填报 200 000。

（2）年度研发费用小计=170（万元），其中本年费用化金额 80 万元，本年资本化金额为 90 万元。

第 39 行填报 1 700 000，第 40 行填报 800 000，第 41 行填报 900 000。

（3）本年形成无形资产摊销额=90÷10=9（万元）

第 42 行填报 90 000，第 43 行填报 400 000。

（4）允许扣除的研发费用合计=本年费用化金额+本年形成无形资产摊销额+以前年度形成无形资产本年摊销额=80+9+40=129（万元），允许扣除的研发费用抵减特殊收入后的金额为129万元。

第44行填报1 290 000，第46行填报1 290 000。

（5）第49行加计扣除比例填报50%

（6）本年研发费用加计扣除总额=129×50%=64.5（万元）

7.2 持有无形资产的税会差异

持有无形资产的税会差异主要体现在无形资产摊销和无形资产减值准备等业务中。本节主要介绍这些税会差异、纳税调整处理及纳税申报表的填制。

7.2.1 无形资产摊销的税会差异

无形资产摊销的税会差异如表7-13所示。

表7-13 无形资产摊销的税会差异

项目	会计处理	税务处理	差　异
摊销方法	对于使用寿命有限的无形资产，选择的摊销方法包括直线法、生产总量法等。无形资产摊销方法的选择反映与该项无形资产有关经济利益的预期实现方式	采用直线法摊销，按照其他方法计算的摊销费用，要做纳税调整处理	会计准则规定的摊销方法一般为直线法，特殊无形资产的价值可以选择不同的摊销方法。所得税法规定只能采用直线法进行摊销
摊销金额	无形资产的应摊销金额为其成本扣除预计残值后的金额。已计提减值准备的无形资产，还应扣除已计提的无形资产减值准备累计金额。使用寿命有限的无形资产，其残值视为零，但下列情况除外： （1）有第三方承诺在无形资产使用寿命结束时购买该无形资产； （2）可以根据活跃市场得到预计残值信息，并且该市场在无形资产使用寿命结束时很可能存在	纳税人无形资产的应摊销金额为其计税成本。若纳税人该无形资产是外购的，则计税成本为买价加上购买过程中支付的相关税费，不包括购买无形资产的价款超过正常信用条件延期支付；若纳税人该无形资产是自行开发并依法取得的，按照开发并取得过程中的实际支出计价	会计准则规定无形资产的应摊销金额为其成本扣除预计残值和已计提的无形资产减值准备。所得税法规定不允许扣除已计提的减值准备。同时，由于二者在无形资产原值的确认上有不一致的地方，故二者计算出的摊销额有所不同
残值扣除	符合条件的可以扣除残值	不考虑残值	存在一定差异

续表

项目	会计处理	税务处理	差　异
摊销年限	自无形资产可供使用时起，至不再作为无形资产确认时止。如果有证据表明无形资产的使用寿命是有限的，估计其使用寿命，确定摊销年限	受让或投资的无形资产，法律和合同或者企业申请书分别规定有效期限和受益期限的，按法定有效期限与合同或企业申请书中规定的受益年限孰短原则摊销。法律没有规定使用年限的，按合同或企业申请书的受益年限摊销。法律和合同或者企业申请书没有规定使用年限的，或自行开发的无形资产，摊销期限不少于 10 年	会计准则规定使用寿命有限的无形资产以其使用年限为摊销年限。而所得税法规定得比较详细
摊销范围	使用寿命有限的无形资产，其应摊销金额在使用寿命内系统合理摊销。使用寿命不确定的无形资产不应摊销	无形资产（除外购商誉外）的价值在整个使用期（受益期）内逐渐摊入成本、费用，采用直线法计算摊销	对于使用寿命不确定的无形资产，税法可以按 10 年摊销在税前扣除，应当调减应纳税所得额，在以后转让、处置无形资产时，相应转回差异

如果存在无形资产摊销的纳税调整，企业需要填报《资产折旧、摊销情况及纳税调整明细表》（A105080），如表 7-14 所示。

表 7-14　资产折旧、摊销情况及纳税调整明细表（A105080）

行次	项　目	账载金额			税收金额					纳税调整金额
		资产原值	本年折旧、摊销额	累计折旧、摊销额	资产计税基础	税收折旧额	享受加速折旧政策的资产按税收一般规定计算的折旧、摊销额	加速折旧统计额	累计折旧、摊销额	
		1	2	3	4	5	6	7（5–6）	8	9（2–5）
21	三、无形资产（22+23+24+25+26+27+28+30）						*	*		
22	（一）专利权						*	*		
23	（二）商标权						*	*		
24	（三）著作权						*	*		
25	（四）土地使用权						*	*		
26	（五）非专利技术						*	*		

续表

行次	项　　目	账载金额			税收金额					纳税调整金额
		资产原值	本年折旧、摊销额	累计折旧、摊销额	资产计税基础	税收折旧额	享受加速折旧政策的资产按税收一般规定计算的折旧、摊销额	加速折旧统计额	累计折旧、摊销额	
		1	2	3	4	5	6	7（5–6）	8	9（2–5）
27	（六）特许权使用费						*	*		
28	（七）软件						*	*		
29	其中：享受企业外购软件加速摊销政策									*
30	（八）其他						*	*		

1. 无形资产摊销方法不同

【例 7-7】2017 年 1 月 1 日，华建公司与飞腾公司签订一项协议，从飞腾公司购买一项非专利技术，共支付 60 万元。该非专利技术预计尚可使用 5 年。公司采用年数总和法进行摊销（无残值）。

按照会计准则规定，该项无形资产每年的摊销额如下：

第一年的摊销额=60×5÷15=20（万元）

第二年的摊销额=60×4÷15=16（万元）

第三年的摊销额=60×3÷15=12（万元）

第四年的摊销额=60×2÷15=8（万元）

第五年的摊销额=60×1÷15=4（万元）

第一年的会计处理如下：

借：管理费用　　　　200 000

　贷：累计摊销　　　　200 000

以后各年会计处理与此相同，只是金额发生变化。

按照所得税法规定，该项无形资产每年的摊销额为 12 万元（60÷5）。

无形资产的摊销因会计上与税法上规定的不同而对损益和所得税的影响也不同，公司在汇算清缴时需做纳税调整处理。以第一年为例，会计上比税法上多摊销 8 万元（20–12），因此，华建公司需调增应纳税所得额 8 万元，如表 7-15 所示。

表 7-15　资产折旧、摊销情况及纳税调整明细表（A105080）

行次	项　目	账载金额			税收金额					纳税调整金额
		资产原值	本年折旧、摊销额	累计折旧、摊销额	资产计税基础	税收折旧额	享受加速折旧政策的资产按税收一般规定计算的折旧、摊销额	加速折旧统计额	累计折旧、摊销额	
		1	2	3	4	5	6	7（5–6）	8	9（2–5）
26	（五）非专利技术	600 000	200 000	200 000	600 000	120 000	*	*	120 000	80 000

假定该公司的所得税税率为 25%，且只有这一项纳税调整事项。因调增应纳税所得额，产生可抵扣暂时性差异，则会计处理为：

借：递延所得税资产　　　　　　　　　　　　　　20 000（80 000×25%）

　贷：应交税费——应交所得税　　　　　　　　　　20 000

第二年的纳税调整处理同上，只是金额发生变化。

第三年会计上与税法上规定的摊销额相同，都是 12 万元，不产生纳税调整事项。

第四、五年的摊销额会计上比税法上要少，因此需调减应纳税所得额。以第四年为例，会计上比税法上少摊销 4 万元，因此需调减应纳税所得额 4 万元，如表 7-16 所示。

表 7-16　资产折旧、摊销情况及纳税调整明细表（A105080）

行次	项　目	账载金额			税收金额					纳税调整金额
		资产原值	本年折旧、摊销额	累计折旧、摊销额	资产计税基础	税收折旧额	享受加速折旧政策的资产按税收一般规定计算的折旧、摊销额	加速折旧统计额	累计折旧、摊销额	
		1	2	3	4	5	6	7（5–6）	8	9（2–5）
26	（五）非专利技术	600 000	80 000	560 000	600 000	120 000	*	*	480 000	–40 000

因调减应纳税所得额，产生应纳税暂时性差异，则：

借：应交税费——应交所得税　　　　　　　　　　10 000（40 000×25%）

　贷：递延所得税负债　　　　　　　　　　　　　　10 000

第五年纳税调整处理同上，只是金额发生变化。

2. 无形资产摊销年限不同

【例 7-8】华建公司从外购买一项非专利技术，共支付 60 万元，预计尚可使用 6 年。该无形资产的使用会导致公司的经济利益预期均匀实现，因此公司采用直线法摊销。假定该公司的所得税税率为25%，无其他纳税调整事项。

按照会计准则规定，该项无形资产每年的摊销额为10万元（60÷6）。会计处理如下：

借：管理费用　　100 000

　贷：累计摊销　　100 000

按照所得税法规定，该项无形资产每年的摊销额为6万元（60÷10）。

由于税法上规定采用直线法摊销且摊销年限不得少于10年（按10年计算），与会计上的摊销年限不同，因此需调增应纳税所得额4万元（10–6）。因调增应纳税所得额，产生可抵扣暂时性差异，会计处理如下：

借：递延所得税资产　　10 000（40 000×25%）

　贷：应交税费——应交所得税　　10 000

关于土地使用权的摊销，《中华人民共和国城镇国有土地使用权出让和转让暂行条例》第十二条对土地使用权的出让最高年限做出了明确规定：

（1）居住用地使用年限70年。

（2）工业用地使用年限50年。

（3）教育、科技、文化、卫生、体育用地使用年限50年。

（4）商业、旅游、娱乐用地使用年限40年。

（5）综合或者其他用地使用年限50年。

3. 无形资产摊销方法和年限都不同

【例7-9】2017年1月1日，华建公司从飞腾公司购买一项专利技术，价款总额为100万元，款项已支付，预计尚可使用5年。公司采用双倍余额递减法进行摊销。假定该公司的所得税税率为25%，无其他纳税调整事项。

按照会计准则规定，该项无形资产每年的摊销额如下：

第一年的摊销额=100×2÷5=40（万元）

第二年的摊销额=60×2÷5=24（万元）

第三年的摊销额=36×2÷5=14.4（万元）

第四年的摊销额=第五年的摊销额=21.6÷2=10.8（万元）

第一年的会计处理如下：

借：管理费用　　400 000

　贷：累计摊销　　400 000

以后各年的会计处理与此相同，只是金额发生变化。

按照所得税法规定，无形资产按直线法摊销，且摊销年限不得少于10年，因此该项无形资产每年的摊销额为10万元（100÷10）。

税法的摊销方法和年限与会计规定的均不相同，使无形资产的摊销对损益和所得税的影响不同而产生差异，导致公司需要做纳税调整处理。以第一年为例，会计规定每年的摊销额为40

万元，税法规定每年的摊销额为 10 万元，会计上比税法上要多摊销 30 万元（40–10），因此需调增应纳税所得额 30 万元，如表 7-17 所示。

表 7-17　资产折旧、摊销情况及纳税调整明细表（A105080）

行次	项　目	账载金额			税收金额					纳税调整金额
		资产原值	本年折旧、摊销额	累计折旧、摊销额	资产计税基础	税收折旧额	享受加速折旧政策的资产按税收一般规定计算的折旧、摊销额	加速折旧统计额	累计折旧、摊销额	
		1	2	3	4	5	6	7（5–6）	8	9（2–5）
26	（五）非专利技术	1 000 000	400 000	400 000	1 000 000	100 000	*	*	100 000	300 000

因调增应纳税所得额，产生可抵扣暂时性差异，会计处理如下：

借：递延所得税资产　　　　75 000（300 000×25%）

　贷：应交税费——应交所得税　　　　75 000

以后各年的纳税调整处理与此相同，只是金额发生变化。

4. 摊销范围不同

有些无形资产虽然按照法律法规的规定，具有明确的法定寿命，但如果同时符合以下条件，界定为使用寿命不确定的无形资产：届满续约时没有限定次数；届满续约时不需要行政许可；续约不需要付出重大成本。以商标权为例，法律保护年限为十年，但届满后企业可以申请续展注册，也没有续展次数的限制，只需要缴纳少量的续展工本手续费，属于使用寿命不确定的无形资产。

【例 7-10】2017 年 1 月 1 日，京润公司取得一项发明专利，支付转让款 40 万元，该专利使用年限不确定，年末该公司会计利润为 60 万元，该无形资产计提减值准备 5 万元（假定不存在其他纳税调整事项）。

按照所得税法及其实施条例，该公司应纳所得税额为 61 万元（60–40÷10+5）。因为会计准则上计提的各项减值准备，除国务院财政、税务主管部门规定可以确认损益外，不得调整该资产的计税基础，即无形资产的计税基础不会随着减值的提取发生变化，但是其账面价值会因资产减值准备的提取而下降。

摊销的会计处理如下：

借：所得税费用　　　　10 000（40 000×25%）

　贷：递延所得税负债　　　　10 000

无形资产减值准备的会计处理如下：

借：递延所得税资产　　　　12 500（50 000×25%）

　贷：所得税费用　　　　12 500

使用寿命不确定的无形资产在以后确定使用寿命后再把所确认的递延所得税负债转回。

7.2.2 无形资产减值的税会差异

无形资产减值的税会差异如表 7-18 所示。

表 7-18 无形资产减值的税会差异

会计处理	税务处理
对于使用寿命有限的无形资产，企业在会计期末判断其是否存在发生减值的迹象。如果无形资产的可收回金额低于其账面价值，将其账面价值减记至可收回金额，减记的金额确认为资产减值损失，计入当期损益。同时计提相应的无形资产减值准备。无形资产减值损失确认后，无形资产摊销费用在未来期间做相应调整，以使该资产在剩余使用寿命内系统地分摊调整后的资产账面价值（扣除预计净残值）。无形资产减值损失一经确认，在以后会计期间不得转回。 对于使用寿命不确定的无形资产，在持有期间内不需摊销，如果期末重新复核后仍不确定的，则在每个会计期间进行减值测试，从而判断计提相应减值准备	使用寿命有限的无形资产，在会计上已经计提减值准备的不得在税前扣除，因此，无形资产的计税基础不得剔除减值准备。税法摊销额=无形资产计税基础÷税法摊销年限。若本期会计摊销额加上本期计提的无形资产减值准备大于税法摊销额，按差额调增应纳税所得额；若本期会计摊销额加上本期计提的无形资产减值准备小于税法摊销额，按差额调减应纳税所得额。无形资产账面价值=无形资产初始计量金额–累计摊销无形资产减值准备。无形资产计税基础净值=无形资产初始计税基础–按税法规定计算的累计摊销额。处置无形资产时，按无形资产计税基础净值计算扣除。 使用寿命不确定的无形资产，采用直线法摊销，摊销年限不得少于 10 年。在税法摊销期内，分期调减应纳税所得额。如果本期计提了减值准备，按减值准备与税法摊销额之间的差异做纳税调整处理，其中减值准备小于税法摊销的，按差额调减应纳所得额；反之，调增应纳税所得额。无形资产账面价值=无形资产初始计量–无形资产减值准备。无形资产计税基础净值=无形资产初始计税基础–按税法规定计算的累计摊销额。处置无形资产时，按无形资产计税基础净值计算扣除

1. 使用寿命有限的无形资产减值

【例 7-11】2015 年 1 月 1 日，企业购入一项无形资产，价款总额为 100 万元，预计尚可使用 5 年。由于无法可靠确定其经济利益的预期实现方式，企业采用直线法摊销。2017 年，由于市场上出现了新的技术更高的同类产品，使得该无形资产的市价大幅度下跌。2016 年年底，该无形资产的可收回金额只有 30 万元。

2017 年年底，该无形资产已摊销 60 万元，其账面价值为 40 万元（100–60），而其可收回金额为 30 万元，所以计提 10 万元的减值准备。会计处理为：

借：资产减值损失　　　　　　　　　　　　100 000

　贷：无形资产减值准备　　　　　　　　　　　　100 000

由于税法规定资产减值损失不允许税前扣除，从而产生可抵扣暂时性差异，调增应纳税所得额 10 万元，需要填报《纳税调整项目明细表》（A105000）第 33 行，如表 7-19 所示。

表 7-19　纳税调整项目明细表（A105000）

行　次	项　目	账载金额	税收金额	调增金额	调减金额
		1	2	3	4
33	（二）资产减值准备金	100 000	*	100 000	

假定所得税税率为 25%，因调增应纳税所得额，产生可抵扣暂时性差异。会计处理为：

借：递延所得税资产　　25 000

　贷：应交税费——应交所得税　　25 000

2. 使用寿命不确定的无形资产减值

【例 7-12】2017 年 1 月 1 日，中飞公司购入一项专有技术，价款总额为 100 万元。该公司无法预见其为公司带来的经济利益，将其视为使用寿命不确定的无形资产。2017 年年底，对该项专有技术进行减值测试，表明没有发生减值。中飞公司在计税时按 10 年期限摊销，摊销金额允许税前扣除。假设该公司的所得税税率为 25%。

会计上将该项专有技术作为使用寿命不确定的无形资产，在未发生减值的情况下，该项专有技术于 2017 年 12 月 31 日的账面价值仍为 100 万元，期末不进行会计处理，本年摊销额为 0 万元。中飞公司 2017 年年底该无形资产的计税基础为 90 万元（100–100÷10），产生应纳税暂时性差异 10 万元，调减应纳税所得额。会计处理为：

借：应交税费——应交所得税　　25 000（100 000×25%）

　贷：递延所得税负债　　25 000

【例 7-13】承例 7-12。假定 2018 年，市场上出现了对该无形资产不利的经济因素，使其发生减值，预计可收回金额为 70 万元，其他条件不变。

中飞公司的会计处理为：

借：资产减值损失　　300 000

　贷：无形资产减值准备　　300 000

由于所得税法规定无形资产减值损失不允许税前扣除，因此只有按直线法计算的摊销额准予扣除，且其摊销期限为 10 年。2018 年 12 月 31 日，税法上无形资产的计税基础净值为 80 万元，而会计上账面价值为 70 万元，两者之间的差异对 2018 年所得税影响如下：

摊销的会计处理如下：

借：所得税费用　　25 000（100 000×25%）

　贷：递延所得税负债　　25 000

无形资产减值准备的会计处理如下：

借：递延所得税资产　　75 000（300 000×25%）

　贷：所得税费用　　75 000

7.3 处置无形资产的税会差异

无形资产处置主要包括对外投资、转让和捐赠等。本节主要介绍这三种业务的税会差异。

7.3.1 无形资产对外投资

会计准则规定，以无形资产对外投资取得的长期股权投资，同时满足“该项交换具有商业实质”和“换入长期股权投资或换出无形资产的公允价值能够可靠地计量”两个条件的，以公允价值和应支付的相关税费作为换入长期股权投资的成本，公允价值与换出无形资产账面价值的差额计入当期损益；如果未同时满足上述两个条件的无形资产对外投资，以投出无形资产的账面价值和支付的相关税费作为长期股权投资的成本，不确认损益。

所得税法规定，企业以经营活动的部分非货币性资产对外投资，在投资交易发生时，将其分解为按公允价值销售有关非货币性资产和投资两项经济业务进行所得税处理，并按规定计算确认资产转让所得或损失。显然，按照所得税法的规定，无形资产对外投资要视同销售计算投资转让所得。

企业以无形资产对外投资时，对评估确认价值大于投出无形资产账面价值的差额，贷记“资本公积”账户；对评估确认价值小于投出无形资产账面价值的差额，借记“资产处置收益”账户。在该项投出资产没有收回或转让之前，对上述投资评估差额，企业不能转增资本，也不能在税前扣除，不存在税收影响问题。

如果企业以未入账的无形资产对外投资，先确认为一项无形资产后，再按上述要求进行价值评估和进行相应的会计处理。一般有两种情况：一是当初的研究开发费用已计入当期损益，没有作为一项无形资产予以确认。现在要将其作为一项无形资产对外投资，企业要先确认其入账价值，然后按确认价值，借记“无形资产”账户，贷记“管理费用”账户。该研发费用是随时计入各期损益的，由企业自行确认。它的入账价值高低，与对外投资时进行价值评估没有必然联系。二是用当初以划拨方式取得的土地使用权对外投资，按国家有关规定，企业先补缴土地出让金。

7.3.2 无形资产转让

无形资产转让有两种方式：一是转让使用权，二是转让所有权。在转让过程中，除了按转让合同金额双方计缴印花税外，转让方还要按转让金额计算缴纳增值税。如果是以无形资产交换其他非货币性资产，则双方都是购销双重身份，印花税要按两份合同计税，无形资产转让方除了按转让金额缴纳增值税外，作为换回的货物，其入账金额中可能含有消费税，同时要反映增值税。对无形资产转让收入，在扣除无形资产转让过程中发生的相关税费及被转让无形资产所有权时的无形资产账面净值后，要计算缴纳企业所得税。企业在转让之前，充分考虑在各种转让方式、转让价格下企业要缴纳的税种，以求整体税负最轻、转让净收益最大。

企业出租无形资产时，按租赁净收益缴纳所得税。如果租赁期超过一年以上且一次收取租赁费，企业则按合同约定的租赁期分期计算收入。企业将无形资产对外捐赠时，会计上直接增加营业外支出。如果属于公益性捐赠，则可在缴纳所得税时按照税法规定的扣除标准在税前扣除。对于非公益性捐赠和超过税法规定的列支标准的公益性捐赠，其捐赠额需在纳税时调增应纳税所得额。

当企业将无形资产出售时，计入当期损益的金额为：

处置资产计入利润的金额=处置收入–［按会计规定确定的资产成本（或原价）–按会计规定计算的累计摊销额–处置资产已计提的减值准备余额］–处置过程中发生的按会计规定计入损益的相关税费

所得税法规定的计入当期损益的金额为：

处置资产计入应纳税所得额的金额=处置收入–［按税法规定确定的资产成本（或原价）–按税法规定计算的累计摊销额］–处置过程中发生的按税法规定可扣除的相关税费

上述两个公式的计算结果存在差异，而其差异主要来源于会计和税法计算的累计摊销额以及会计上已经计提的减值准备。当企业将无形资产对外投资时，视同销售计算资产转让所得或损失缴纳所得税。

【例 7-14】假定北科公司 2015 年 1 月购入一项专利技术，取得时成本为 3 600 万元，估计使用寿命为 10 年。2015 年 12 月 31 日该技术发生减值，并提取减值准备 216 万元。该无形资产不考虑残值，采用直线法进行摊销。假设北科公司 2018 年 1 月将此专利技术转让，取得不含税收入 2 000 万元，增值税税率为 6%，不考虑其他转让费用及税金和附加。

2016 年开始，每年计提的摊销金额为 336 万元［（3 600–360–216）÷9］。

2017 年年末无形资产账面价值为 2 352 万元（3 600–360–216–336–336）。

2018 年 1 月出售时，北科公司专利技术的税会处理如表 7-16 所示。

表 7-20　北科公司专利技术的税会处理

会计处理		税务处理
借：银行存款	21 200 000	无形资产处置的计税成本为 2 520 万元（3 600−360×3），转让收入需缴增值税 120 万元，处置损失为 520 万元（2 120−2 520−120），两者相差 168 万元，差额即转让该期应调减应纳税所得额 168 万元（216−24×2）
无形资产减值准备	2 160 000	
资产处置收益	3 520 000	
累计摊销	10 320 000	
贷：无形资产	36 000 000	
应交税费——应交增值税（销项税额）	1 200 000（20 000 000×6%）	
无形资产处置损失为 352 万元		

7.3.3　无形资产捐赠

企业对外捐赠分公益、救济性捐赠和非公益、救济性捐赠两种形式；从捐赠的内容划分，有货币性资产捐赠和非货币性资产捐赠，而非货币性资产捐赠又分为捐赠流动资产和捐赠长期资产。对符合所得税法规定条件的公益、救济性捐赠可按纳税人年度利润总额的 12%在税前扣除，并且可以结转至以后三年；非公益、救济性捐赠一律不得在税前扣除。企业捐赠无形资产，借记“营业外支出”账户，贷记“无形资产”账户。

企业捐赠无形资产业务，属于国税函〔2008〕第 828 号第二条规定的视同销售，应按国家税务总局发布的《关于企业所得税有关问题的公告》（国税〔2016〕第 80 号）规定，按照被移送资产的公允价值确定销售收入，而会计处理没有确认收入，两者存在税会差异。因此，纳税申报时需要纳税调整处理，填制《视同销售和房地产开发企业特定业务纳税调整明细表（A105010）》（见表 7-21）和《捐赠支出及纳税调整明细表（A105070）》（见表 7-22）。

表 7-21　视同销售和房地产开发企业特定业务纳税调整明细表（A105010）

行　次	项　目	税收金额	纳税调整金额
		1	2
1	一、视同销售（营业）收入		
7	（六）用于对外捐赠视同销售收入		
11	二、视同销售（营业）成本		
17	（六）用于对外捐赠视同销售成本		

表 7-22　捐赠支出纳税调整明细表（A105070）

行次	项　目	账载金额	以前年度结转可扣除的捐赠额	按税收规定计算的扣除限额	税收金额	纳税调增金额	纳税调减金额	可结转以后年度扣除的捐赠额
		1	2	3	4	5	6	7
1	一、非公益性捐赠		*	*	*		*	*
2	二、全额扣除的公益性捐赠		*	*		*	*	*
3	三、限额扣除的公益性捐赠（4+5+6+7）							
4	前三年（　　　　年）	*		*	*	*		*
5	前二年（　　　　年）	*		*	*	*		
6	前一年（　　　　年）	*		*	*	*		
7	本　年（　　　　年）		*				*	
8	合计（1+2+3）							

第 8 章

职工薪酬的税会差异

《企业会计准则第 9 号——职工薪酬》（2014）对于“职工”和“职工薪酬”的概念和范围做出了明确规定，并进一步扩充了“职工薪酬”的范围，包括短期薪酬、离职后福利、辞退福利和其他长期职工福利、企业年金基金（适用 CAS 10）、以股份为基础的薪酬（适用 CAS 11）等。税法上，2007 年实施的所得税法及所得税法实施条例中并未出现“职工薪酬”概念，直到 2014 年发布的《企业所得税年度纳税申报表（A 类，2014 年版）》，在税法层面首次出现了“职工薪酬”的概念。

会计准则指出，职工是指与企业订立劳动合同的所有人员，含全职、兼职和临时职工，也包括虽未与企业订立劳动合同但由企业正式任命的人员。未与企业订立劳动合同或未由其正式任命，但向企业所提供服务与职工所提供服务类似的人员，也属于职工的范畴，包括通过企业与劳务中介公司签订用工合同而向企业提供服务的人员。

职工薪酬，是指企业为获得职工提供的服务或解除劳动关系而给予的各种形式的报酬或补偿。职工薪酬包括短期薪酬、离职后福利、辞退福利和其他长期职工福利。企业提供给职工配偶、子女、受赡养人、已故员工遗属及其他受益人等的福利，也属于职工薪酬。

短期薪酬，是指企业在职工提供相关服务的年度报告期间结束后十二个月内需要全部予以支付的职工薪酬，因解除与职工的劳动关系给予的补偿除外。短期薪酬具体包括：职工工资、奖金、津贴和补贴，职工福利费，医疗保险费、工伤保险费和生育保险费等社会保险费，住房公积金，工会经费和职工教育经费，短期带薪缺勤，短期利润分享计划，非货币性福利以及其他短期薪酬。短期薪酬按照“谁受益谁承担”的原则进行会计处理。

离职后福利，是指企业为获得职工提供的服务而在职工退休或与企业解除劳动关系后，提供的各种形式的报酬和福利，短期薪酬和辞退福利除外。企业应当将离职后福利计划分类为设定提存计划和设定受益计划。离职后福利计划，是指企业与职工就离职后福利达成的协议，或者企业为向职工提供离职后福利制定的规章或办法等。设定提存计划，是指向独立的基金缴存固定费用后，企业不再承担进一步支付义务的离职后福利计划；设定受益计划，是指除设定提存计划以外的离职后福利计划。设定提存计划下，企业向固定基金缴费金额固定，不负进一步支付的义务，不承担与基金资产有关的风险，不承担精算风险和投资风险。设定受益计划下，职工退休时一次或分期支付一定金额的养老金，企业向固定基金缴费金额以满足未来养老给付义务的顺利进行为限，负进一步支付的义务，承担与基金资产有关的风险，承担精算风险和投资风险。企业应当在职工为其提供服务的会计期间，将根据设定提存计划计算的应缴存金额确认为负债，并计入当期损益或相关资产成本。设定收益计划产生的职工薪酬成本=服务成本+设定受益计划净负债或净资产的利息净额+重新计量设定受益计划净负债或净资产所产生的变动，计算公式中，第 1 项和第 2 项应计入当期损益；第 3 项应计入其他综合收益，并且在后续会计期间不允许转回至损益，但企业可以在权益范围内转移这些在其他综合收益中确认的金额。

辞退福利，是指企业在职工劳动合同到期之前解除与职工的劳动关系，或者为鼓励职工自愿接受裁减而给予职工的补偿。

其他长期职工福利，是指除短期薪酬、离职后福利、辞退福利之外所有的职工薪酬，包括长期带薪缺勤、长期残疾福利、长期利润分享计划等。符合设定提存计划条件的，按照设定提存计划的有关规定进行处理；不符合的，按照设定受益计划的有关规定，确认和计量其他长期职工福利净负债或净资产。在报告期末，企业应当将其他长期职工福利产生的职工薪酬成本确认为下列组成部分：服务成本；其他长期职工福利净负债或净资产的利息净额；重新计量其他长期职工福利净负债或净资产所产生的变动。为简化相关会计处理，上述项目的总净额应计入当期损益或相关资产成本。

所得税法实施条例第三十四条规定："企业发生的合理的工资薪金支出，准予扣除。工资薪金指企业每一纳税年度支付给在本企业任职或者受雇的员工的所有现金形式或者非现金形式的劳动报酬。"

根据所得税法实施条例第三十四条、《国家税务总局关于企业工资薪金和职工福利费等支出税前扣除问题的公告》（国家税务总局公告 2015 年第 34 号）第三条，可以总结出税法上的职工是指，本企业任职或受雇的员工，包括季节工、临时工；劳务派遣员工，仅含企业直接将费用支付给员工个人的情况，而企业将费用支付给劳务派遣公司，再由派遣公司支付给个人的除外。

《职工薪酬纳税调整明细表（A105050）》规定的"职工薪酬"的内容，包括：工资薪金支出（含股权激励）；职工福利费支出；职工教育经费支出；工会经费支出；各类基本社会保障性缴款；住房公积金；补充养老保险；补充医疗保险；其他。

所得税法实施条例中所指的工资薪金，是指企业每个纳税年度支付给在本企业任职或者受雇的员工的所有现金形式或者非现金形式的劳动报酬，包括基本工资、奖金、津贴、补贴、年终加薪、加班工资以及与员工任职或者受雇有关的其他支出。因此，预计的辞退福利和以现金支付的股份支付在税法中没有考虑。

由此看来，所得税法是把会计上的职工薪酬，分解为工资薪金、基本养老保险费、基本医疗保险费、失业保险费、工伤保险费、生育保险费、住房公积金、补充养老保险费、补充医疗保险费、人身安全保险费、企业为投资者或者职工支付的商业保险费、职工福利费、工会经费、职工教育经费等，分别做出规定的。在税务处理上，不能简单地把职工薪酬作为工资薪金支出在税前扣除，把会计上的职工薪酬分解为所得税法对应的费用支出，根据所得税法规定确定能否在税前扣除。

此外，“职工薪酬”会计计量的基础是权责发生制，即采用计提方式将“职工薪酬”计入相关成本费用；而税法的目标和原则与会计处理存在不同，税法强调的是实际发生，即收付实现制。

据此，我们可以总结出，税法上“职工薪酬”的核算对象，即“人”的范围小于会计上的范围；而且，税法上“职工薪酬”的核算范围，即“金额”的范围小于会计上的范围；同时，会计强调“职工薪酬”的计提，税法则强调“职工薪酬”的实际支付。

本章以税法的分类来分别介绍相关职工薪酬的税会差异、纳税调整处理和纳税申报表的填制。

8.1 工资的税会差异

企业在职工为其提供服务的会计期间，将实际发生的短期薪酬确认为负债，并计入当期损益。

企业在职工为其提供服务的会计期间，将根据设定提存计划计算的应缴存金额确认为负债，并计入当期损益或相关资产成本。

在设定受益计划下，企业应当在下列日期孰早日将过去服务成本确认为当期费用：

（1）修改设定受益计划时。

（2）企业确认相关重组费用或辞退福利时。

计量职工薪酬时，国家规定计提基础和计提比例的，按照国家标准计提。国家没有规定计提基础和计提比例的，企业根据历史经验数据和实际情况，合理预计当期应付职工薪酬。实际发生金额大于预计金额时，补提应付职工薪酬。实际发生金额小于预计金额时，冲回多提的应付职工薪酬。所得税法第二十一条规定：“在计算应纳税所得额时，企业财务、会计处理办法与税收法律、行政法规的规定不一致的，应当依照税收法律、行政法规的规定计算。”

所得税法第八条规定："企业实际发生的与取得收入有关的、合理的支出，包括成本、费用、税金、损失和其他支出，准予在计算应纳税所得额时扣除。"所得税法实施条例据此明确了工资薪金支出的税前扣除。所得税法实施条例第三十四条规定，企业发生的合理的工资薪金支出，准予扣除。工资薪金是指企业每个纳税年度支付给在本企业任职或者受雇的员工的所有现金形式或者非现金形式的劳动报酬，包括基本工资、奖金、津贴、补贴、年终加薪、加班工资以及与员工任职或者受雇有关的其他支出。此项条款扩大了工资金额税前扣除的范围，避免了对于职工工资薪金这部分所得的同一所得性质的重复课税。

工资薪金支出税前扣除时应注意以下几点：

第一，强调"实际发生"。允许在税前扣除的工资薪金，是属于当期实际发生的金额，计提的应付职工薪酬支出不发放给职工不允许在税前扣除。国家税务总局公告 2015 年第 34 号第二条规定，企业在年度汇算清缴结束前向员工实际支付的已预提汇缴年度工资薪金，准予在汇缴年度按规定扣除。

第二，强调"职工口径与支付条件"。职工工资薪金支出存在"任职或雇佣关系"，即连续性的服务关系，提供服务的任职者或雇员的主要收入或很大一部分收入来自任职的企业，并且这种收入基本上代表了提供服务人员的劳动。根据《国家税务总局关于企业所得税应纳税所得额若干税务处理问题的公告》（国家税务总局公告 2012 年第 15 号）第一条，职工应包括企业雇用的季节工、临时工、实习生、返聘离退休人员及接受外部劳务派遣用工。国家税务总局公告 2015 年第 34 号规定，企业接受外部劳务派遣用工所实际发生的费用，应分两种情况按规定在税前扣除：按照协议（合同）约定直接支付给劳务派遣公司的费用，应作为劳务费支出；直接支付给员工个人的费用，应作为工资薪金支出和职工福利费支出。其中属于工资薪金支出的费用，准予计入企业工资薪金总额的基数，作为计算其他各项相关费用扣除的依据。

第三，强调"工资薪金总额"。与任职或雇用有关的全部支出，包括现金或非现金形式的全部报酬。《国家税务总局关于企业工资薪金及职工福利费扣除问题的通知》（国税函〔2009〕3 号）第二条规定，作为职工福利费、教育经费、工会经费计算扣除基数的"工资薪金总额"，"指企业按照通知第一条规定实际发放的工资薪金总和，不包括企业的职工福利费、职工教育经费、工会经费以及养老保险费、医疗保险费、失业保险费、工伤保险费、生育保险费等社会保险费和住房公积金。属于国有性质的企业，其工资薪金，不得超过政府有关部门给予的限定数额；超过部分，不得计入企业工资薪金总额，也不得在计算企业应纳税所得额时扣除"。

第四，工资薪金的加计扣除。所得税法实施条例第九十六条规定，企业安置残疾人员的，可按照支付给残疾职工工资的 100%加计扣除。

第五，强调"合理性"。工资薪金支出应当是合理的。国税函〔2009〕3 号第一条规定了税务机关对工资薪金进行合理性确认的原则。对工资支出合理性的判断，主要包括两个方面：一是雇员实际提供了服务，二是报酬总额在数量上是合理的。实际操作中应主要考虑雇员的职责、过去的报酬情况，以及雇员的业务量和复杂程度等相关因素。同时，还要考虑当地同行业职工平均工资水平。

例如，企业与临时工签订书面劳动合同并报当地劳动部门备案，企业支付给临时工的合理的工资薪金可以税前扣除。

国家税务总局公告 2015 年第 34 号规定，列入企业员工工资薪金制度、固定与工资薪金一起发放的福利性补贴，符合国税函〔2009〕3 号第一条规定的，可作为企业发生的工资薪金支出，按规定在税前扣除。

根据国家税务总局公告 2012 年第 15 号，企业因雇用季节工、临时工、实习生、返聘离退休人员所实际发生的费用，应区分为工资薪金支出和职工福利费支出，并按所得税法规定在企业所得税前扣除。其中属于工资薪金支出的，准予计入企业工资薪金总额的基数，作为计算其他各项相关费用扣除的依据。

因此，企业应注意以下几类特定人员薪酬的税前扣除问题。

1. 临时工工资

连续性服务并不排除临时工的使用。临时工可能是由于季节性经营活动雇用的。虽然对某些临时工的使用是一次性的，但从经营活动的整体需要来看又具有周期性。服务的连续性应足以对提供劳动的人与个人具有独立劳动性质的劳务支出相区别。

2. 实习生薪酬

国税发〔2007〕42 号规定，自 2006 年 1 月 1 日起，按照财税〔2006〕107 号规定支付给在企业实习学生的报酬，可以在计算缴纳企业所得税时依照本办法的有关规定扣除。可在税前扣除的实习生报酬，包括以货币形式支付的基本工资、奖金、津贴、补贴（含地区补贴、物价补贴和误餐补贴）、加班工资、年终加薪和企业依据实习合同为实习生支付的意外伤害保险费。以非货币形式给实习生支付的报酬，不允许在税前扣除。

日常管理中必须备齐以下资料供税务机关检查核实：

（1）企业与学校签订的实习合作协议书，期限在三年以上（含三年）；

（2）实习生名册（必须注明实习生身份证号、学生证号及实习合同号）；

（3）实习生报酬银行转账凭证；

（4）为实习生支付意外伤害保险费的缴付凭证。

3. 劳务人员薪酬

（1）企业应避免直接向劳务人员支付薪酬。一些企业为了经营的需要，劳务人员与劳务公司签订劳务合同，企业只向劳务公司支付管理费用及人员社会统筹费用。对于劳务人员的其他劳务报酬，企业通过绩效考核等方式直接支付。此时，企业将劳务支出与工资薪酬相混淆，实际支付的劳务支出有可能因无票据而不允许在税前扣除。为兼顾管理需要，企业可以与劳务公司签订代付劳务人员薪酬合同，并由劳务公司开具劳务发票。

（2）在年度汇算清缴纳税申报时，不应将劳务费用作为“工资薪金支出”项目申报。

所得税法对于职工薪酬遵循的是实际发生原则。一般不以提取数为基数，而是以实际发放、实际支出数为基数，在税法允许的扣除标准以内的，计算应纳税所得额时，可据实扣除；超过标准的部分，不得扣除。

不论是资本化的，还是费用化的职工薪酬，在实际发生的当期均属于企业所得税纳税调整的对象。只是符合资本化条件的职工薪酬构成资产的税务成本，可在以后期间按所得税法的规定，以计提折旧或费用摊销的方式予以税前列支。

【例 8-1】天华公司 2016 年工资提取数为 1 000 万元，实发数为 800 万元，年末应付职工薪酬余额为 200 万元，且该部分在 2016 年所得税汇算清缴前仍未发放。2017 年提取数为 800 万元，实发数为 1 000 万元，年末应付职工薪酬余额为 0。

天华公司税会处理如下：

（1）2016 年。

借：管理费用等　　10 000 000

　贷：应付职工薪酬——工资　　10 000 000

借：应付职工薪酬——工资　　8 000 000

　贷：银行存款　　8 000 000

税务处理：税法规定工资应当按实际“发生”数在税前列支，提取数大于实发数的调增应纳税所得额。天华公司 2016 年度调增应纳税所得额 200 万元（1 000–800），纳税申报时填报《职工薪酬纳税调整明细表（A105050）》，如表 8-1 所示。

表 8-1　职工薪酬纳税调整明细表（A105050）

行次	项　　目	账载金额	实际发生额	税收规定扣除率	以前年度累计结转扣除额	税收金额	纳税调整金额	累计结转以后年度扣除额
		1	2	3	4	5	6（1–5）	7（1+4–5）
1	一、工资薪金支出	10 000 000	8 000 000	*	*	8 000 000	2 000 000	*

此时，“应付职工薪酬——工资”的账面价值为 200 万元，计税基础为 0（200–200），确认递延所得税资产。

借：递延所得税资产　　500 000（200 000×25%）

贷：所得税费用 500 000

（2）2017 年。

借：管理费用等 8 000 000

贷：应付职工薪酬——工资 8 000 000

借：应付职工薪酬——工资 10 000 000

贷：银行存款 10 000 000

税务处理：2017 年，天华公司动用了上年“应付职工薪酬——工资”余额 200 万元，相应转回暂时性差异，即调减应纳税所得额 200 万元，纳税申报时填报《职工薪酬纳税调整明细表（A105050）》，如表 8-2 所示。

表 8-2 职工薪酬纳税调整明细表（A105050）

行次	项目	账载金额	实际发生额	税收规定扣除率	以前年度累计结转扣除额	税收金额	纳税调整金额	累计结转以后年度扣除额
		1	2	3	4	5	6（1–5）	7（1+4–5）
1	一、工资薪金支出	8 000 000	10 000 000	*	*	10 000 000	–2 000 000	*

此时“应付职工薪酬——工资”的账面价值和计税成本均为 0，转回递延所得税资产。

借：所得税费用 500 000

贷：递延所得税资产 500 000（2 000 000×25%）

8.2 其他职工薪酬的税会差异

本节主要介绍两部分内容：一是除了工资薪金之外的其他职工薪酬的税会差异和纳税调整，二是职工薪酬的税收优惠及纳税申报。

8.2.1 其他职工薪酬

其他职工薪酬主要包括职工福利费、非货币福利、社会保险费、住房公积金、工会经费、职工教育经费和商业保险费等。

1. 职工福利费

《关于企业加强职工福利费财务管理的通知》（财企〔2009〕242 号）规定，企业职工福利费是指企业为职工提供的除职工工资、奖金、津贴、纳入工资总额管理的补贴、职工教育经费、社会保险费和补充养老保险费（年金）、补充医疗保险费及住房公积金以外的福利待遇支出，包括发放给职工或为职工支付的以下各项现金补贴和非货币性集体福利：

（1）为职工卫生保健、生活等发放或支付的各项现金补贴和非货币性福利，包括职工因公外地就医费用、暂未实行医疗统筹企业职工医疗费用、职工供养直系亲属医疗补贴、职工疗养费用、自办职工食堂经费补贴或未办职工食堂统一供应午餐支出、符合国家有关财务规定的供暖费补贴、防暑降温费等。

（2）企业尚未分离的内设集体福利部门所发生的设备、设施和人员费用，包括职工食堂、职工浴室、理发室、医务所、托儿所、疗养院、集体宿舍等集体福利部门设备、设施的折旧、维修保养费用以及集体福利部门工作人员的工资薪金、社会保险费、住房公积金、劳务费等人工费用。

（3）职工困难补助，或者企业统筹建立和管理的专门用于帮助、救济困难职工的基金支出。

（4）离退休人员统筹外费用，包括离休人员的医疗费及离退休人员其他统筹外费用。

（5）按规定发生的其他职工福利费，包括丧葬补助费、抚恤费、职工异地安家费、独生子女费、探亲假路费，以及符合企业职工福利费定义但没有包括在本通知各条款项目中的其他支出。

国税函〔2009〕3 号规定，企业发生的职工福利费，应该单独设置账册，进行准确会计处理。没有单独设置账册准确会计处理的，税务机关应责令企业在规定的期限内进行改正。逾期仍未改正的，税务机关可对企业发生的职工福利费进行合理的核定。工会经费、职工教育经费通过“管理费用”账户进行会计处理。

关于职工福利费的税前扣除，所得税法实施条例第四十条规定，企业发生的职工福利费支出，不超过工资薪金总额 14%的部分，准予扣除。从 2008 年起，企业不再提取福利费，按实际发生额在不超过工资、薪金总额的 14%以内扣除。即低于 14%按实际扣除，高于 14%的部分，汇算清缴时要做纳税调整处理。

根据国家税务总局公告 2015 年第 34 号第一条：“列入企业员工工资薪金制度、固定与工资薪金一起发放的福利性补贴，符合国税函〔2009〕3 号第一条规定的，可作为企业发生的工资薪金支出，按规定在税前扣除。”不能同时符合上述条件的福利性补贴，应作为职工福利费扣除。

职工薪酬准则规定，企业发生的职工福利费，在实际发生时根据实际发生额计入当期损益或相关资产成本。

2. 非货币性福利

非货币性福利是指企业以自己的产品或外购商品发放给职工作为福利，企业提供给职工无偿使用自己拥有的资产或租赁资产。例如，提供给企业高级管理人员使用的住房等，免费为职工提供诸如医疗保健的服务或向职工提供企业支付了一定补贴的商品或服务等。

又如，以低于成本的价格向职工出售住房等。根据所得税法及其实施条例规定来看，具体确认时根据实际情况，原则上可作为非现金形式的劳动报酬计入工资薪金所得扣除，不符合规定的可作为福利费项目进行处理。

在税务处理上，所得税法实施条例第二十五条规定，企业以其自产产品作为非货币性福利发放给职工、用于职工集体福利的，应当视同销售，按照该产品的公允价值，确认销售货物收入；同时，按该价值计入工资、薪金支出或职工福利费支出。职工福利费税前扣除要受税法规定标准的限制。

职工薪酬准则规定，企业发生的职工福利费为非货币性福利的，按照公允价值计量入当期损益或相关资产成本。

【例 8-2】羽林公司是一家以生产化妆品为主的上市公司，2017 年 6 月以账面成本 30 000 元的自产甲化妆品作为福利发放给本厂职工。按当月同类化妆品的加权平均市场销售价格计算，该批化妆品不含税售价为 50 000 元。假设甲化妆品的消费税税率均为 30%，增值税税率为 17%，不考虑其他税费。

确认收入的会计处理如下：

借：应付职工薪酬——职工福利	58 500	
贷：主营业务收入		50 000
应交税费——应交增值税（销项税额）		8 500

结转成本的会计处理如下：

借：主营业务成本	30 000	
贷：库存商品		30 000

计提税金的会计处理如下；

借：税金及附加	15 000	
贷：应交税费——应交消费税		15 000

如果上述职工福利没有超过计税标准，则不需要做纳税调整处理，不存在税会差异。

3. 社会保险费

社会保险费主要是五险，即医疗保险费、养老保险费、失业保险费、工伤保险费和生育保险费。即企业按照国务院、各地方政府或企业年金计划规定的基准和比例计算，向社会保险经办机构缴纳的医疗保险费、养老保险费（包括向社会保险经办机构缴纳的基本养老保险费和向企业年金基金相关管理人缴纳的补充养老保险费）、失业保险费、工伤保险费和生育保险费。企业以购买商业保险形式提供给职工的各种保险待遇属于企业提供的职工薪酬，按照职工薪酬的原则进行确认、计量和披露。

关于有关保险的税前扣除，所得税法实施条例第三十五条规定：“企业依照国务院有关主管部门或者省级人民政府规定的范围和标准为职工缴纳的基本养老保险费、基本医疗保险费、失业保险费、工伤保险费、生育保险费等基本社会保险费和住房公积金，准予扣除。企业为投资者或者职工支付的补充养老保险费、补充医疗保险费，在国务院财政、税务主管部门规定的范围和标准内，准予扣除。”第三十六条规定：“除企业依照国家有关规定为特殊工种职工支付的人身安全保险费和国务院财政、税务主管部门规定可以扣除的其他商业保险费外，企业为投资者或者职工支付的商业保险费，不得扣除。”所得税法强调的依国家有关规定缴纳的可以税前扣除，不符合规定的不予税前扣除。

对于企业按照国家规定给职工缴纳的基本医疗保险费、基本养老保险费、补充养老保险费、失业保险费、工伤保险费和生育保险费会计准则和所得税法上的口径基本相同。商业保险费用会计上确认为职工薪酬，而在税法上除了企业依照国家有关规定为特殊工种职工支付的人身安全保险费和国务院财政、税务主管部门规定可以扣除的，一律不得扣除。对于补充医疗保险费用会计上并没有提及，而所得税法上规定在国务院财政、税务主管部门规定的范围和标准内准予扣除。

《财政部 国家税务总局关于补充养老保险费补充医疗保险费有关企业所得税政策问题的通知》（财税〔2009〕27 号）规定，自 2008 年 1 月 1 日起，企业在为本企业任职或者受雇的全体员工支付的补充医疗保险费，在不超过职工工资总额 5%标准内的部分允许税前扣除。

职工薪酬准则规定，企业为职工缴纳的医疗保险费、工伤保险费、生育保险费等社会保险费，在职工为其提供服务的会计期间，根据规定的计提基础和计提比例计算确定相应的职工薪酬金额，并确认相应负债，属于短期薪酬，计入当期损益或相关资产成本。基本养老保险费和失业保险费，属于离职后福利中的设定提存计划，企业根据设定提存计划计算的应缴存金额确认为负债，并计入当期损益或相关资产成本。

4. 住房公积金

住房公积金的提取基准和比例会计上和税法上有所不同。会计准则规定，住房公积金按照国务院《住房公积金管理条例》规定的基准和比例计算，即单位和职工均按照职工本人上一年度月平均工资乘以相应的缴存比例计算。所得税法实施条例规定，企业依照国务院有关主管部门或者省级人民政府规定的范围和标准为职工缴纳的住房公积金，准予扣除。参考针对个人所得税的财税〔2006〕10 号来看，单位和个人分别在不超过职工本人上一年度月平均工资 12%的幅度内，其实际缴存的住房公积金，允许在个人应纳税所得额中扣除。单位和职工个人缴存住房公积金的月平均工资不得超过职工工作地所在设区城市上一年度职工月平均工资的 3 倍。单位和个人超过上述规定比例和标准缴付的住房公积金，将超过部分并入个人当期的工资、薪金收入，计征个人所得税。

职工薪酬准则规定，企业为职工缴纳的住房公积金，在职工为其提供服务的会计期间，根据规定的计提基础和计提比例计算确定相应的职工薪酬金额，并确认相应负债，计入当期损益或相关资产成本。

5. 工会经费和职工教育经费

在税法上，所得税法实施条例第四十一条规定："企业拨缴的工会经费，不超过工资薪金总额 2% 的部分，准予扣除。"

《国家税务总局关于工会经费企业所得税税前扣除凭据问题的公告》（国家税务总局公告〔2010〕第 24 号）规定，自 2010 年 7 月 1 日起，企业拨缴的职工工会经费，不超过工资薪金总额 2%的部分，凭工会组织开具的"工会经费收入专用收据"在企业所得税税前扣除。拨缴与实际发生原则含义相同，会计上预提但未拨缴的工会经费不允许税前扣除。

软件生产企业的职工培训费用，可按实际发生额在计算应纳税所得额时扣除。软件生产企业应准确划分职工教育经费中的培训费支出，对于不能准确划分的，以及准确划分后职工教育经费中扣除职工培训费用的余额，按照财税〔2018〕51 号规定的比例扣除。

集成电路设计企业视同软件企业，享受上述软件企业的有关企业所得税政策。

经认定的自主开发、生产动漫产品的动漫企业，可申请享受国家现行鼓励软件产业发展的所得税优惠政策。

航空企业实际发生的飞行员养成费、飞行训练费、乘务训练费、空中保卫员训练费等空勤训练费用，根据所得税法实施条例第二十七条规定，可以作为航空企业运输成本在税前扣除。

值得注意的是，职业教育经费区别于以上费用。其超支部分可以无限期向以后年度结转，与会计上产生的暂时性差异，可以按照《企业会计准则第 18 号——所得税》进行所得税会计处理。"五险一金"费用的税会差额，属于永久性差异，无须按照《企业会计准则第 18 号——所得税》进行所得税会计处理。

职工薪酬准则规定，企业为职工按规定提取的工会经费和职工教育经费，在职工为其提供服务的会计期间，根据规定的计提基础和计提比例计算确定相应的职工薪酬金额，并确认相应负债，计入当期损益或相关资产成本。

【例 8-3】京智公司 2016 年度、2017 年度、2018 年度实际发放的工资、薪金总额分别为 4 000 万元、4 800 万元、6 400 万元，实际发生的职工教育经费分别为 132 万元、96 万元、112 万元。京智公司各年度实际发放的工资、薪金均符合所得税法所界定的合理的工资、薪金支出，准予税前扣除。京智公司为普通商贸公司。假定有确凿的证据预计京智公司在可抵扣暂时性差异转回的未来期间能够产生足够的应纳税所得额，各年度适用的所得税税率均为 25%。

2016—2018 年度职工教育经费的税会处理分别如下：

（1）2016 年度，税法计提数 100 万元（4 000×2.5%），会计实际发生数 132 万元，产生 32 万元的税会差异，纳税申报时需要填报《职工薪酬纳税调整明细表（A105050）》，如表 8-3

所示。

表 8-3　职工薪酬纳税调整明细表（A105050）

行次	项　目	账载金额	实际发生额	税收规定扣除率	以前年度累计结转扣除额	税收金额	纳税调整金额	累计结转以后年度扣除额
		1	2	3	4	5	6（1–5）	7（1+4–5）
4	三、职工教育经费支出	1 320 000	1 320 000	*	0	1 000 000	320 000	320 000
5	其中：按税收规定比例扣除的职工教育经费	1 320 000	1 320 000		0	1 000 000	320 000	320 000
6	按税收规定全额扣除的职工培训费用				*			*

京智公司的会计处理为：

借：递延所得税资产　　　　80 000（320 000×25%）

　贷：所得税费用　　　　80 000

（2）2017 年度，税法计提数 120 万元（4 800×2.5%），会计实际发生数 96 万元小于税法计提数，可在当年全额据实列支。对于 24 万元的税会差异，可以转回 2016 年超支的部分，2017 年的应纳税所得额调减 24 万元，纳税申报时需要填报《职工薪酬纳税调整明细表（A105050）》，如表 8-4 所示。

表 8-4　职工薪酬纳税调整明细表（A105050）

行次	项　目	账载金额	实际发生额	税收规定扣除率	以前年度累计结转扣除额	税收金额	纳税调整金额	累计结转以后年度扣除额
		1	2	3	4	5	6（1–5）	7（1+4–5）
4	三、职工教育经费支出	960 000	960 000	*	320 000	1 200 000	–240 000	80 000
5	其中：按税收规定比例扣除的职工教育经费	960 000	960 000		320 000	1 200 000	–240 000	80 000
6	按税收规定全额扣除的职工培训费用				*			*

京智公司的会计处理为：

借：所得税费用　　　　　　　　　　　　　　　　60 000（240 000×25%）

　贷：递延所得税资产　　　　　　　　　　　　　60 000

（3）2018 年度，税法计提数 512 万元（6 400×8%），会计实际发生数 112 万元小于税法计提数，可在当年据实列支，并产生 400 万元的税会差异。可将 2016 年超支的可抵扣暂时性余额 8 万元列支于 2018 年，将 2018 年纳税调减 8 万元。至此，2016 年实际大于税法计提数的暂时性差异全部结转完，纳税申报时需要填报《职工薪酬纳税调整明细表（A105050）》，如表 8-5 所示。

表 8-5　职工薪酬纳税调整明细表（A105050）

行次	项　目	账载金额	实际发生额	税收规定扣除率	以前年度累计结转扣除额	税收金额	纳税调整金额	累计结转以后年度扣除额
		1	2	3	4	5	6（1–5）	7（1+4–5）
4	三、职工教育经费支出	1 120 000	1 120 000	*	80 000	5 120 000	–4 000 000	0
5	其中：按税收规定比例扣除的职工教育经费	1 120 000	1 120 000		80 000	5 120 000	–4 000 000	0
6	按税收规定全额扣除的职工培训费用				*			*

对于税法大于实际数的差额，按照“据实扣除”原则，属于永久性差异，不进行所得税会计处理。将剩余的暂时性差异全部转回，京智公司的会计处理为：

借：所得税费用　　　　　　　　　　　　　　　　20 000（80 000×25%）

　贷：递延所得税资产　　　　　　　　　　　　　20 000

6. 商业保险费的税会差异

商业保险费的税会差异如表 8-6 所示。

表 8-6　商业保险费的税会差异

会计准则	所得税法	税会差异
企业按照有关法律、法规为特殊工种人员缴纳的法定人身安全保险费也属于职工薪酬	为特殊工种职工支付的人身安全保险费可以据实扣除。除企业依照国家有关规定为特殊工种职工支付的人身安全保险费和国务院财政、税务主管部门规定可以扣除的其他商业保险费外，企业为投资者或者职工支付的商业保险费，不得扣除	在国务院财政、税务主管部门规定的范围和标准内，准予扣除。超过标准的部分本期及以后年度均不得扣除，调整应纳税所得额

保险费用的扣除原则：

（1）只要具有强制性和基本保障性的保险费用都可以据实扣除。

（2）企业在商业保险机构为本企业的财产购买的财产险可以扣除，但为投资者个人或其职工个人购买的财产险和人寿险一律不得扣除。

（3）人身意外伤害保险属于人寿险，原则上不得扣除，属于随同交通票一并购买的人身意外伤害保险，可以作为差旅费的杂费税前扣除。

《高危行业企业安全生产费用财务管理暂行办法》（财企〔2006〕478）第十八条指出：“企业应当为从事高空、高压、易燃、易爆、剧毒、放射性、高速运输、野外、矿井等高危作业的人员办理团体人身意外伤害保险或个人意外伤害保险。所需保险费用直接列入成本（费用），不在安全费用中列支。”

纳税申报时，根据所得税法、国税函〔2009〕3 号、《财政部 国家税务总局关于扶持动漫产业发展有关税收政策问题的通知》（财税〔2009〕65 号）、《财政部 国家税务总局关于进一步鼓励软件产业和集成电路产业发展企业所得税政策的通知》（财税〔2012〕27 号）、《国家税务总局关于我国居民企业实行股权激励计划有关企业所得税处理问题的公告》（国家税务总局公告 2012 年第 18 号）、《财政部 国家税务总局 商务部 科技部国家发展改革委关于完善技术先进型服务企业有关企业所得税政策问题的通知》（财税〔2014〕59 号）、国家税务总局公告 2015 年第 34 号、《财政部 国家税务总局关于高新技术企业职工教育经费税前扣除政策的通知》（财税〔2015〕63 号）、《关于企业职工教育经费税前扣除政策的通知》（财税〔2018〕51 号）等相关规定，填报《职工薪酬纳税调整明细表（A105050）》，如表 8-7 所示。为加强企业职工薪酬的企业所得税和个人所得税比对分析，职工薪酬项目不需纳税调整的企业，也需填报此表。

表 8-7　职工薪酬纳税调整明细表（A105050）

行次	项　　目	账载金额	实际发生额	税收规定扣除率	以前年度累计结转扣除额	税收金额	纳税调整金额	累计结转以后年度扣除额
		1	2	3	4	5	6（1–5）	7（1+4–5）
1	一、工资薪金支出			*	*			*
2	其中：股权激励			*	*			*
3	二、职工福利费支出				*			*
4	三、职工教育经费支出			*				
5	其中：按税收规定比例扣除的职工教育经费							
6	按税收规定全额扣除的职工培训费用				*			*

续表

行次	项目	账载金额	实际发生额	税收规定扣除率	以前年度累计结转扣除额	税收金额	纳税调整金额	累计结转以后年度扣除额
		1	2	3	4	5	6（1–5）	7（1+4–5）
7	四、工会经费支出				*			*
8	五、各类基本社会保障性缴款			*	*			*
9	六、住房公积金			*	*			*
10	七、补充养老保险				*			*
11	八、补充医疗保险				*			*
12	九、其他			*				
13	合计（1+3+4+7+8+9+10+11+12）			*				

【例 8-4】2017 年某企业工资薪金计提 55 万元，实际发放 50 万元，职工福利费实际支出 6 万元，职工教育经费（2.5%）本年实际支出 2 万元，上年结转 1 万元，工会经费支出 0.8 万元（取得专用收据）。

职工福利费扣除限额=50×14%=7（万元）

职工教育经费扣除限额=50×2.5%=1.25（万元）

工会经费扣除限额=50×2%=1（万元）

该企业纳税申报时，填报《职工薪酬纳税调整明细表（A105050）》，如表 8-8 所示。

表 8-8　职工薪酬纳税调整明细表（A105050）

行次	项目	账载金额	实际发生额	税收规定扣除率	以前年度累计结转扣除额	税收金额	纳税调整金额	累计结转以后年度扣除额
		1	2	3	4	5	6（1–5）	7（1+4–5）
1	一、工资薪金支出	550 000	500 000	*	*	500 000	50 000	*
2	其中：股权激励			*	*			*
3	二、职工福利费支出	60 000	60 000	14%	*	60 000	0	*
4	三、职工教育经费支出	20 000	20 000	*	10 000	12 500	7 500	17 500
5	其中：按税收规定比例扣除的职工教育经费	20 000	20 000	2.5%	10 000	12 500	7 500	17 500
6	按税收规定全额扣除的职工培训费用				*			*
7	四、工会经费支出	8 000	8 000	2%	*	8 000	0	*

8.2.2 职工薪酬的税收优惠

所得税法第三十条第（二）项指出，安置残疾人员及国家鼓励安置的其他就业人员所支付的工资，企业可以在计算应纳税所得额时加计扣除。

所得税法实施条例第九十六条指出，企业安置残疾人员所支付的工资的加计扣除，是指企业安置残疾人员的，在按照支付给残疾职工工资据实扣除的基础上，按照支付给残疾职工工资的 100%加计扣除。

财税〔2009〕70 号明确规定，企业就支付给残疾职工的工资，在进行企业所得税预缴申报时，允许据实计算扣除；在年度终了进行企业所得税年度申报和汇算清缴时，再依照规定计算加计扣除。

企业享受安置残疾职工工资 100%加计扣除应具备的条件：

（1）依法与安置的每位残疾人签订了一年以上（含一年）的劳动合同或服务协议，并且安置的每位残疾人在企业实际上岗工作。

（2）为安置的每位残疾人按月足额缴纳了企业所在区县人民政府根据国家政策规定的基本养老保险、基本医疗保险、失业保险和工伤保险等社会保险。

（3）定期通过银行等金融机构向安置的每位残疾人实际支付了不低于企业所在区县适用的经省级人民政府批准的最低工资标准的工资。

（4）具备安置残疾人上岗工作的基本设施。

企业吸收残疾人员就业，可以享受上述税收优惠，在纳税申报时，填报二级附表《免税、减计收入及加计扣除优惠明细表（A107010）》，如表 8-9 所示，然后在主表《中华人民共和国企业所得税年度纳税申报表（A 类）（A100000）》的第 17 行填列，如表 8-10 所示。

表 8-9　免税、减计收入及加计扣除优惠明细表（A107010）

行次	项　　目	金　　额
29	（二）安置残疾人员所支付的工资加计扣除	

表 8-10　中华人民共和国企业所得税年度纳税申报表（A100000）

行次	类　　别	项　　目	金　　额
17		减：免税、减计收入及加计扣除（填写 A107010）	

8.3 股份支付的税会差异

为进一步鼓励科技创新，充分调动科研人员创新创业的活力和积极性，使科技成果最大程度转化为现实生产力，国家出台了一系列股权激励优惠政策，引导企业实施股权激励。股份支付是指企业为获取职工和其他方提供的服务而授予权益工具或者承担以权益工具为基础确定的负债的交易。

8.3.1 股份支付的个人所得税处理

实施股票期权计划的企业授予该企业员工的股票期权所得，按《中华人民共和国个人所得税法》及其有关规定征收个人所得税。企业员工股票期权是指上市公司按照规定的程序授予本公司及其控股企业员工的一项权利，该权利允许被授权员工在未来时间内以某一特定价格购买本公司一定数量的股票。

员工接受企业授予的股票期权时，除另有规定外，一般不作为应税所得征税。这里的“另有规定”是指部分股票期权在授权时即约定可以转让，且在境内或境外存在公开市场及挂牌价格。这种情况下，按以下方式处理员工取得可公开交易的股票期权：属于员工已实际取得有确定价值的财产，按授权日股票期权的市场价格，作为员工授权日所在月的工资薪金所得。如果员工以折价购入方式取得股票期权，可以将授权日股票期权的市场价格扣除折价购入股票期权时实际支付的价款后的余额，作为授权日所在月的工资薪金所得。员工取得上述可公开交易的股票期权后，转让该股票期权的所得，属于财产转让所得，员工取得可公开交易的股票期权后，实际行使该股票期权购买股票时，不再计算缴纳个人所得税。

员工行权时，其从企业取得股票的实际购买价低于购买日公平市场股票当日的收盘价的差额，是因员工在企业的表现和业绩情况而取得的与任职、受雇有关的所得，按“工资、薪金所得”项目计算缴纳个人所得税。

员工在行权日之前将股票期权转让的，以股票期权的转让净收入作为工资薪金所得征收个人所得税。这里的“转让净收入”一般是指股票期权转让收入，如果员工以折价购入方式取得股票期权，可以扣除折价购入股票期权时实际支付的价款。员工将行权后的股票再转让时获得的高于购买日公平市场价的差额，是因个人在证券二级市场上转让股票等有价证券而获得的所得，按照“财产转让所得”适用的征免规定计算缴纳个人所得税。转让境内上市公司的股票，暂不征收个人所得税；转让境外上市公司的股票，需征收个人所得税。

凡取得股票期权的员工在行权日不实际买卖股票，而按行权日股票期权所指定股票的市场价与行权价之间的差额直接从授权企业取得价差收益的，该项价差收益作为员工取得股票期权形式的工资薪金所得计算缴纳个人所得税。员工因拥有股权而参与企业税后利润分配取得的所得，除依照有关规定可以免税或减税的外，全额计算纳税。

8.3.2 以现金结算的股份支付的税务处理

所得税法实施条例规定，作为企业税前扣除项目的工资薪金支出，是企业已经实际支付给其职工的工资薪金，尚未支付的应付工资薪金支出，不能在其未支付的这个纳税年度内扣除，只有等到实际发生后才准予税前扣除。如果因股份支付而确认成本或费用与行权不在同一会计年度，则产生暂时性差异。

1. 授权后可立即行权的以现金结算的股份支付

（1）授权后可立即行权，企业和职工在授权日结算。会计准则规定，企业在授予日以企业承担负债的公允价值计入相关成本和费用，并相应增加负债。由于在确认成本费用的同时，已将款项实际支付给职工，按照所得税法规定允许在当年计算应纳税所得额时全额扣除，所得税法与会计准则的规定一致，没有产生暂时性差异，不需要做纳税调整处理。

（2）授权后可立即行权，企业和职工在以后会计年度结算。会计准则规定，企业在授予日以企业承担负债的公允价值计入相关成本和费用，同时计入负债，在可行权日即授权日之后不再确认成本费用。在可行权日至结算日之间的每个资产负债表日和结算日对负债（应付职工薪酬）的公允价值重新计量，将其变动计入当期损益（公允价值变动损益）。

根据《国家税务总局关于我国居民企业实行股权激励计划有关企业所得税处理问题的公告》（国家税务总局公告 2012 年第 18 号），企业可立即行权的股权激励，其公允价值与行权支付金额的差额，可税前扣除（无差异）；有等待期的股权激励，需待可行权年度，按照其公允价值与行权支付金额的差额，可税前扣除（形成税会差异）。

按照所得税法的规定，只有等到工资薪金实际支付后，才准予税前扣除。由于所得税法与会计准则的规定不一致，产生暂时性差异，要做纳税调整处理。

2. 授权后需满足条件才可行权的以现金结算的股份支付

（1）授权后需满足条件才可行权，企业和职工在可行权日结算。其会计处理及纳税调整与在可行权日之后立即结算的情况相似。

（2）授权后需满足条件才可行权，企业和职工在可行权日后结算。企业在等待期内的每个资产负债表日，以对可行权情况的最佳估计数为基础，按照企业承担负债的公允价值，将当期取得的服务计入相关成本或费用，同时计入负债。在可行权日之后不再确认成本或费用，在可行权日至结算日之间的每个资产负债表日和结算日对负债的公允价值重新计量，将其变动计入当期损益。

按照所得税法的规定，只有等到实际支付工资薪金后，才准予税前扣除。对于因所得税法与会计准则的规定不一致而产生的暂时性差异，需做纳税调整处理。

【例 8-5】2015 年年初，大宇公司为其 200 名中层以上职员每人授予 100 份现金股票增值权，这些职员从 2015 年 1 月 1 日起在该公司连续服务三年，即可按照当时股价的增长幅度获得现金，该增值权在2019年12月31日之前行使。大宇公司估计，该增值权在负债结算之前的每一资产负债表日以及结算日的公允价值和可行权后的每份增值权现金支出额，如表8-11所示。

表8-11 增值权现金支出额

单位：元

年　份	公允价值	支付现金
2015	14	
2016	15	
2017	18	16
2018	21	20
2019		25

第一年有20名职员离开大宇公司，大宇公司估计三年中还将有15名职员离开；第二年又有10名职员离开公司，公司估计还将有10名职员离开；第三年又有15名职员离开。第三年年末，有70人行使股份增值权取得了现金。第四年年末，有50人行使了股份增值权。第五年年末，剩余35人也行使了股份增值权。

费用计算过程如表8-12所示。

表8-12 费用的计算

单位：元

年　份	负债计算（1）	支付现金计算（2）	负债（3）	支付现金（4）	当期费用（5）
2015	（200–35）×100×14×1÷3		77 000		77 000
2016	（200–40）×100×15×2÷3		160 000		83 000
2017	（200–45–70）×100×18	70×100×16	153 000	112 000	105 000
2018	（200–45–70–50）×100×21	50×100×20	73 500	100 000	20 500
2019	0	35×100×25	0	87 500	14 000
总额				299 500	299 500

大宇公司的会计处理。

（1）2015年12月31日的会计处理如下：

借：管理费用　　　　77 000

　贷：应付职工薪酬——股份支付　　　　77 000

大宇公司在申报2015年的所得税时，调增应纳税所得额77 000元。企业纳税申报时，填报《职工薪酬纳税调整明细表（A105050）》，如表8-13所示。

表 8-13　职工薪酬纳税调整明细表（A105050）

行次	项　　目	账载金额	实际发生额	税收规定扣除率	以前年度累计结转扣除额	税收金额	纳税调整金额	累计结转以后年度扣除额
		1	2	3	4	5	6（1–5）	7（1+4–5）
1	一、工资薪金支出			*	*			*
2	其中：股权激励	77 000	0	*	*	0	77 000	*

此时，应交企业所得税 269 250 元［（1 000 000+77 000）×25%］。可抵扣暂时性差异 77 000 元，确认递延所得税资产 19 250 元。

借：所得税费用　　250 000
　　递延所得税资产　　19 250
　贷：应交税费——应交所得税　　269 250

（2）2016 年 12 月 31 日的会计处理如下：

借：管理费用　　83 000
　贷：应付职工薪酬——股份支付　　83 000

大宇公司在申报 2016 年的所得税时，调增应纳税所得额 83 000 元。企业纳税申报时，填报《职工薪酬纳税调整明细表（A105050）》，如表 8-14 所示。

表 8-14　职工薪酬纳税调整明细表（A105050）

行次	项　　目	账载金额	实际发生额	税收规定扣除率	以前年度累计结转扣除额	税收金额	纳税调整金额	累计结转以后年度扣除额
		1	2	3	4	5	6（1–5）	7（1+4–5）
1	一、工资薪金支出			*	*			*
2	其中：股权激励	83 000	0	*	*	0	83 000	*

此时，应交企业所得税 270 750 元［（1 000 000+83 000）×25%］。可抵扣暂时性差异 83 000 元，“递延所得税资产”账户的期初余额为 19 250 元，当期应确认递延所得税资产 20 750 元。

借：所得税费用　　250 000
　　递延所得税资产　　20 750
　贷：应交税费——应交所得税　　270 750

（3）2017 年 12 月 31 日的会计处理如下：

借：管理费用　　105 000
　贷：应付职工薪酬——股份支付　　105 000

借：应付职工薪酬——股份支付　　112 000
　贷：银行存款　　112 000

大宇公司在申报 2017 年的所得税时，调增应纳税所得额 105 000 元。另外，公司在 2017

年 12 月 31 日支付给其中 70 名管理人员 112 000 元现金，按税法的规定，调减应纳税所得额 112 000 元。

以上两项总计应调减应纳税所得额 7 000 元，大宇公司纳税申报时，填报《职工薪酬纳税调整明细表（A105050）》，如表 8-15 所示。

表 8-15　职工薪酬纳税调整明细表（A105050）

行次	项　目	账载金额	实际发生额	税收规定扣除率	以前年度累计结转扣除额	税收金额	纳税调整金额	累计结转以后年度扣除额
		1	2	3	4	5	6（1–5）	7（1+4–5）
1	一、工资薪金支出			*	*			*
2	其中：股权激励	105 000	112 000	*	*	112 000	–7 000	*

此时，应交企业所得税 248 250 元［（1 000 000– 7 000）×25%］。

2017 年 12 月 31 日，应付职工薪酬的账面价值为 153 000 元，与其计税基础 0 之间的差额为 153 000 元，属于可抵扣暂时性差异，确认递延所得税资产 38 250 元。由于“递延所得税资产”账户的期初余额为 40 000 元，当期转回原已确认的递延所得税资产 1 750 元。会计处理如下：

借：所得税费用　　250 000

　贷：递延所得税资产　　1 750

　　应交税费——应交所得税　　248 250

（4）2018 年 12 月 31 日的会计处理如下：

借：公允价值变动损益　　20 500

　贷：应付职工薪酬——股份支付　　20 500

借：应付职工薪酬——股份支付　　100 000

　贷：银行存款　　100 000

由于公允价值变动损益不计入应纳税所得额，因此公司在申报 2018 年的所得税时，调增应纳税所得额 20 500 元。2018 年实际支付 50 名管理人员现金 100 000 元，按照税法规定，调减应纳税所得额 100 000 元。纳税申报时，填报《纳税调整项目明细表（A105000）》第 7 行和《职工薪酬纳税调整明细表（A105050）》，分别如表 8-16 和表 8-17 所示。

表 8-16　纳税调整项目明细表（A105000）

行　次	项　目	账载金额	税收金额	调增金额	调减金额
		1	2	3	4
7	（六）公允价值变动净损益	–20 500	*	20 500	

表 8-17 职工薪酬纳税调整明细表（A105050）

行次	项 目	账载金额	实际发生额	税收规定扣除率	以前年度累计结转扣除额	税收金额	纳税调整金额	累计结转以后年度扣除额
		1	2	3	4	5	6（1–5）	7（1+4–5）
1	一、工资薪金支出			*	*			*
2	其中：股权激励	0	100 000	*	*	100 000	–100 000	*

以上两项总计应调减应纳税所得额 79 500 元（100 000–20 500），应交企业所得税 230 125 元［（1 000 000–79 500）×25%］。

2018 年 12 月 31 日，应付职工薪酬的账面价值为 73 500 元，与其计税基础 0 之间的差额为 73 500 元，属于可抵扣暂时性差异，确认与其相关的递延所得税资产 18 375 元。由于“递延所得税资产”账户的期初余额为 38 250 元，当期应转回原已确认的递延所得税资产 19 875 元。

借：所得税费用　　250 000
　贷：递延所得税资产　　19 875
　　　应交税费——应交所得税　　230 125

（5）2019 年 12 月 31 日的会计处理如下：

借：公允价值变动损益　　14 000
　贷：应付职工薪酬——股份支付　　14 000
借：应付职工薪酬——股份支付　　87 500
　贷：银行存款　　87 500

由于公允价值变动损益不计入应纳税所得额，因此公司在申报 2019 年的所得税时，调增应纳税所得额 14 000 元。2019 年实际支付给 30 名管理人员现金 87 500 元，按照税法规定调减应纳税所得额 87 500 元。纳税申报时，填报《纳税调整项目明细表（A105000）》第 7 行和《职工薪酬纳税调整明细表（A105050）》，分别如表 8-18 和表 8-19 所示。

表 8-18 纳税调整项目明细表（A105000）

行 次	项 目	账载金额	税收金额	调增金额	调减金额
		1	2	3	4
7	（六）公允价值变动净损益	–14 000	*	14 000	

表 8-19 职工薪酬纳税调整明细表（A105050）

行次	项 目	账载金额	实际发生额	税收规定扣除率	以前年度累计结转扣除额	税收金额	纳税调整金额	累计结转以后年度扣除额
		1	2	3	4	5	6（1–5）	7（1+4–5）
1	一、工资薪金支出			*	*			*
2	其中：股权激励	0	87 500	*	*	87 500	–87 500	*

以上两项总计调减应纳税所得额 73 500 元，应交企业所得税为 231 625 元［（1 000 000−73 500）×25%］。

应付职工薪酬的账面价值及计税基础均为 0，两者之间不存在暂时性差异，原已确认的与该项负债相关的“递延所得税资产”账户余额 18 375 元应全部转回。会计处理如下：

借：所得税费用	250 000	
贷：递延所得税资产		18 375
应交税费——应交所得税		231 625

8.3.3 以权益结算的股份支付的税会处理

《企业会计准则第 11 号——股份支付》及其应用指南指出，以权益结算的股份支付的会计处理通常包含以下几个方面：

（1）授予日。对于立即可行权的股份支付，按照授予日权益工具的公允价值计入相关的成本、费用和资本公积；对于除了立即可行权的股份支付外的以权益结算和现金结算的股份支付，在授予日均不做会计处理。

（2）等待期内的每个资产负债表日。完成等待期内的服务或达到规定业绩条件才可行权的换取职工服务的以权益结算的股份支付，在等待期内的每个资产负债表日，应当以对可行权权益工具数量的最佳估计为基础，按照权益工具授予日的公允价值，将当期取得的服务计入相关成本或费用和资本公积。

在资产负债表日，后续信息表明可行权权益工具的数量与以前估计不同的，应当进行调整并在可行权日调整至实际可行权的权益工具数量。

根据上述权益工具的公允价值和预计可行权的权益工具数量，计算截至当期累计应确认的成本费用金额，再减去前期累计已确认金额，作为当期应确认的成本费用金额。

（3）可行权日及可行权日之后。对于权益结算的股份支付，企业应在行权日根据行权情况，确认股本和股本溢价，同时结转等待期内确认的资本公积；在可行权日之后不再对已确认的成本费用和所有者权益总额进行调整。

对于以权益结算的股份支付税务的处理，国家税务总局公告 2012 年第 18 号明确了我国对于股权激励企业所得税的处理原则：① 对股权激励计划实行后立即可以行权的，上市公司可以根据实际行权时该股票的公允价格与激励对象实际行权支付价格的差额和数量，计算确定作为当年上市公司工资薪金支出，依照税法规定进行税前扣除。② 对股权激励计划实行后，需待一定服务年限或者达到规定业绩条件方可行权的。上市公司等待期内会计上计算确认的相关成本费用，不得在对应年度计算缴纳企业所得税时扣除。在股权激励计划可行权后，上市公司方可根据该股票实际行权时的公允价格与当年激励对象实际行权支付价格的差额及数量，计算确定作为当年上市公司工资薪金支出，依照税法规定进行税前扣除。③ 上述所指股票实际行权时的公允价格，以实际行权日该股票的收盘价格确定。

【例 8-6】黄海公司为上市公司，2015 年 1 月 1 日，公司经股东大会批准实施股权激励计划，向公司高管张某授予 3 万份股票期权。高管张某自 2015 年 1 月 1 日起，必须在公司连续服务 3 年，服务期满时才能够以每股 2 元的价格购买 3 万股公司股票。该公司估计该期权在授予日的公允价值为 6 元。假定黄海公司的股票 2015 年 12 月 31 日的收盘价为 7 元，2016 年 12 月 31 日的收盘价为 8 元，2017 年 12 月 31 日高管张某全部行权，并且行权日收盘价为 9 元，股票面值为 1 元，企业所得税税率为 25%。

黄海公司实施股权激励应做如下处理。

1. 2015 年度

（1）1 月 1 日为股权激励计划授予日，企业不做会计处理。

（2）12 月 31 日会计处理。计入成本费用、增加资本公积的金额=6（授予日公允价值）×30 000（股票期权股数）×1（第 1 年）÷3（等待期年限）=60 000（元）。

借：管理费用　　60 000

　贷：资本公积——其他资本公积　　60 000

（3）12 月 31 日税务处理。由于黄海公司 2015 年股权激励计划实行后，高管张某没有行权，因此，黄海公司在等待期内会计上计算确认的相关成本费用，不得在对应年度计算缴纳企业所得税时扣除。2015 年应调增应纳税所得额 60 000 元，纳税申报时需要填报《职工薪酬纳税调整明细表（A105050）》，如表 8-20 所示。

表 8-20　职工薪酬纳税调整明细表（A105050）

行次	项　目	账载金额	实际发生额	税收规定扣除率	以前年度累计结转扣除额	税收金额	纳税调整金额	累计结转以后年度扣除额
		1	2	3	4	5	6（1–7）	7（1+4–5）
1	一、工资薪金支出			*	*			*
2	其中：股权激励	60 000	0	*	*	0	60 000	*

（4）递延所得税资产的确认。由于高管张某没有行权，所以黄海公司在等待期内会计上计算确认的相关成本费用，不得在对应年度计算缴纳企业所得税时扣除。《企业会计准则讲解（2010）》第十九章第三节中“三、特定交易或事项中涉及递延所得税的确认”之“（三）与股份支付相关的当期及递延所得税”规定，与股份支付相关的支出在按照会计准则规定确认为成本时，其相关的所得税影响应区别于税法的规定进行处理。税法规定了与股份支付相关的支出不允许税前扣除，则不形成暂时性差异。

2015 年度预计未来期间可税前扣除的金额=(当年股票的公允价值 7 元–股票期权行权价格 2 元）×可行权数量 30 000×1（第 1 年）÷3（等待期年限）=50 000（元），而根据会计准则规定在当期确认的成本费用为 60 000 元，其中 10 000 元不形成暂时性差异。具体的所得税会计处理如下：

借：递延所得税资产　　12 500（50 000×25%）

　贷：所得税费用　　12 500

2. 2016 年度

（1）12 月 31 日会计处理。计入成本费用、增加资本公积的金额=6（授予日公允价值）×30 000（股票期权股数）×2（第 2 年）÷3（等待期年限）–60 000（以前累计计入成本费用金额）=60 000（元）。

借：管理费用　　60 000

　贷：资本公积——其他资本公积　　60 000

（2）12 月 31 日税务处理。股权激励计划实行后，在等待期内会计上计算确认的相关成本费用，不得在对应年度计算缴纳企业所得税时扣除。2016 年应调增应纳税所得额 60 000 元，纳税申报时需要填报《职工薪酬纳税调整明细表（A105050）》，如表 8-21 所示。

表 8-21　职工薪酬纳税调整明细表（A105050）

行次	项　目	账载金额	实际发生额	税收规定扣除率	以前年度累计结转扣除额	税收金额	纳税调整金额	累计结转以后年度扣除额
		1	2	3	4	5	6（1–5）	7（1+4–5）
1	一、工资薪金支出			*	*			*
2	其中：股权激励	60 000	0	*	*	0	60 000	*

（3）递延所得税资产的确认。2016 年度预计未来期间可税前扣除的金额=（当年股票的公允价值 8 元–股票期权行权价格 2 元）×可行权数量 30 000×2（第 2 年）÷3（等待期年限）–以前累计确认可税前扣除的金额 50 000 元=70 000（元），而根据会计准则规定在当期确认的成本费用为 60 000 元，超过了该公司当期确认的成本费用。根据《企业会计准则讲解（2010）》的规定，超过部分的所得税影响应直接计入所有者权益。因此，具体的所得税会计处理如下：

借：递延所得税资产　　17 500（70 000×25%）

　贷：资本公积——其他资本公积　　2 500（70 000–60 000）×25%

　　所得税费用　　15 000

3. 2017 年度

（1）12 月 31 日会计处理。计入成本费用、增加资本公积的金额=6（授予日公允价值）×30 000（股票期权股数）×3（第 3 年）÷3（等待期年限）–120 000（以前累计计入成本费用金额）=60 000（元）。

借：管理费用　　60 000

　贷：资本公积——其他资本公积　　60 000

12 月 31 日，高管张某行权，A 公司股票面值为 1 元。

借：银行存款　　60 000（2×30 000）

资本公积——其他资本公积　　180 000

贷：股本　　20 000

资本公积——股本溢价　　220 000

由于企业所得税时间性差异因素已经消失，因此 2015 年和 2016 年已经确认的递延所得税资产 30 000 元（12 500+17 500），应按规定全部予以转回。

借：所得税费用　　27 500

资本公积——其他资本公积　　250

贷：递延所得税资产　　30 000

（2）税务处理。高管张某行权，根据国家税务总局公告 2016 年第 18 号规定，黄海公司可根据该股票实际行权时的公允价格与当年激励对象实际行权支付价格的差额及数量，计算确定作为当年上市公司工资、薪金支出，依照税法规定进行税前扣除。因此，2017 年黄海公司企业所得税税前扣除金额=（职工实际行权时该股票的公允价格–职工实际支付价格）×行权数量=（9–2）×30 000=210 000（元），会计上在当期确认的成本费用为 60 000 元，2016 年应调减应纳税所得额 150 000 元（210 000–60 000），纳税申报时需要填报《职工薪酬纳税调整明细表（A105050）》，如表 8-22 所示。

表 8-22　职工薪酬纳税调整明细表（A105050）

行次	项　目	账载金额	实际发生额	税收规定扣除率	以前年度累计结转扣除额	税收金额	纳税调整金额	累计结转以后年度扣除额
		1	2	3	4	5	6（1–5）	7（1+4–5）
1	一、工资薪金支出			*	*			*
2	其中：股权激励	60 000	0	*	*	210 000	–150 000	*

（3）特别说明。企业实施股权激励，在会计处理上是按照授予日权益工具的公允价值和可行权的权益工具数量计入成本费用的；在税务处理上是根据实际行权时该股票的公允价格与激励对象实际行权支付价格的差额和行权的权益工具数量，计算确定作为当年工资薪金支出，依照税法规定进行税前扣除的。以案例为例，黄海公司实施股权激励，会计上计入成本费用的金额为 180 000 元，而税前进行扣除的金额为 210 000 元。

第 9 章

收入的税会差异

税收意义上收入的内容比较丰富，主要包括商品销售收入、提供劳务收入、让渡资产使用权收入、建造合同收入和政府补助产生的收入。会计上，这些收入分别由收入准则、建造合同准则和政府补助准则规范，本章主要介绍这些业务的税会差异、纳税调整处理和纳税申报表的填制。

需要说明的是，有关收入、建造合同、政府补助业务的会计准则，财政部已于 2017 年对这些具体会计准则做了修订。其中，政府补助修订后即刻执行，本书以修订后的准则来分析税会差异；收入准则和建造合同准则被大幅度修订，并且形成修订的收入准则，并要求在境内外同时上市的公司 2018 年开始执行，仅在境内上市的公司 2020 年开始执行，非上市公司 2021 年开始执行。本书鉴于实用性，仍以修订前的收入准则和建造合同为基础来分析税会差异。

会计上的收入体现企业的经营成果，税法上的收入则是税收的税基或税源。收入含义的差异是收入在税法和会计上不同的一个主要表现，具体如表 9-1 所示。

表 9-1　收入含义的税会差异

会计处理	税务处理
收入是指企业在日常活动中形成的、会导致所有者权益增加的、与所有者投入资本无关的经济利益的总流入，分为商品销售收入、提供劳务收入和让渡资产使用权收入	收入总额是指企业以货币形式和非货币形式从各种来源取得的收入，包括：销售货物收入，提供劳务收入，转让财产收入，股息、红利等权益性投资收益，利息收入，租金收入，特许权使用费收入，接受捐赠收入和其他收入。 不征税收入一般指财政拨款、依法收取并纳入财政管理的行政事业性收费、政府性基金、国务院规定的其他不征税收入。 免税收入一般包括：国债利息收入，符合条件的居民企业之间的股息、红利收入，在中国境内设立机构、场所的非居民企业从居民企业取得与该机构、场所有实际联系的股息、红利收入，符合条件的非营利公益组织的收入

所得税法规定，企业以货币形式取得的收入包括现金、存款、应收账款、应收票据以及债务的豁免等；企业以非货币形式取得的收入包括存货、固定资产、投资性房地产、无形资产、股权投资、劳务等资产以及其他权益；企业以非货币形式取得的收入，按公允价值确定收入额。

政府补助是企业从政府无偿取得货币性资产或非货币性资产，但不含政府作为企业所有者投入的资本。政府补助收入由《企业会计准则第 16 号——政府补助》(2017) 规范，由此可见，政府补助不属于收入准则的范畴。建造合同，是指为建造一项或数项在设计、技术、功能、最终用途等方面密切相关的资产而订立的合同。建造合同收入属于收入，由《企业会计准则第 15 号——建造合同》规范，与本章所称的收入有所不同。为了便于行文，将政府补助收入和建造合同收入安排在本章介绍。

企业收入包括主营业务收入和其他业务收入等。其中，主营业务收入是指企业为完成其经营目标从事的经常性活动实现的收入，如工业企业制造并销售产品、商业企业销售商品等实现的收入。

纳税申报时，企业的收入（包括“主营业务收入”和“其他业务收入”）需要填报一级附表《一般企业收入明细表（A101010）》，如表 9-2 所示，然后将第 1 行填报在主表《中华人民共和国企业所得税年度纳税申报表（A 类）（A100000）》的第 1 行，如表 9-3 所示。

表 9-2　一般企业收入明细表（A101010）

行　次	项　目	金　额
1	一、营业收入（2+9）	
2	（一）主营业务收入（3+5+6+7+8）	
3	1．销售商品收入	
4	其中：非货币性资产交换收入	
5	2．提供劳务收入	
6	3．建造合同收入	
7	4．让渡资产使用权收入	
8	5．其他	
9	（二）其他业务收入（10+12+13+14+15）	
10	1．销售材料收入	
11	其中：非货币性资产交换收入	
12	2．出租固定资产收入	
13	3．出租无形资产收入	
14	4．出租包装物和商品收入	
15	5．其他	

表 9-3 中华人民共和国企业所得税年度纳税申报表（A100000）

行　次	类　别	项　目	金　额
1	利润总额计算	一、营业收入（填写 A101010\101020\103000）	

与收入相对应的，纳税申报时，企业的营业成本（包括“主营业务成本”和“其他业务成本”）需要填报一级附表《一般企业成本支出明细表（A102010）》，如表 9-4 所示，然后将第 2 行填报在主表《中华人民共和国企业所得税年度纳税申报表（A 类）（A100000）》的第 2 行，如表 9-5 所示。

表 9-4 一般企业成本支出明细表（A102010）

行　次	项　目	金　额
1	一、营业成本（2+9）	
2	（一）主营业务成本（3+5+6+7+8）	
3	1．销售商品成本	
4	其中：非货币性资产交换成本	
5	2．提供劳务成本	
6	3．建造合同成本	
7	4．让渡资产使用权成本	
8	5．其他	
9	（二）其他业务成本（10+12+13+14+15）	
10	1．材料销售成本	
11	其中：非货币性资产交换成本	
12	2．出租固定资产成本	
13	3．出租无形资产成本	
14	4．包装物出租成本	
15	5．其他	

表 9-5 中华人民共和国企业所得税年度纳税申报表（A100000）

行　次	类　别	项　目	金　额
2		减：营业成本	

9.1 商品销售收入的税会差异

商品销售收入是指企业通过销售商品实现的收入，如工业企业制造并销售产品、商品流通企业销售商品等实现的收入。

9.1.1　商品销售收入确认和计量的税会差异

国家税务总局发布的《关于确认企业所得税收入若干问题的通知》（国税函〔2008〕875 号）第一条规定，除所得税法及其实施条例另有规定外，企业销售收入的确认，必须遵循权责发生制原则和实质重于形式原则。企业销售商品同时满足下列条件的，确认收入的实现：

（1）商品销售合同已经签订，企业已将商品所有权相关的主要风险和报酬转移给购货方；

（2）企业对已售出的商品既没有保留通常与所有权相联系的继续管理权，也没有实施有效控制；

（3）收入的金额能够可靠地计量；

（4）已发生或将发生的销售方的成本能够可靠地核算。

符合上述收入确认条件，采取下列商品销售方式的，按以下规定确认收入的实现：

（1）销售商品采用托收承付方式的，在办妥托收手续时确认收入；

（2）销售商品采取预收款方式的，在发出商品时确认收入；

（3）销售商品需要安装和检验的，在购买方接受商品以及安装和检验完毕时确认收入。如果安装程序比较简单，可在发出商品时确认收入；

（4）销售商品采用支付手续费方式委托代销的，在收到代销清单时确认收入。

从收入确认的条件可以看出，国税函〔2008〕875 号规定的收入确认条件与会计准则的规定趋于一致，两者都注重权责发生制原则和实质重于形式原则。不同的是，在会计准则中，确认商品销售收入强调的是经济利益很可能流入企业，而国税函〔2008〕875 号对所得税收入的确认并不强调“相关经济利益很可能流入企业”，也就是说，即使经济利益不可能流入企业，只要满足了国税函〔2008〕875 号规定的四个条件，就要确认收入。

【例 9-1】京智公司 2017 年 12 月 10 日发出商品给通和公司，市场价格 100 万元，成本 80 万元，合同规定发货当天付款。如果通和公司 2017 年 12 月 10 日发生火灾，京智公司判断在近半年无法收回货款，根据《企业会计准则第 14 号——收入》第四条可以暂时不确认收入，会计处理如下：

借：发出商品	800 000	
贷：库存商品		800 000

在申报 2017 年度企业所得税申报表时，京智公司需要填报《视同销售和房地产开发企业特定业务纳税调整明细表（A105010）》，如表 9-6 所示。

表 9-6 视同销售和房地产开发企业特定业务纳税调整明细表（A105010）

行 次	项 目	税收金额	纳税调整金额
		1	2
1	一、视同销售（营业）收入		
10	（九）其他	1 000 000	1 000 000
11	二、视同销售（营业）成本		
20	（九）其他	800 000	800 000

通过计算，调增 20 万元应纳税所得额。

增值税要在 2017 年 12 月确认销项税额：采取直接收款方式销售货物，不论货物是否发出，均为收到销售额或取得索取销售额的凭据，并将提货单交给买方的当天。由此看来，开具增值税发票不一定需要同时确认所得税收入。

销售收入计量的税会差异，如表 9-7 所示。

表 9-7 销售收入计量的税会差异

项 目	会计处理	税务处理
账户设置	主要通过主营业务收入和其他业务收入账户进行会计处理	不仅包括主营业务收入和其他业务收入，还包括视同销售收入和会计不做收入处理的价外费用
公允价值计量	引入公允价值作为计量收入的标准，特别是延期收款方式，按照合同或协议价款的现值确认其公允价值，作为销售商品收入金额	很少使用公允价值的概念，更多地采用了历史成本的计量标准，但赋予了税务机关在特定情况下按照合理标准调整应税收入的权利
商业折扣	按实际收取的价款确认销售收入	如果销售额和抵扣额在同一张发票上分别注明的，可按折扣后的余额作为计税依据；如果将抵扣额另开发票的，不论其在会计上如何处理，均不得从销售额中减除抵扣额
现金折扣	采用净价法可按照扣除折扣的净额确认收入	按照销售收入余额作为计税依据
视同销售	不作为销售业务进行会计处理，不确认会计收入	作为应税收入计算缴纳税金的商品或劳务的转移行为，按组成计税价格确定

9.1.2 商品销售收入的会计处理与税务处理

商品销售收入在会计处理和税务处理方面的差异与商品销售方式有很大关系，不同的销售方式在会计和税务上的处理不同。总体来说，商品销售分为一般商品销售和特殊商品销售，后者包括售后回购、分期收款销售、视同销售等。本书重点介绍这些销售方式存在的税会差异。

1. 一般商品销售收入

为了单独反映已经发出但尚未确认销售收入的商品成本，会计准则设置了“发出商品”账户。“发出商品”账户用来处理已经发出但尚未确认销售收入的商品成本。

【例 9-2】四平公司是增值税一般纳税人，2017 年 5 月 10 日向古贡公司销售商品一批，开出的增值税专用发票上注明售价为 500 000 元，增值税税率为 17%，增值税额为 85 000 元，该批商品的成本为 300 000 元。四平公司在销售时已经得知古贡公司资金周转困难，但困难只是暂时性的，四平公司 5 月 15 日将商品销售给了古贡公司。

四平公司的会计处理和税务处理如表 9-8 所示。

表 9-8　四平公司的会计处理和税务处理

会计处理	税务处理		2017 年 12 月古贡公司向四平公司承诺近期付款	四平公司于 2018 年 2 月 5 日收到古贡公司的款项
	增值税	所得税		
借：发出商品 300 000 贷：库存商品 300 000	借：应收账款——古贡公司 85 000 贷：应交税费——应交增值税（销项税额）85 000	当期应纳税所得额增加为增值税发票上注明的货款与成本之差，即 200 000 元（500 000– 300 000）。 针对该项业务，企业当期应交所得税增加数额 50 000 元（200 000×25%）。 借：递延所得税资产 50 000 贷：应交税费——应交所得税 50 000	借：应收账款——古贡公司 500 000 贷：主营业务收入 500 000 同时结转成本： 借：主营业务成本 300 000 贷：发出商品 300 000 同时调整应交所得税： 借：应交税费——应交所得税 50 000 贷：递延所得税资产 50 000	借：银行存款 585 000 贷：应收账款——古贡公司 585 000

此例中，销售和确认收入发生在同一年度，所以纳税申报时不需要报《视同销售和房地产开发企业特定业务纳税调整明细表（A105010）》。

【例 9-3】宏达商场为增值税一般纳税人，适用的增值税税率为 17%。企业所得税实行查账征收方式，企业所得税税率为 25%。假定每销售 100 元商品，其平均商品成本为 60 元。年末商场决定开展促销活动，拟定“满 100 送 20”，即每销售 100 元商品，送出 20 元的优惠。具体方案有如下三种选择：①顾客购物满 100 元，商场送 8 折商业折扣的优惠；②顾客购物满 100 元，商场赠送折扣券 20 元（不可兑换现金，下次购物可代币结算）；③顾客购物满 100 元，商场送加量，顾客可再选购价值 20 元商品（成本是 12 元），实行捆绑式销售，总价格不变。

该商场假定单笔销售了10 000元商品，并按上述三种方案逐一分析了各自的税收负担和税后净利情况（不考虑城建税和教育费附加等附加税费）。

方案一　企业销售10 000元商品，收取8 000元，需要在销售票据上注明折扣额，销售收入按折扣后的金额计算。

应交增值税=（8 000÷1.17）×17%–（6 000÷1.17）×17%=290（元）

销售毛利润=8 000÷1.17–6 000÷1.17=1 709（元）

应交企业所得税=1 709×25%=427（元）

税后净收益=1 709–427=1 282（元）

方案二　企业销售10 000元商品，收取10 000元，但赠送折扣券2 000元，商场本笔业务应纳税及相关获利情况为：

应交增值税=（10 000÷1.17）×17%–（6 000÷1.17）×17%=581（元）

销售毛利润=10 000÷1.17–6 000÷1.17=3 419（元）

应交企业所得税=3 419×25%=855（元）

税后净收益=3 419–855=2 564（元）

方案三　商场收取的销售收入没有变化，但由于实行捆绑式销售，加量部分成本可以正常列支，相关计算如下：

应交增值税=（10 000÷1.17）×17%–（6 000÷1.17）×17%–（1 200÷1.17）×17%=407（元）

销售毛利润=10 000÷1.17–6 000÷1.17–1 200÷1.17=2 393（元）

应交企业所得税=2 393×25%=598（元）

税后净收益=2 393–598=1 795（元）

同时，方案一与方案三相比，应再把2 000元的商品做正常销售计算如下：

应交增值税=（2 000÷1.17）×17%–（1 200÷1.17）×17%=116（元）

销售毛利润=2 000÷1.17–1 200÷1.17=684（元）

应交企业所得税=684×25%=171（元）

税后净收益=684–171=513（元）

按上述计算方法，方案一最终可获税后净利1 795元（1 282+513），与方案三大致相等。但考虑到方案一的再销售能否及时实现具有不确定性，以及存货占用资金的时间价值，因此方案三优于方案一。从整个案例看，方案二是最优的。

在此商业促销案例中，三个方案孰优孰劣和税收没有任何关系。读者可以自行验算分析之。

2. 售后回购

对于售后回购，会计上不确认收入，税法上将其作为两项业务处理：销售和购买。会计上把收入部分从当期收入中扣除，税法不允许现在扣除，而在回购的产品再次出售时扣除，这就形成了可抵扣暂时性差异，需要确认递延所得税资产。

售后回购一般不确认收入，如果有确凿证据表明售后回购交易满足销售商品收入确认条件的，可以认为该项交易并不是筹资行为，税法和会计上都是将其作为销售和购进两个环节来处理，会计上需要对售后回购确认收入和结转成本。

采用售后回购方式销售商品的，按实际收到的款项借记“银行存款”账户，贷记“其他应付款”账户；回购价格大于原价格的，差额在回购期间按期计提利息，借记“财务费用”账户，贷记“其他应付款”账户。有确凿证据表明售后回购交易满足销售商品收入确认条件的，销售的商品按售价确认收入，回购的商品作为购进商品处理。

回购期间的财务费用摊销，税法上作为回购产品的成本进行会计处理，当期需要调增应纳税所得额。

售后回购业务，在会计处理时，按照“实质重于形式”的要求，视同融资做会计处理，但在税收上不承认这种融资，而视为销售和采购两项经济业务。销售方的销售实现时要按照规定开具发票并收取价款，若销项税额小于其进项税额，则差额部分留待以后期间抵扣，但按规定缴纳企业所得税。

【例 9-4】2017 年 8 月 1 日，京顺公司向广和公司销售一批商品，开出增值税专用发票上注明的销售价款为 200 万元，增值税额为 34 万元。该批商品成本为 160 万元。商品已经发出，款项已经收到。协议约定，京顺公司于 2018 年 1 月 1 日将所售商品购回，回购价为 220 万元（不含税）。

（1）8 月 1 日发出商品时。

借：银行存款　　2 340 000
　贷：其他应付款　　2 000 000
　　应交税费——应交增值税（销项税额）　　340 000

借：发出商品　　1 600 000
　贷：库存商品　　1 600 000

（2）回购价大于原售价的差额，应在回购期按月计提利息费用。

借：财务费用　　40 000（200 000÷5）
　贷：其他应付款　　40 000

（3）2018 年 1 月 1 日回购商品时，收到的增值税专用发票上注明的商品价格为 220 万元，增值税额为 37.4 万元。假设商品已验收入库，款项已经支付。

借：财务费用　　40 000
　贷：其他应付款　　40 000

借：库存商品　　1 600 000
　贷：发出商品　　1 600 000

借：其他应付款　　2 200 000
　应交税费——应交增值税（进项税额）　　374 000

贷：银行存款　　　　　　　　　　　　　　　　　　　　　　2 574 000

企业所得税的计算，按企业所得税年度纳税申报表的有关内容填列，在申报 2017 年度企业所得税申报表时，京顺公司需要填报《视同销售和房地产开发企业特定业务纳税调整明细表（A105010）》，如表 9-9 所示。

表 9-9　视同销售和房地产开发企业特定业务纳税调整明细表（A105010）

行　次	项　目	税收金额	纳税调整金额
		1	2
1	一、视同销售（营业）收入		
10	（九）其他	2 000 000	2 000 000
11	二、视同销售（营业）成本		
20	（九）其他	1 600 000	1 600 000

另外，2017 年 8—12 月确认的利息费用不得在税前扣除，调增应纳税所得额 20 万元。

购回商品的账面价值为 160 万元，而该批资产的计税基础按实际买价 220 万元确定。会计基础与计税基础之间的差额为 60 万元。

资产负债表日，存货的账面价值为 160 万元，计税基础为 220 万元。

借：递延所得税资产　　　　　　　　　　　　　　　150 000

贷：所得税费用　　　　　　　　　　　　　　　　　　150 000

会计基础与计税基础之间的差额 60 万元，在以后年度处置该批存货时做纳税调减处理，即前期累计调增的金额在处置该批存货时获得转回。

3. 分期收款销售收入

在我国现行的 17 个税种中，分期收款销售业务涉及并对之有明确规定的主要是增值税和企业所得税。增值税部分在 9.1.3 节介绍。在会计上需要根据是否“实质上具有融资性质”分为两种情况：实质上不具有融资性质的，收入金额按从购货方应收的合同或协议价款来确定，这与税法的规定一致；而实质上具有融资性质的，收入金额按照应收的合同或协议价款的公允价值来确定，这与税法的相关规定存在差异。因此，对于实质上不具有融资性质的分期收款销售业务，在收入确认时间方面，税会存在差异，而在收入计量方面，税会保持一致。对于实质上具有融资性质的分期收款销售业务，在收入确认时间以及金额计量方面，税会均存在差异。不管是收入确认方面的差异还是金额计量方面的差异，均会涉及所得税会计问题。

分期收款销售收入的税会差异如表 9-10 所示。

表 9-10　分期收款销售收入的税会差异

会计处理	税务处理
企业按照从购货方已收或应收的合同或协议价款确定销售商品收入金额。合同或协议价款的收取采用递延方式，实质上具有融资性质，按照应收的合同或协议价款的公允价值确定销售商品收入金额。应收的合同或协议价款与公允价值之间的差额，在合同与协议期间内采用实际利率法进行摊销，计入当期损益	销售实现时，按已收取的款项或合同约定的应收款项确定销售商品收入金额

（1）实质上不具有融资性质的分期收款销售业务所得税处理。

【例 9-5】佳佳公司与广和公司签订书面合同，于 2016 年 12 月 31 日采用分期收款方式售出大型设备一套，销售价格（不含税）为 600 万元。从 2017 年年初开始每半年末收款一次，共分 3 次等额收取，该设备成本为 360 万元。

由于分期收款期限较短，可以判定为不具有融资性质，会计上在销售当期确认销售收入的实现，销售金额为合同约定的价款 600 万元；增值税和企业所得税按合同约定的收款日期来确认收入的实现，即在 2017 年 6 月 30 日、2017 年 12 月 31 日和 2018 年 6 月 30 日分别确认销售收入各 200 万元。

2016 年 12 月 31 日，销售实现时：

借：长期应收款　　6 000 000
　贷：主营业务收入　　6 000 000
借：主营业务成本　　3 600 000
　贷：库存商品　　3 600 000

2016 年年底，由于会计和所得税法收入确认时间不同，需纳税调减 240 万元（600−360）。同时，“长期应收款”和“库存商品”账户的账面价值和计税基础存在差异，需要确认相应的递延所得税资产或负债。

确认 2016 年所得税费用：

借：所得税费用　　600 000
　　递延所得税资产　　900 000
　贷：递延所得税负债　　1 500 000

2017 年 6 月 30 日收取货款：

借：银行存款　　2 340 000
　贷：长期应收款　　2 000 000
　　　应交税费——应交增值税（销项税额）　　340 000

2017 年 12 月 31 日收取货款：

借：银行存款　　2 340 000
　贷：长期应收款　　2 000 000
　　　应交税费——应交增值税（销项税额）　　340 000

2017 年按所得税法规定应确认销售收入 400 万元，销售成本 240 万元，相应纳税调增 160 万元（400–240）。

确认 2017 年所得税费用：

借：递延所得税负债　　1 000 000

　贷：所得税费用　　400 000

　　递延所得税资产　　600 000

2018 年 6 月 30 日收取货款：

借：银行存款　　2 340 000

　贷：长期应收款　　2 000 000

　　应交税费——应交增值税（销项税额）　　340 000

2018 年按所得税法规定确认销售收入 200 万元，销售成本 120 万元，相应纳税调增 80 万元（200–120）。

确认 2018 年所得税费用：

借：递延所得税负债　　500 000

　贷：所得税费用　　200 000

　　递延所得税资产　　300 000

（2）实质上具有融资性质的分期收款销售业务的税会处理。

【例 9-6】2015 年 1 月 1 日，佳佳公司采用分期收款方式向广和公司销售一套大型设备，合同约定的销售价格为 1 000 万元，分 5 次于每年 12 月 31 日等额收取。该大型设备成本为 600 万元。在现销方式下，该大型设备的销售价格为 800 万元，不考虑增值税因素。

佳佳公司确认的销售商品收入金额为 800 万元；计算得出现值 800 万元、年金 200 万元、期数 5 年的折现率 7.93%；每期计入财务费用的金额计算过程略。

佳佳公司各期的税会处理如下：

（1）2015 年 1 月 1 日销售实现时。

借：长期应收款　　10 000 000

　贷：主营业务收入　　8 000 000

　　未实现融资收益　　2 000 000

借：主营业务成本　　6 000 000

　贷：库存商品　　6 000 000

（2）2015 年 12 月 31 日收取货款时。

借：银行存款　　2 000 000

　贷：长期应收款　　2 000 000

借：未实现融资收益　　634 400

　贷：财务费用　　634 400

税务处理：以分期收款方式销售货物的，按照合同约定的收款日期确认收入的实现。本年度只确认计税收入 200 万元，结转成本 120 万元，所以调减应纳税所得额 183.44 万元。

纳税申报表的填制：申报 263.44 万元的利润。

《一般企业收入明细表（A101010）》第 3 行填报 800 万元销售收入；结转到主表第 1 行填报 800 万元；《一般企业成本支出明细表（A102010）》第 3 行填报 600 万元销售成本，结转到主表第 2 行填报 600 万元；《期间费用明细表（A104000）》第 25 行和第 5 列交叉处填报–63.44 万元，结转到主表第 6 行填报–63.44 万元。

先填报《未按权责发生制确认收入纳税调整明细表（A105020）》的第 6 行，如表 9-11 所示，然后在《纳税调整明细表（A105000）》第 3 行“未按权责发生制原则确认的收入”第 4 列填报 600 万元。结转到主表第 16 行纳税调减 600 万元。

表 9-11　未按权责发生制确认收入纳税调整明细表（A105020）

行次	项　　目	合同金额（交易金额）	账载金额		税收金额		纳税调整金额
			本年	累计	本年	累计	
		1	2	3	4	5	6（4–2）
5	二、分期确认收入						
6	（一）分期收款方式销售货物收入	10 000 000	8 000 000	8 000 000	2 000 000	2 000 000	–6 000 000

《纳税调整明细表（A105000）》第 22 行“与未实现融资收益相关在当期确认的财务费用”第 4 列填报 63.44 万元。结转到主表第 16 行纳税调减 63.44 万元。

《纳税调整明细表（A105000）》第 30 行“其他”第 4 列填报 120 万元，结转到主表第 16 行纳税调减 120 万元。

以后年度依次类推。

长期应收款的账面价值为 663.44 万元（800–136.56），计税基础为 0。

借：所得税费用　　1 658 600

　贷：递延所得税负债　　1 658 600

存货的账面价值为 0，计税基础为 480 万元。

借：递延所得税资产　　1 200 000

　贷：所得税费用　　1 200 000

（3）2016 年 12 月 31 日收取货款时。

借：银行存款　　2 000 000

　贷：长期应收款　　2 000 000

借：未实现融资收益　　526 110

　贷：财务费用　　526 110

税务处理：本年度应确认计税收入 200 万元，结转成本 120 万元，同时调减应纳税所得额 52.611 万元，累计调增应纳税所得额 27.389 万元。

长期应收款的账面价值为 516.951 万元（600–83.049），计税基础为 0。

借：递延所得税负债　　3 684 725

　贷：所得税费用　　3 684 725

存货的账面价值为 0，计税基础为 360 万元。

借：所得税费用　　300 000

　贷：递延所得税资产　　300 000

（4）2017 年 12 月 31 日收取货款时。

借：银行存款　　2 000 000

　贷：长期应收款　　2 000 000

借：未实现融资收益　　409 230

　贷：财务费用　　409 230

税务处理：本年度确认计税收入 200 万元，结转成本 120 万元，同时调减应纳税所得额 40.923 万元，累计调增应纳税所得额 39.077 万元。

长期应收款的账面价值为 357.874 万元（400–42.126），计税基础为 0。

借：递延所得税负债　　397 692.5

　贷：所得税费用　　397 692.5

存货的账面价值为 0，计税基础为 240 万元。

借：所得税费用　　300 000

　贷：递延所得税资产　　300 000

（5）2018 年 12 月 31 日收取货款时。

借：银行存款　　2 000 000

　贷：长期应收款　　2 000 000

借：未实现融资收益　　283 080

　贷：财务费用　　283 080

税务处理：本年度确认计税收入 200 万元，结转成本 120 万元，同时调减应纳税所得额 28.308 万元，累计调增应纳税所得额 51.692 万元。

长期应收款的账面价值为 185.282 万元（200–14.718），计税基础为 0。

借：递延所得税负债　　429 230

　贷：所得税费用　　429 230

存货的账面价值为 0，计税基础为 120 万元。

借：所得税费用　　300 000

　贷：递延所得税资产　　300 000

（6）2019 年 12 月 31 日收取货款时。

借：银行存款　　2 000 000

　贷：长期应收款　　2 000 000

借：未实现融资收益　　147 180

贷：财务费用　　　　　　　　　　　　　　　　　　　147 180

税务处理：本年度确认计税收入 200 万元，结转成本 120 万元，同时调减应纳税所得额 14.718 万元，累计调增应纳税所得额 65.282 万元。

长期应收款的账面价值为 0，计税基础为 0。

借：递延所得税负债　　　　　　　　　　　　　　463 205

贷：所得税费用　　　　　　　　　　　　　　　　　463 205

存货的账面价值为 0，计税基础为 0。

借：所得税费用　　　　　　　　　　　　　　　　300 000

贷：递延所得税资产　　　　　　　　　　　　　　　300 000

纳税申报时，填报《纳税调整项目明细表（A105000）》如表 9-12 所示。

表 9-12　纳税调整项目明细表（A105000）

年份	行次	项　目	账载金额	税收金额	调增金额	调减金额
2015	3	（二）未按权责发生制原则确认的收入	8 000 000	2 000 000	0	6 000 000
	22	（十）与未实现融资收益相关在当期确认的财务费用	634 400	0	0	634 400
2016	3	（二）未按权责发生制原则确认的收入	0	2 000 000	2 000 000	0
	22	（十）与未实现融资收益相关在当期确认的财务费用	526 110	0	0	526 110
2017	3	（二）未按权责发生制原则确认的收入	0	2 000 000	2 000 000	0
	22	（十）与未实现融资收益相关在当期确认的财务费用	409 230	0	0	409 230
2018	3	（二）未按权责发生制原则确认的收入	0	2 000 000	2 000 000	0
	22	（十）与未实现融资收益相关在当期确认的财务费用	283 080	0	0	283 080
2019	3	（二）未按权责发生制原则确认的收入	0	2 000 000	2 000 000	0
	22	（十）与未实现融资收益相关在当期确认的财务费用	147 180	0	0	147 180

根据《小企业会计准则》，小企业分期收款销售商品，如果延期收取的货款具有融资性质，其实质是小企业向购货方提供信贷，在符合收入确认条件时，小企业按照应收的合同价款或协议价款确定收入金额，按照合同约定的收款日期确认收入。这与所得税法规定是一致的，不存在税会差异，不需要做纳税调整处理。

4. 视同销售

所谓的视同销售，是指纳税人在处理某项资产时，按照会计准则规定不做销售处理，按照所得税法有关规定计算缴纳税款的行为。视同销售是根据税收上需要确认为应税收入并予以计税，而会计上并不进行销售收入的商品或劳务的转移行为的会计处理。

由此可见，“视同销售”是一个税收概念，而且会计准则并无明确界定，也不存在专门针对视同销售行为做出具体会计处理的规定。

（1）视同销售行为的各税种计税规定如表 9-13 所示。

表 9-13　视同销售行为的各税种计税一览表

税　种	视同销售行为计税价格
增值税	视同销售货物行为而无销售额者，按下列顺序确定其销售额： ① 按纳税人当月同类货物的平均销售价格确定。 ② 按纳税人最近时期同类货物的平均销售价格确定。 ③ 按组成计税价格确定：组成计税价格=成本×（1+成本利润率）
消费税	① 用于换取生产、消费资料，投资、抵债，应当以纳税人同类应税消费品的最高销售价格作为计税依据。 ② 自产自用，应按纳税人生产的同类消费品的销售价格计税；无同类消费品的销售价格的，按组成计税价格计税：组成计税价格=（成本+利润）÷（1–消费税税率）。 ③ 委托加工的应税消费品，按受托方的同类消费品的销售价格纳税；无同类消费品销售价格的，按组成计税价格计税：组成计税价格=（材料成本+加工费）÷（1–消费税税率）
企业所得税	视同对外销售产品的销售价格，应参照同期同类产品的市场销售价格；没有参照价格的，应按成本加合理利润的方法组成计税价格

视同销售行为主要表现在增值税、消费税和企业所得税三个种税上，其他税种视同销售较为简单。资源税视同销售主要是自产自用，土地增值税视同销售，主要是投资、联营、赠与、交换、抵债、土地使用者转让、抵押、置换土地等行为。

所得税法实施条例第二十五条规定：“企业发生非货币性资产交换，以及将货物、财产、劳务用于捐赠、偿债、赞助、集资、广告、样品、职工福利或者利润分配等用途的，应当视同销售货物、转让财产或者提供劳务，但国务院财政、税务主管部门另有规定的除外。”

（2）三个税种视同销售行为界定范围的比较。此外，国税函〔2008〕828 号从企业处置资产的角度，对相关视同销售业务的主体范围和业务范围做了进一步规定。企业发生下列情形的处置资产，除将资产转移至境外以外，由于资产所有权属在形式和实质上均不发生改变，可作为内部处置资产，不视同销售确认收入，相关资产的计税基础延续计算：① 将资产用于生产、制造、加工另一产品；② 改变资产形状、结构或性能；③ 改变资产用途（如自建商品房转为自用或经营）；④ 将资产在总机构及其分支机构之间转移；⑤ 上述两种或两种以上情形的混合；⑥ 其他不改变资产所有权属的用途的。企业将资产移送他人的下列情形，因资产所有权属已发生改变而不属于内部处置资产，应按规定视同销售确定收入：① 用于市场推广或销售；② 用于交际应酬；③ 用于职工奖励或福利；④ 用于股息分配；⑤ 用于对外捐赠；⑥ 其他改变资产所有权属的用途。

1）增值税与企业所得税的视同销售行为在范围上有交集，且后者比前者范围大。增值税视同销售既强调货物来源（自产、委托加工或外购），也考虑货物用途；而企业所得税视同销售与货物来源无关，只关注货物用途。企业所得税视同销售强调资产所有权属，所有权属未改变的内部处置资产不属于视同销售；而增值税视同销售强调纳税抵扣链条的完整、税负平衡、配比原则和最终使用纳税。

2）增值税与消费税的视同销售行为在范围上有重叠，且前者比后者范围大（消费税只向征增值税中的一部分特殊货物征收）。消费税视同销售只涉及自产货物，而增值税是多环节征收，其视同销售不仅涉及自产货物，也涉及外购货物。两者重叠的是自产货物用于馈赠、赞助、集资、广告、职工福利、奖励等，以及用于换取生产资料、消费资料、投资入股、偿还债务、分配给股东或投资者等方面，但用于非应税消费品、管理部门、非生产机构、提供劳务、样品等方面的消费税视同销售。增值税是否也属于视同销售行为，需要区别情况，不能一概而论。

（3）从所得税法关于视同销售与进项税不准抵扣的规定来看，不同来源的货物用于集体福利个人消费、投资、分配、赠送，有些属于视同销售的行为，计算销项税额，有些却属于进项税不准抵扣的情形。

第一，按货物来源加以区分。

1）货物来源为自产或委托加工的，用于集体福利个人消费、投资、分配、赠送，均视同销售，需计算销项税额，且其原已承担的进项税，如符合条件可以抵扣。

2）货物来源为购进的，按货物的用途分两种情况：一是购进货物用于投资、分配、赠送时，为视同销售。需计算销项税额，其原已承担的进项税，如符合条件可以抵扣。二是购进货物用于集体福利个人消费时，为进项税，不得抵扣。

第二，按货物用途加以区分。

1）用于投资、分配、赠送的，无论其来源是自产、委托加工的货物，还是购进的货物，均属视同销售。

2）用于集体福利个人消费、非应税项目，或发生非常损失的，如货物来源为自产、委托加工的，则视同销售。

【例 9-7】汇文公司是一家厨房用品生产企业，属于增值税一般纳税人，主要产品是电饭煲，副产品是高压锅。电饭煲成本为每台 600 元，售价为每台 1 000 元；高压锅成本为每台 300 元，售价为每台 500 元。增值税税率为 17%，所得税税率为 25%。汇文公司 2017 年 12 月发生下列经济业务：

（1）以买一赠一方式销售商品。汇文公司采用“买1台电饭煲赠送1台高压锅”的销售方式，本月共卖出2 000台电饭煲。

根据国税函〔2008〕875号的规定，企业以买一赠一等方式组合销售本企业商品的，不属于捐赠，将总的销售金额按各项商品的公允价值的比例来分摊确认各项商品的销售收入。

汇文公司的会计处理如下：

借：银行存款　　2 340 000

　贷：主营业务收入　　2 000 000

　　　应交税费——应交增值税（销项税额）　　340 000

借：主营业务成本——电饭煲　　1 200 000

　贷：库存商品——电饭煲　　1 200 000

借：销售费用　　770 000

　贷：库存商品——高压锅　　600 000

　　　应交税费——应交增值税（销项税额）　　170 000

在会计处理上，对于赠品（高压锅）不确认收入。税务处理上，将2 000 000元的总收入按两种商品公允价值的比例，分别确认主营业务收入1 333 333元（1 000÷1 500× 2 000 000）和其他业务收入666 667元（500÷1 500×2 000 000）。

（2）将商品用于对外捐赠。汇文公司通过有关公益慈善机构向养老院捐赠1 000台电饭煲。

在会计处理上，对外捐赠不符合收入的确认条件，不确认收入。汇文公司的会计处理如下：

借：营业外支出　　770 000

　贷：库存商品——电饭煲　　600 000

　　　应交税费——应交增值税（销项税额）　　170 000

企业将资产用于对外捐赠，按规定视同销售确认收入。在税务处理上，对外捐赠按视同销售确认收入并结转成本，期末调增应纳税所得额400 000元［1 000×（1 000–600）］。

根据所得税法实施条例第五十三条的规定，企业发生的公益性捐赠支出，不超过年度利润总额12%的部分，准予扣除。假设汇文公司当年会计利润总额为20 000 000元，则扣除限额为2 400 000元，此处的770 000元可以全部税前扣除。假设汇文公司当年会计利润总额为5 000 000元，则可扣除限额为600 000元，超出部分170 000元要进行纳税调增处理，计入应纳税所得额，且以后年度也不得再扣除这170 000元。

5. 附有销售退回条件的销售

附有销售退回条件的商品销售是指购买方依照有关协议有权退货的销售方式。

企业根据以往的经验能够合理估计退货的可能性且确认与退货相关的负债，通常在发出商品时确认收入；企业不能合理估计退货可能性的，通常在售出商品退货期满时确认收入。

所得税法规定，在销售商品的当时就确认为收入，不管将来是否发生退货。一旦发生退货，按销售退回的规定处理。

附有销售退回条件的商品销售，会计上要充分考虑这些收入将来要承担的潜在义务，但所得税法不考虑销售退回纳税人潜在负债的可能性和经营风险，只要符合所得税法确认收入的条件即纳税义务发生时间就确认应税收入。

所得税法规定已经确认销售的商品只有在实际退回时才能冲减退回期间的销售收入，则企业本期确认该项销售收入，并计入当期应纳税所得额缴纳所得税，从而使得由此确认的负债未来期间能够全额予以税前抵扣，故计税基础为 0，此时其他应付款的账面价值大于计税基础，形成可抵扣暂时性差异。同样，由于会计准则和所得税法对于收入、销售成本的确认时点不同，导致了递延所得税的产生，并通过资产负债表上的“其他应付款”和“存货”项目表现出来。

9.1.3　商品销售收入的流转税差异

企业在计算销售商品业务增值税应税销售额时，不能仅仅根据企业的“主营业务收入”账户的净收入额，而应按照现行税法的相关规定，对相关业务进行分析和差异调整。各种销售方式的税会差异有所不同，分述如下。

1. 分期收款销售的税会差异

会计准则对分期收款销售每期确认收入的时点和所得税法一致，但是，确认收入的金额可能会低于所得税法规定的增值税销售额，尤其是在收款期限较长的情况下，按未来现金流量现值计算的销售收入会远远低于约定的收款金额。

对采取分期收款方式销售的货物，增值税的纳税时间为按合同约定的收款日期当天，会计准则规定在销售成立时就确认全部收入，出现了与增值税规定相左的情况。当企业确认销售实现的时候，一般全额开出增值税专用发票，而对所得税法来说，通常的做法是在开出增值税专用发票时，确认销项税额。《增值税暂行条例实施细则》规定，采取赊销和分期收款方式销售货物，为书面合同约定的收款日期的当天，无书面合同的或者书面合同没有约定收款日期的，为货物发出的当天。由于企业开具了增值税专用发票，纳税义务已经发生，增值税纳税时间提前了。

具有融资性质的分期收款销售方式虽然包含了利息收入部分，但一般情况下不易区分。《增值税暂行条例》是按照合同或协议的价款确认收入的，也就是说，把相当于利息收入的部分作为混合销售一并征收增值税。

【例 9-8】2017 年 1 月 1 日，安双公司采用分期收款方式销售一大型设备给德里公司，合同约定从销售当年开始分 4 年分期收款，每年年末支付 100 万元，合计 400 万元(不含增值税)。假定在现销方式下，商品的销售价格为 300 万元，该设备实际成本为 200 万元。安双公司为增值税一般纳税人。假设不考虑其他税费。

按合同约定时间分期开具发票，由于会计上在销售时即按公允价值确认了销售收入，因此，分期计缴的部分只有利息收入应交增值税。

安双公司的会计处理如下：

（1）2017 年 1 月 1 日销售实现时。

借：长期应收款——德里公司	4 000 000	
贷：主营业务收入		3 000 000
未实现融资收益		1 000 000
借：主营业务成本	2 000 000	
贷：库存商品		2 000 000

（2）2017 年 12 月 31 日。

应交增值税=100×17%=17（万元）

借：银行存款	1 170 000	
未实现融资收益	378 600	
贷：长期应收款——德里公司		1 000 000
财务费用		378 600
应交税费——应交增值税（销项税额）		170 000

（3）2018 年 12 月 31 日。

借：银行存款	1 170 000	
未实现融资收益	300 200	
贷：长期应收款——德里公司		1 000 000
财务费用		300 200
应交税费——应交增值税（销项税额）		170 000

（4）2019 年 12 月 31 日。

借：银行存款	1 170 000	
未实现融资收益	211 900	
贷：长期应收款——德里公司		1 000 000
财务费用		211 900
应交税费——应交增值税（销项税额）		170 000

（5）2020 年 12 月 31 日。

借：银行存款	1 170 000	
未实现融资收益	109 300	
贷：长期应收款——德里公司		1 000 000
财务费用		109 300
应交税费——应交增值税（销项税额）		170 000

2. 视同销售的税会差异

企业将外购的商品用于交际应酬赠送他人时，增值税相关法规规定，将自产、委托加工或购买的货物无偿赠送他人，视同销售货物计提增值税销项税额。具体规定如表 9-13 所示。

【例 9-9】 羽林公司是一家以生产化妆品为主的上市公司，2017 年 6 月以账面成本 30 000 元的自产甲化妆品作为福利发放给本厂职工，同时将账面价格为 20 000 元的自产乙化妆品赠予他人。按当月同类化妆品的加权平均市场销售价格计算，该两批化妆品不含税售价分别为 50 000 元和 40 000 元。假设甲、乙化妆品的消费税税率均为 30%，增值税税率为 17%，不考虑其他税费。

（1）发放给职工的甲化妆品。

确认收入的会计处理如下：

借：应付职工薪酬——职工福利　　58 500

　贷：主营业务收入——甲产品　　50 000

　　　应交税费——应交增值税（销项税额）　　8 500

结转成本的会计处理如下：

借：主营业务成本——甲产品　　30 000

　贷：库存商品——甲产品　　30 000

计提税金的会计处理如下：

借：税金及附加　　15 000

　贷：应交税费——应交消费税　　15 000

（2）对外捐赠的乙化妆品。

借：营业外支出　　38 800

　贷：库存商品——乙产品　　20 000

　　　应交税费——应交增值税（销项税额）　　6 800

　　　　　　　——应交消费税　　12 000

可见，对于作为福利发放给职工的自产甲化妆品，税法上作为视同销售，会计上不按成本转账，而是确认收入处理，不单独做纳税调整处理；而对于对外捐赠的自产乙化妆品，会计上按成本转账，税法上作为视同销售，在年终企业所得税汇算清缴时，要做纳税调整处理。

3. 委托代销的税会差异

《增值税暂行条例实施细则》第三十八条规定，将货物交付他人代销或销售代销货物属于视同销售业务，应缴纳增值税。纳税义务发生时间的规定如下：委托其他纳税人代销货物，为收到代销单位的代销清单或者收到全部或者部分货款的当天；未收到代销清单及货款的，为发出代销货物满 180 天的当天。

会计准则对代销商品委托方收入确认时间为收到代销清单当天，既没有 180 天时间限制，也没有对已收部分货款做出处理规定。可见，两者收入确认时间存在较大的差异。

【例 9-10】 华顺公司与惠德公司签订协议，委托其代销商品一批。根据代销协议，惠德公司视同买断方式购入该批商品的协议价为 100 万元，实际成本为 80 万元，惠德公司自行决定销售价格。

买断方式销售商品在商品发出的时候确认收入的实现，具体会计处理如下：

借：应收账款　　1 170 000

　贷：主营业务收入　　1 000 000

　　应交税费——应交增值税（销项税额）　　170 000

4. 售后回租的税会差异

售后回租是指销售商品的同时，销售方同意在日后再将同样的商品租回的销售方式。

销售方根据合同或协议条款判断销售商品是否满足收入确认条件。通常情况下，售后回租属于融资交易，企业保留了与所有权相联系的继续管理权，或能够对其实施有效控制，企业不确认收入，收到的款项确认为负债；售价与资产账面价值之间的差额采用合理的方法进行分摊，作为折旧费用或租金费用的调整。有确凿证据表明认定为经营租赁的售后回租交易是按照公允价值达成的，销售的商品按售价确认收入，并按账面价值结转成本。

如果会计上不确认收入，则税法上确认的增值税销售额就会大于会计上确认的销售商品收入。

9.1.4 商品促销的会计处理与税务处理

1. 买一赠一销售的税会处理

买一赠一方式组合销售是一种常见的促销方式之一，类似捆绑销售，对于正品和赠品的会计与税务处理，通过举例说明这一特殊销售的税会处理。

【例 9-11】永鑫公司属于增值税一般纳税人，五一期间搞商品促销活动，用买一赠一的方式销售本企业的商品。规定以每套 3 000 元（不含增值税，下同）的价格购买一套西服，可赠送一件衬衣。西服的正常销售价格为每套 3 000 元，衬衣的正常销售价格为每件 600 元，西服的进价为每套 2 000 元，衬衣的进价为每件 200 元。当期该服装企业组合销售西服衬衣 100 套，收入 300 000 元，针对此销售业务进行会计及税务处理。

本例中，会计上应确认商品销售总收入 300 000 元，参照所得税法规定，应将总的销售金额按西服和衬衣的公允价值的比例来分摊确认各自的销售收入，因此，西服应确认销售收入 250 000 元［300 000×3 000÷（3 000+600）］，衬衣应确认销售收入 50 000 元［300 000×600÷（3 000+600）］。

但是，增值税法上确认的销售收入并非与会计和所得税法上确认的销售收入完全一致。下面假定不同情况予以说明。

假定一：买一赠一是主管税务机关认可的降价销售。

这种情况是指降价金额适度，且能够在出库单、开票方面体现出来，实际上是捆绑降价销售。在这种情况下，会计上确认的收入与所得税法及增值税法上确认的收入是完全一致的。

相关的会计与税务处理如下：西服和衬衣合计应确认销售收入 300 000 元，按各自售价的比例来分摊确定的西服的销售收入为 250 000 元，衬衣的销售收入为 50 000 元。相应地，销售西服的增值税销项税额为 42 500 元（250 000×17%），衬衣的增值税销项税额为 8 500 元（50 000×17%），合计应纳增值税销项税额为 51 000 元（300 000×17%）。当期西服的销售成本为 200 000 元（2 000×100），当期衬衣的销售成本为 20 000 元（200×100），当期实收销售金额为 351 000 元［300 000×（1+17%）］。

相关会计处理如下：

借：银行存款　　351 000

　贷：主营业务收入——西服　　250 000

　　　　　　　　——衬衣　　50 000

　　应交税费——应交增值税（销项税额）　　51 000

借：主营业务成本——西服　　200 000

　　　　　　　——衬衣　　20 000

　贷：库存商品——西服　　200 000

　　　　　　——衬衣　　20 000

假定二：主管税务机关认定该买一赠一的价格明显偏低且无正当理由。

在这种情况下，买一赠一不应看作捆绑降价销售，此时，会计上确认的收入与所得税法上确认的收入仍然一致，但与增值税法上确认的收入不一致。会计上确认的西服的销售收入为 250 000 元，衬衣的销售收入为 50 000 元。而增值税法上确认西服的销售收入为 300 000 元，衬衣为对外无偿赠送，应视同销售确认收入 60 000 元（600×100）。相应地，销售西服应纳的增值税销项税额为 51 000 元（300 000×17%），衬衣应纳的增值税销项税额为 10 200 元（60 000×17%），合计应纳增值税销项税额为 61 200 元［（300 000+60 000）×17%］。由于衬衣的增值税销项税并没有转嫁给受赠方，无法收回，故应计入销售费用。当期西服的销售成本为 200 000 元，衬衣的销售成本为 20 000 元，当期实收销售金额为 351 000 元［300 000×（1+17%）］。

相关会计处理如下：

借：银行存款　　351 000

　　销售费用　　10 200

　贷：主营业务收入——西服　　250 000

　　　　　　　　——衬衣　　50 000

　　应交税费——应交增值税（销项税额）　　61 200

借：主营业务成本——西服　　200 000

　　　　　　　——衬衣　　20 000

　贷：库存商品——西服　　200 000

　　　　　　——衬衣　　20 000

通过对上面两种假定情况的比较，我们可以看出，在这两种情况下，会计确认收入相同，实收销售金额相同，但是，计算的增值税销项税额不同。

2. 返还现金销售的税会处理

返还现金销售也是一种促销手段，但在实际中并不是直接返还现金，而是以赠送现金抵用券来代替返还现金，其实质是一样的。由于这种促销形式涉及返现，因此对顾客是很有吸引力的。下面举例说明这一销售形式的会计与税务处理。

【例 9-12】 承例 9-11。永鑫公司属于增值税一般纳税人，五一期间搞商品促销活动，用返还现金的方式销售本企业的商品，规定以每套 3 000 元（不含增值税，下同）的价格购买一套西服，可返还现金 200 元。西服的正常销售价格为每套 3 000 元，进价为每套 2 000 元。当期共销售西服 100 套。针对此业务假定不同情形进行会计与税务处理。

假定一：返还现金不开具红字增值税专用发票。

在这种情况下，返还的现金应作为销售费用处理，当期西服的销售费用为 20 000 元（200×100），当期销售西服应确认收入 300 000 元，应纳增值税销项税额为 51 000 元（300 000×17%），当期西服的销售成本为 200 000 元（2 000×100），当期实收销售金额为 331 000 元［300 000×（1+17%）–20 000］。

相关会计处理如下：

借：银行存款	351 000	
销售费用	20 000	
贷：主营业务收入——西服		300 000
应交税费——应交增值税（销项税额）		51 000
库存现金		20 000
借：主营业务成本——西服	200 000	
贷：库存商品——西服		200 000

假定二：返还现金并开具红字增值税专用发票。

在这种情况下，返还现金类似销售折让，返还的现金应冲减销售收入和增值税销项税额。其中，冲减销售收入的金额为 17 094 元（20 000÷1.17），冲减增值税销项税额为 2 906 元（20 000–17 094），其他处理同上。

相关会计处理如下：

借：银行存款	351 000	
贷：主营业务收入——西服		300 000
应交税费——应交增值税（销项税额）		51 000
借：主营业务收入——西服	17 094	
应交税费——应交增值税（销项税额）	2 906	
贷：库存现金		20 000
借：主营业务成本——西服	200 000	
贷：库存商品——西服		200 000

通过对上面两种情况的比较，我们可以看出，虽然两种情况下实收的销售金额相同，但是实际销售收入和增值税销项税额不同，销售毛利也不同。显然，第二种情况下实现的销售毛利比第一种情况下实现的销售毛利少 17 094 元。

3. 积分兑换销售的税会处理

积分兑换销售是指企业在销售商品或者提供服务的同时授予客户积分，客户可以凭获得的积分在有效期内兑换相应金额的商品。授予奖励积分兑换商品是很多商场进行促销的一贯做法。下面举例说明这一促销形式的会计与税务处理。

【例 9-13】承例 9-11。永鑫公司属于增值税一般纳税人，五一期间搞商品促销活动，以授予奖励积分兑换商品的方式销售本企业的商品。规定客户每购买一套西服，可获得积分 200 分，获得的积分可以在五一期间兑换成与积分数相等金额的商品。每套西服的不含税零售价为 3 000 元，进价成本为 2 000 元，当期共销售西服 100 套，预计购买西服的客户在有效期内将积分全部兑换。

针对此业务进行相关的会计与税务处理。按照会计收入准则中对授予客户奖励积分的规定，在当期销售西服收到的不含税货款中，一部分是当期已经实现的销售收入，应确认为主营业务收入，一部分是未来兑换商品抵付货款的金额，应按奖励积分的公允价值确认为递延收益。授予奖励积分时，应将收到的不含税货款扣除奖励积分公允价值的部分确认为当期收入，以不含税货款作为计算增值税销项税的基数，类似捆绑降价销售的处理。当客户兑换或者放弃兑换奖励积分时，应将递延收益全部或者部分转为当期销售收入。转化比例为被兑换用于换取商品的积分数额占预期将兑换用于换取商品的积分总数的比例。

在本例中，由于积分可以兑换与积分数相等金额的商品，所以授予的奖励积分的公允价值为 20 000 元（200×100），授予奖励积分时，应确认递延收益 20 000 元，应确认收入为 280 000 元（300 000–20 000），增值税销项税额为 51 000 元（300 000×17%），实收货款金额为 351 000 元［300 000×（1+17%）］，结转西服的销售成本为 200 000 元（2 000×100）。

相关会计处理如下：

借：银行存款	351 000	
贷：主营业务收入——西服		280 000
应交税费——应交增值税（销项税额）		51 000
递延收益		20 000
借：主营业务成本——西服	200 000	
贷：库存商品——西服		200 000

积分授予后，我们假定不同条件和情况进行会计与税务处理。

假定一：奖励积分不能用于抵扣增值税额。

在这种情况下，无论积分兑换的比例是多少，都应将递延收益全部转为当期收入。同时按兑换的商品结转相应的成本。

相关会计处理如下：

借：递延收益　　20 000

　贷：主营业务收入　　20 000

借：主营业务成本

　贷：库存商品

假定二：奖励积分可以用于抵扣增值税额。

在这种情况下，我们要考虑兑换比例对转化收入以及增值税销项税的影响，同时结转兑换商品的成本。

下面分情况进行处理，计算过程略。

（1）积分全部兑换商品。

借：递延收益　　20 000

　贷：主营业务收入　　17 094

　　应交税费——应交增值税（销项税额）　　2 906

借：主营业务成本

　贷：库存商品

（2）积分 50%兑换商品，50%失效。

借：递延收益　　10 000

　贷：主营业务收入　　8 547

　　应交税费——应交增值税（销项税额）　　1 453

借：递延收益　　10 000

　贷：主营业务收入　　10 000

借：主营业务成本

　贷：库存商品

（3）积分全部失效，未兑换商品。

借：递延收益　　20 000

　贷：主营业务收入　　20 000

从上述处理过程中我们可以看出，积分兑换业务在授予奖励积分时，关键是要确定获得奖励积分的公允价值；在奖励积分兑换商品时，关键是要确定递延收益的转化比例，转化比例应按实际兑换的积分数占预计将要兑换的积分数来确定。另外，在递延收益转化为当期收入时，还应考虑奖励积分的公允价值是否能够抵扣增值税额。如果能够抵扣，则递延收益按转化比例计算的金额计算销项税额，并将转化的递延收益确认为当期主营业务收入。除此之外，在收入确认方面，所得税法上对授予奖励积分及积分兑换业务没有明确的规定，应参照会计方法处理。

9.1.5 超市购物卡业务税会处理

一般规模比较大的超市都会向顾客销售不同面额的购物卡，有的还会给予一定的折扣。销售购物卡企业和购入购物卡企业如何进行会计和涉税处理，《国家税务总局关于营改增试点若干征管问题的公告》（国家税务总局公告 2016 年第 53 号）对相关问题进行了明确。

国家税务总局公告 2016 年第 53 号将各类预付卡分为单用途卡和多用途卡。单用途卡，是指发卡企业按照国家有关规定发行的，仅限于在本企业、本企业所属集团或者同一品牌特许经营体系内兑付货物或者服务的预付凭证。多用途卡，是指发卡机构以特定载体和形式发行的，可在发卡机构之外购买货物或服务的预付价值。一般而言，目前超市出售的购物卡属于单用途卡。

1. 超市购物卡业务的相关规定

在超市购物卡的出售和使用过程中，主要涉及两项法律关系。

（1）购卡者从售卡方（超市）购买购物卡。国家税务总局公告 2016 年第 53 号规定，单用途卡发卡企业或者售卡企业销售单用途卡，或者接受单用途卡持卡人充值取得的预收资金，不缴纳增值税。售卡方可向购卡人、充值人开具增值税普通发票，不得开具增值税专用发票。这是因为在这个环节，售卡方虽然向购卡者收取款项，但是实际并未提供商品或服务，不符合收入确认条件，也不符合增值税纳税义务发生条件，因此不缴纳增值税。同时由于售卡方在此环节未纳税，购卡方也不能抵扣进项税额，仅能作为一项费用支出在企业所得税前扣除，因此售卡方不能开具增值税专用发票。开具的普通发票只是作为资金收付凭证使用，属于《商品和服务税收分类与编码（试行）》中的“未发生销售行为不征税”项目。

此环节售卡方（超市）的会计处理如下：

借：银行存款

　贷：预收账款——预收购物卡款项

购卡方（指企业）的会计处理如下：

购入时：

借：存货——购物卡

　贷：银行存款

赠送客户或发给员工时：

借：管理费用——业务招待费

　贷：银行存款

（2）消费者持卡在超市购买商品。由于购卡方在取得购物卡时，超市已经开具增值税普通发票，购卡方可在所得税前扣除，如果消费环节又取得发票会造成同一项费用支出重复扣除。因此国家税务总局公告 2016 年第 53 号规定，持卡人使用单用途卡购买货物或服务时，货物或者服务的销售方应按照现行规定缴纳增值税，且不得向持卡人开具增值税发票。

此环节售卡方（超市）的会计处理如下：

借：预收账款——预收购物卡款项

贷：主营业务收入——购物卡

应交税费——应交增值税（销项税额）

在此环节，一般情况下购卡方已经将购物卡发放给员工或作为礼品赠送客户，且在发放或赠送时已经计入“管理费用”等账户，因此在持卡者用购物卡实际购物消费环节，购卡方不需要进行会计处理。

2. 购物卡折扣销售情况下的会计和税务处理

折扣销售是指销售方在销售货物或提供应税劳务时，因购买方需求量大等原因，而给予的价格方面的优惠。一般情况下，如果是企业购买超市购物卡，需求量都比较大，超市会给予一定的折扣优惠。不同的超市对这部分折扣有不同的会计处理方式，有的还存在一定的涉税风险。

例如，有的超市按购物卡实收金额计入“预收账款”，并开具增值税普通发票，实际销售货物时按货物价格计入“主营业务收入”，计算应纳增值税（销项税额），同时冲减“预收账款”，年底一次性将“预收账款”借方余额转入“主营业务成本（或管理费用）”。如果超市按上述方法处理购物卡折扣，因其按最终的货物销售额计算主营业务收入，并计算增值税销项税额，没有对增值税造成影响，但年底一次性将“预收账款”借方余额转入“主营业务成本（或管理费用）”，在所得税前扣除，却对企业所得税造成一定的影响。

根据所得税法相关规定，超市的这部分扣除项目并没有相应的合法凭据，因此不能在税前扣除，这可能会给超市造成一定的损失。

《国家税务总局关于折扣额抵减增值税应税销售额问题通知》（国税函〔2010〕56号）规定：“《国家税务总局关于印发〈增值税若干具体问题规定〉的通知》（国税发〔1993〕154号）第二条第（二）项规定：‘纳税人采取折扣方式销售货物，如果销售额和折扣额在同一张发票上分别注明的，可按折扣后的销售额征收增值税。’纳税人采取折扣方式销售货物，销售额和折扣额在同一张发票上分别注明是指销售额和折扣额在同一张发票上的‘金额’栏分别注明的，可按折扣后的销售额征收增值税。未在同一张发票‘金额’栏注明折扣额，而仅在发票的‘备注’栏注明折扣额的，折扣额不得从销售额中减除。”

因此，对购物卡的折扣销售，如何能做到既不违反增值税相关法规关于折扣销售的规定，又保证相应的折扣在企业所得税前扣除，我们可以通过例题来看一下。

【例 9-14】宏发超市为一般纳税人，2018 年 3 月向鑫诚公司销售购物卡 200 张，购物卡面值 100 000 元，超市给予鑫诚公司 5%的折扣，实收金额 190 000 元，购物卡在 4 月份全部使用。

超市应按 200 000 元开具增值税普通发票，同时在同一张发票“金额”栏注明折扣额 10 000 元。会计处理如下：

借：银行存款　　　　　　　　　　　　　　　　190 000
　　主营业务成本（或管理费用）——折扣　　　　10 000
　贷：预收账款——购物卡　　　　　　　　　　　　　200 000

鑫诚公司购入购物卡并将购物卡全部赠送客户，会计处理如下：

借：存货——购物卡　　　　　　　　　　　　　190 000
　贷：银行存款　　　　　　　　　　　　　　　　　190 000
借：管理费用——业务招待费　　　　　　　　　190 000
　贷：存货——购物卡　　　　　　　　　　　　　　190 000

鑫诚公司客户持卡消费时，超市按 200 000 元计入“主营业务收入”，同时计算增值税销项税额，会计处理如下：

借：预收账款——购物卡　　　　　　　　　　　200 000
　贷：主营业务收入　　　　　　　　　　　　　　　170 940.17
　　　应交税费——应交增值税（销项税额）　　　　　29 059.83

需要说明的是，超市在销售购物卡时将给予购卡方的折扣直接计入了“主营业务成本”或“管理费用”，但到年底时这部分购物卡可能没有消费完，即购物卡的金额并没有完全形成企业当年的收入，这部分折扣并没有实际发生。根据所得税法的扣除原则，这部分折扣不能在税前扣除，因此，企业应在年底的时候汇总统计当年售出但当年未消费完毕的购物卡的剩余账面金额对应的折扣额，在年度企业所得税汇算时做纳税调增处理。

9.1.6　电信企业增值税的税会差异

我国通信行业存在的税会差异，主要体现在混合销售业务中。

混合销售业务通常涉及以下几种应税行为：提供基础电信服务，适用 11%的增值税税率；提供增值电信服务，适用 6%的增值税税率；销售通信终端，适用 17%的增值税税率。终端捆绑销售、分成类业务收入、视同销售等销售行为，会计处理方式与税法规定的销项税计税基础和纳税义务发生时间有所不同，导致形成税会差异。下面通过具体情形分别介绍电信企业增值税的税会差异。

1. 终端捆绑销售等销售行为形成的税会差异

电信企业存在很多终端捆绑销售行为（如包月送手机、存话费送手机、买手机赠话费等）。

会计处理：对于捆绑销售业务（既有通信终端收入，又有电信服务收入），在会计上对通信终端收入采用公允价值进行会计处理，对终端、SIM 卡赠送或打折销售的相应成本进行捆绑销售销项税计提。

税务处理：在税务上，需要将两种业务的收入金额进行划分，按不同的税率计算应缴纳的税款。因捆绑销售形成的是时间性差异，会计和税务上确认收入的时间不同，所以电信企业一般通过“递延增值税”账户对差异进行会计处理。按采购价计提一般销项税（17%货物），17%与综合税率的差值直接冲减收入，根据综合税率计算的销项税作为递延增值税分期转回冲减销项税。

【例 9-15】 山东移动 6 月份终端捆绑销售 100 万元，该企业测算的综合税率为 8.371%，那么税务处理如下：

当月计提销项税 17 万元（100 万×17%），其中 8.371 万元（100 万×8.371%）计入递延增值税账户。如果该捆绑销售分 24 个月，该递延部分全额分 24 个月转回冲销销项税。

捆绑销售的两种典型的模式为“存费送机”和“购机送费”。

（1）存费送机模式。存费送机模式是指用户与电信企业签订合约，约定用户预存一定数额的话费，并选择某种套餐，承诺在网一定时长（一般为 2 年），电信企业则将某款手机免费送给用户。

1）税务认定的原则。纳税人提供电信业服务时，附带赠送用户识别卡、电信终端等货物的，应将其取得的全部价款和价外费用分别进行处理，按各自适用的税率计算缴纳增值税。存费送机模式，一般存在三种应税行为：

①销售手机，适用 17%的增值税税率，销售行为在当期实现，其销售价格按手机结算价计算。

②提供基础电信服务，适用 11%的增值税税率，相关服务会在合约期内逐步实现。

③提供增值电信服务，适用 6%的增值税税率，相关服务会在合约期内逐步实现。

2）会计处理。电信企业对“存费送机”业务一般采用公允价值进行会计处理，对电信服务与销售手机进行拆分。

3）税会差异。会计拆分结果与计税要求不同，导致手机销售收入小于计税基数、通信服务收入大于计税基数，所以会产生税会差异。由于税务认定的手机销售收入高于财务账面手机销售收入，需一次性确认税会差异形成的销项税，相应减少财务账面手机销售收入；在后续合约期内，由于税务认定的通信服务收入低于财务账面通信服务收入，需随财务账面主营业务收入的确认按用户合约期限逐期冲销通信服务多计算的销项税，相应增加财务账面通信服务收入。

【例 9-16】 用户办理 2 940 元“存费送机”合约计划，赠送的手机结算价为 2 340 元（不含税价 2 000 元，进项税 340 元），2 940 元话费分 24 个月返还，套餐月费 122.5 元。按公允价值确认的手机销售收入为 1 390 元，按税务认定的手机销售收入应为 2 340 元，税会差异为 950 元。假设基础电信服务和增值电信服务的比例为 4:6。

①销售时点，根据计费系统数据。

借：营业款结算　　2 940

　贷：预收账款——用户预存服务费　　2 940

同时，一次性结转手机销售成本。

借：其他业务成本——手机　　2 000

　贷：库存商品——手机　　2 000

②在用户入网首月末，调整手机销售收入。

借：预收账款——用户预存服务费　　1 390

　贷：其他业务收入——手机　　1 188

　　应交税费——应交增值税（销项税额）　　202

③同时，确认手机销售收入税会差异销项税。

借：其他业务收入——手机　　138［（2 340–1 390）÷1.17×17%］

　贷：应交税费——应交增值税（销项税额）　　138

④在合约期内，计费系统出账计收并用返还的预存款核销欠费。

借：应收账款——用户通信服务费　　122.50

　贷：主营业务收入——基础电信服务　　44.14（122.5×0.4/1.11）

　　　　　　　　——增值电信服务　　69.34（122.5×0.6/1.06）

　　应交税费——应交增值税（销项税额）　　4.86（122.5×0.4/1.11×11%）

　　　　　　——应交增值税（销项税额）　　4.16（122.5×0.6/1.06×6%）

借：预收账款——用户预存服务费　　122.50

　贷：应收账款——用户通信服务费　　122.50

⑤在合约期内，用公允价值调整通信服务收入。

借：预收账款——用户预存服务费　　57.91（1 390÷24）

　贷：主营业务收入　　53.66

　　应交税费——应交增值税（销项税额）　　2.29（57.91×0.4/1.11×11%）

　　　　　　——应交增值税（销项税额）　　1.96（57.91×0.6/1.06×6%）

⑥对于税会差异，自客户入网次月起，按合约期 24 个月进行分月调整。

借：主营业务收入　　2.91

　贷：应交税费——应交增值税（销项税额）　　1.57（950/24×0.4/1.11×11%）

　　　　　　——应交增值税（销项税额）　　1.34（950/24×0.6/1.06×6%）

⑦对于合约期内提前离网的用户，将未摊销的公允价值余额和税会差异，在销户当月一次性进行调整。

（2）购机送费模式。购机送费模式是指用户与电信企业签订合约，约定用户购买手机的同时选择某种套餐，承诺在网一定时长（一般为 2 年），电信企业则赠送给用户一定数额的话费。

1）税务认定的原则。购机送费模式同样包含前述的三种应税行为，税务认定的终端价格为销售价，其余部分为提供通信服务，赠送的话费视为电信服务的打折。

2）会计处理。购机送费模式采用公允价值进行会计处理，由于计税结果与公允价值调整前计费结果一致，故不做纳税调整处理。

【例 9-17】用户购买售价（含税）为 2 925 元的手机（不含税成本价 2 000，进项税 340），赠送 440 元话费分 24 个月返还，假设基础电信服务和增值电信服务的比例为 4:6。

①销售手机时，按售价确认手机销售收入及相应的销项税额。

借：营业款结算	2 925	
贷：其他业务收入——手机		2 500
应交税费——应交增值税（销项税额）		425

同时，一次性结转手机成本：

借：其他业务成本——手机	2 000	
贷：库存商品——手机		2 000

②月末，公允价值调整会计处理，假设调整金额为 1 390 元。

借：其他业务收入——手机	1 390	
贷：预收账款——用户预存服务费		1 390

③合约期内赠送话费记入无现金流账户，冲减主营业务收入，不进行纳税调整。

2. 分成类业务收入形成的税会差异

电信企业有很多分成业务，如 SP 业务、宽带合作、固话业务等。

会计处理：一般直接借记“应付账款”，贷记“应交税费”。

税务处理：每月计算分成收入时，按照应付分成方的金额，计提销项税额（一般为 11% 或 6%）。这项差异为永久性差异，所以不通过递延增值税账户进行处理。

3. 视同销售行为形成的税会差异

电信企业提供与电信服务无关的货物赠送，不符合财税〔2014〕43 号规定的“电信企业提供电信业服务附赠电信终端”情形，税法规定应视同销售计提销项税。例如，营业厅摆放的糖果、VIP 客户的生日礼品、办理业务赠送食用油等。

会计处理：领用或者赠送时均按成本价和应交税费计入相关费用。

税务处理：按照视同销售进行处理，调整增值税和所得税。

4. 押金等暂收类形成的税会差异

电信企业的押金包括终端押金、漫游押金等，不同种类的押金对应不同税率。

会计处理：押金计入应付账户，不确认收入。

税务处理：每月通过手工计提的方式计算应交销项税额，待退还押金时，再冲减税额。这部分差异直接计入应付账款和应交税费账户。

5. 流量递延形成的税会差异

自 2015 年 10 月开始，电信运营商开始执行流量不清零政策，将原来单月清零变为双月清零。对于递延流量，会计税务处理有所不同：会计处理时，当月有流量递延，冲减收入；而税法则是按配置的资费全额确认收入。因此在处理时冲减收入，不冲减销项税，形成税会差异。

9.2 提供劳务收入的税会差异

会计准则规定，提供劳务收入的确认应当符合四个条件，缺一不可；所得税法也对提供劳务收入的确认条件做了规定，两者的比较如表 9-14 所示。

表 9-14　提供劳务收入确认的税会差异

会计处理	税务处理
企业在资产负债表日提供劳务交易的结果能够可靠估计的，采用完工百分比法确认提供劳务收入。提供劳务交易的结果能够可靠估计，是指同时满足下列条件： ① 收入的金额能够可靠地计量； ② 相关的经济利益很可能流入企业； ③ 交易的完工进度能够可靠地确定； ④ 交易中已发生和将发生的成本能够可靠地计量	增值税法规定，“销售应税劳务为提供劳务同时收讫销售额或取得索取销售额的凭据的当天”为纳税义务发生时间

【例 9-18】鸿运公司是一家集防水材料的研制开发、生产销售和防水施工于一体的增值税一般纳税人。2017 年 9 月，鸿运公司外购生产材料一批，取得增值税专用发票，注明的价款为 250 万元，税额为 42.5 万元。货物验收入库，签发银行承兑汇票结算。以与建设单位签订建筑工程施工总包合同方式，销售给新兴公司自产材料，开具的普通发票金额为 468 万元，并由所属非独立会计处理的施工队负责建筑施工劳务，劳务价款为 234 万元，其中 80 万元分包给具有建筑施工资质的城建公司。工程于月底完工，收到新兴公司全部货款与劳务款共计 702 万元，并将分包款 80 万元支付给城建公司。8 月末无增值税留抵税额。

鸿运公司的会计处理如表 9-15 所示。

表 9-15 鸿运公司的会计处理

<table>
<tr><th>项　目</th><th>假设同时符合规定的两个条件</th><th>假设不同时符合规定的两个条件</th></tr>
<tr><td>采购材料</td><td>借：原材料 500 000
应交税费——应交增值税（进项税额）
425 000
贷：应付票据 2 925 000</td><td>借：原材料 2 500 000
应交税费——应交增值税（进项税额）
425 000
贷：应付票据 2 925 000</td></tr>
<tr><td>销售自产货物并收到货款</td><td>借：银行存款 4 680 000
贷：主营业务收入 4 000 000
应交税费——应交增值税（销项税额）
680 000</td><td rowspan="2">借：银行存款 7 020 000
贷：主营业务收入 6 000 000
应交税费——应交增值税（销项税额）
1 020 000</td></tr>
<tr><td>提供建筑业劳务并收到劳务款</td><td>借：银行存款 2 340 000
贷：其他业务收入 1 540 000
应付账款——城建公司 800 000</td></tr>
<tr><td>月末转出未交增值税</td><td>借：应交税费——应交增值税（转出未交增值税） 255 000
［4 680 000÷（1+17%）×17%–425 000］
贷：应交税费——未交增值税 255 000</td><td>借：应交税费——应交增值税（转出未缴增值税） 595 000
［（4 680 000+ 2 340 000）÷（1+17%）×17%– 425 000］
贷：应交税费——未交增值税 595 000</td></tr>
</table>

9.3 让渡资产使用权收入的税会差异

9.3.1 利息收入

利息收入的税会差异如表 9-16 所示。

表 9-16 利息收入的税会差异

会计准则	税　法	差　异
企业应在资产负债表日，按照他人使用本企业货币资金的时间和实际利率计算确定利息收入金额	利息收入，按照合同约定的债务人应付利息的日期确认收入的实现	金融企业发放的贷款，应按期计算利息并确认利息收入，而税法要求按照合同约定的应付利息的日期确认收入

【例 9-19】东海商业银行于 2017 年 10 月 1 日向恒德公司发放一笔贷款 1 000 万元，期限为一年，贷款到期一次性还本付息，年利率为 5%。该商业银行发放该贷款时没有发生交易费用，该贷款的合同利率与其实际利率相同。

该商业银行 2017 年 12 月 31 日确认利息收入 12.5 万元，而按照税法规定 2017 年确认的利息收入因递延到 2018 年 9 月 30 日，因此于 2016 年调减应纳税所得 12.5 万元，2018 年调增应纳税所得 12.5 万元。

9.3.2 使用费收入

使用费收入的税会差异如表 9-17 所示。

表 9-17　使用费收入的税会差异

会计准则	税　　法	差　　异
如果合同或协议规定一次性收取使用费，且不提供后续服务的，视同销售该项资产一次性确认收入；提供后续服务的，在合同或协议规定的有效期内分期确认收入	特许权使用费收入，按照合同约定的特许权使用人应付特许权使用费的日期确认收入的实现	企业确认收入的时间和合同约定的支付日期如果分属于两个不同的年度，或者同一年度的会计收入与合同约定的支付金额不同，均需按照税法的规定进行纳税调整

出租人提供免租期的，承租人将租金总额在不扣除免租期的整个租赁期内，按直线法或其他合理的方法进行分摊，免租期内确认租金费用；出租人将租金总额在不扣除免租期的整个租赁期内，按直线法或其他合理的方法进行分配，免租期内出租人确认租金收入。

【例 9-20】佳佳公司 2017 年 5 月 1 日将沿街房租赁给威力公司使用，合同约定，每年的 5 月 1 日支付下年度 12 个月的租赁费 24 万元。

2017 年，佳佳公司的会计处理如下：

借：银行存款　　240 000

　贷：其他业务收入　　160 000

　　预收账款　　80 000

税务处理：根据所得税法实施条例第 19 条的规定，税法确认 24 万元缴纳企业所得税。纳税调增 8 万元。做纳税申报时填制《一般企业收入明细表（A101010）》，在第 12 行填报 16 万元，结转到主表第 1 行填报 16 万元。

先填报《未按权责发生制确认收入纳税调整明细表（A105020）》的第 2 行，如表 9-18 所示，然后在《纳税调整项目明细表（A105000）》第 3 行“未按权责发生制原则确认的收入”第 3 列填报 8 万元。结转到主表第 15 行纳税调增 8 万元。

表 9-18　未按权责发生制确认收入纳税调整明细表（A105020）

行次	项　　目	合同金额（交易金额）	账载金额		税收金额		纳税调整金额
			本年	累计	本年	累计	
		1	2	3	4	5	6（4−2）
1	一、跨期收取的租金、利息、特许权使用费收入						

续表

行次	项　　目	合同金额（交易金额）	账载金额		税收金额		纳税调整金额
			本年	累计	本年	累计	
		1	2	3	4	5	6（4–2）
2	（一）租金	240 000	160 000	160 000	240 000	240 000	80 000

2018 年：

借：预收账款　　80 000

　贷：其他业务收入　　80 000

税务处理：纳税调减 2018 年度应纳税所得额 8 万元。

纳税申报表时填制《一般企业收入明细表（A101010）》，第 12 行填报 8 万元，结转到主表第 1 行填报 16 万元。

先填报《未按权责发生制确认收入纳税调整明细表（A105020）》的第 2 行，如表 9-19 所示，然后在《纳税调整项目明细表（A105000）》第 3 行“未按权责发生制原则确认的收入”第 4 列填报 8 万元。结转到主表第 16 行纳税调增 8 万元。

表 9-19　未按权责发生制确认收入纳税调整明细表（A105020）

行次	项　　目	合同金额（交易金额）	账载金额		税收金额		纳税调整金额
			本年	累计	本年	累计	
		1	2	3	4	5	6（4–2）
1	一、跨期收取的租金、利息、特许权使用费收入						
2	（一）租金	240 000	80 000	240 000	0	0	–80 000

9.4 政府补助的税会差异

《企业会计准则第 16 号——政府补助》指出，政府补助是指企业从政府无偿取得货币性资产或非货币性资产，但不包括政府作为企业所有者投入的资本。政府补助分为与资产相关的政府补助和与收益相关的政府补助。与资产相关的政府补助，是指企业取得的、用于购建或以其他方式形成长期资产的政府补助。与收益相关的政府补助，是指除与资产相关的政府补助之外的政府补助。政府补助的主要形式有财政拨款、财政贴息、税收返还和无偿划拨非货币性资产。

《财政部 国家税务总局关于财政性资金、行政事业性收费、政府性基金有关企业所得税政策问题的通知》（财税〔2008〕151 号）规定：“企业取得的各类财政性资金，除属于国家投资和资金使用后要求归还本金的以外，均应计入企业当年收入总额；对企业取得的由国务院财政、税务主管部门规定专项用途并经国务院批准的财政性资金，准予作为不征税收入，在计算应纳税所得额时从收入总额中减除。”

通过准则和所得税法的比较，我们可以总结出政府补助的税会差异，如表 9-20 所示。

表 9-20 政府补助的税会差异

会计准则	所得税税法	税会差异
政府补助划分为与资产相关和与收益相关的政府补助，分别进行处理。政府向企业无偿划拨长期非货币性资产，公允价值不能可靠取得的，按照名义金额（1 元）计量	我国的政府补助属于构成收入总额的补贴收入范畴，除国务院、财政部和国家税务总局规定不计入损益者外，一律并入所得额，征收企业所得税	（1）对于作为“递延收益”处理的补贴收入，跨年度结转营业外收入时，则需调整应纳税所得额，同时考虑递延所得税的确认。 （2）税法明文规定免征企业所得税的做纳税调减处理。 （3）名义金额（1 元）计量非货币性资产，以公允价值确认所得，相应地，该项资产的计税基础按公允价值确定

关于不征税收入，税法有以下规定。

所得税法第七条：收入总额中的下列收入为不征税收入：一是财政拨款；二是依法收取并纳入财政管理的行政事业性收费、政府性基金；三是国务院规定的其他不征税收入。

所得税法实施条例第二十六条：国务院规定的其他不征税收入，是指企业取得的，由国务院财政、税务主管部门规定专项用途并经国务院批准的财政性资金。

所得税法实施条例第二十八条：企业的不征税收入用于支出所形成的费用或者财产，不得扣除或者计算对应的折旧摊销扣除。

《财政部 国家税务总局关于进一步鼓励软件产业和集成电路产业发展企业所得税政策的通知》（财税〔2012〕27 号）第五条：符合条件的软件企业，按照规定取得的即征即退增值税款，专项用于软件产品研发和扩大在生产并单独进行核算，可以作为不征税收入在计算应纳税所得额时从收入总额中减除。

关于政府补助在企业所得税年度申报表中的填报，总结如下：

（1）对会计上一次性计入营业外收入且不符合不征税收入条件的政府补助，会计与税务处理一致，不需填报相应的纳税调整明细表；

（2）对会计已做收入且符合不征税收入条件的，填报《纳税调整项目明细表（A105000）》（见表 9-21）和《专项用途财政性资金纳税调整明细表（A105040）》（见表 9-22）；

（3）对会计做递延收益且不符合不征税收入条件的，填报《未按权责发生制确认收入纳税调整明细表（A105020）》（见表 9-23）；

（4）涉及不征税收入用于支出形成的资产，其折旧、摊销额不得税前扣除，在《资产折旧、摊销情况及纳税调整表（A105080）》相关表格中填报调整。

表 9-21 纳税调整项目明细表（A105000）

行次	项目	账载金额	税收金额	调增金额	调减金额
		1	2	3	4
8	（七）不征税收入	—	—		
9	其中：专项用途财政性资金（填写 A105040）	—	—		
24	（十二）不征税收入用于支出所形成的费用	—	—		—
25	其中：专项用途财政性资金用于支出所形成的费用（填写 A105040）	—	—		—

表 9-22 专项用途财政性资金纳税调整明细表（A105040）

行次	项目	取得年度	财政性资金	其中：符合不征税收入条件的财政性资金		以前年度支出情况					本年支出情况		本年结余情况		
				金额	其中：计入本年损益的金额	前五年度	前四年度	前三年度	前二年度	前一年度	支出金额	其中：费用化支出金额	结余金额	其中：上缴财政金额	应计入本年应税收入金额
		1	2	3	4	5	6	7	8	9	10	11	12	13	14
1	前五年度														
2	前四年度					—									
3	前三年度					—	—								
4	前二年度					—	—	—							
5	前一年度					—	—	—	—						
6	本年					—	—	—	—	—					
7	合计（1+2+3+4+5+6）	—				—	—	—	—	—					

表 9-23 未按权责发生制确认收入纳税调整明细表（A105020）

行次	项目	合同金额（交易金额）	账载金额		税收金额		纳税调整金额
			本年	累计	本年	累计	
		1	2	3	4	5	6（4–2）
9	三、政府补助递延收入（10+11+12）						
10	（一）与收益相关的政府补助						
11	（二）与资产相关的政府补助						
12	（三）其他						

【例 9-21】天顺公司 2015 年 12 月申请某国家级研发补贴。申请报告书中的有关内容如下：本公司于 2015 年 1 月启动数字印刷技术开发项目，预计总投资 3 600 万元，为期 3 年，已投入资金 1 200 万元。项目还需新增投资 2 400 万元，计划自筹资金 1 200 万元，申请财政拨款 1 200 万元。2016 年 1 月 1 日，主管部门批准了天顺公司的申请，签订的补贴协议规定：批准天顺公司补贴申请，共补贴款项 1 200 万元，分两次拨付。合同签订日拨付 600 万元，结项验收支付 600 万元（如果不能通过验收，则不支付第二笔款项）。

（1）2016 年 1 月 1 日，实际收到拨款 600 万元。

借：银行存款　　6 000 000

　贷：递延收益　　6 000 000

（2）2016 年 12 月 31 日、2017 年 12 月 31 日分别做如下会计处理：

借：递延收益　　30 000 000

　贷：营业外收入　　30 000 000

税务处理：天顺公司取得的财政拨款于实际收到的年度确认所得，即 2016 年调增所得 300 万元，2017 年调减所得 300 万元。

递延收益账面价值为 300 万元，计税基础为 0。

借：递延所得税资产　　750 000

　贷：所得税费用　　750 000

（3）2018 年项目完工，假设通过验收，于 5 月 1 日实际收到拨付 600 万元时。

借：银行存款　　6 000 000

　贷：营业外收入　　6 000 000

税务处理：2018 年确认所得 600 万元，与会计处理一致，不做纳税调整处理。

9.5 建造合同收入的税会差异

《企业会计准则第 15 号——建造合同》指出，建造合同，是指为建造一项或数项在设计、技术、功能、最终用途等方面密切相关的资产而订立的合同。建造合同分为固定造价合同和成本加成合同。固定造价合同，是指按照固定的合同价或固定单价确定工程价款的建造合同。成本加成合同，是指以合同约定或其他方式议定的成本为基础，加上该成本的一定比例或定额费用确定工程价款的建造合同。企业受托加工制造大型机械设备、船舶、飞机等，以及从事建筑、安装、装配工程等业务，符合条件的均属于建造合同。

税法没有单独对建造合同进行规定，但是，建造合同收入属于所得税法第六条第（二）项规定的“提供劳务收入”。对于这部分所得税应税收入的确定，所得税法实施条例第二十三条规定，企业受托加工制造大型机械设备、船舶、飞机，以及从事建筑、安装、装配工程业务或者提供其他劳务等，持续时间超过 12 个月的，按照纳税年度内完工进度或者完成的工作量确认收入的实现。

从总体上看，税法与会计收入的确认原则是一致的。但是，会计上和税法上对企业所得税进行处理时仍然存在着差异。

（1）金额上的差异。国税函〔2008〕875 号规定，企业在各个纳税期末，提供劳务交易的结果能够可靠估计的，应采用完工进度（完工百分比）法确认提供劳务收入。该项规定没有指出不能可靠预计的情况，但是一般会按主管税务机关确定的方法（按上年的实际、计划数或其他方法）先预缴所得税款，工程完成后再汇算清缴。

当预计一部分合同收入不能收回时，会计处理中的建造合同收入贯彻了谨慎性原则，因此往往会低于按合同造价和完工进度计算出的结果，会计总收入要小于纳税总收入，这部分不能收回的收入所形成的纳税差异只有在冲销坏账时才能一致。

（2）企业每季度的会计利润和纳税所得尽管存在差异，但由于所得税按季度只是预缴，这种差异可以不进行会计处理。申报预缴的当季所得税，直接记入“应交税费——应交所得税”账户的借方。在年度清缴时，按年度会计利润计算的应交所得税记入“应交税费——应交所得税”账户的贷方。如果不存在差异，此时该账户的借贷方发生额相等。如果存在差异，“应交税费——应交所得税”账户会有一个余额，可转入“递延所得税资产”账户的借方或贷方。当工程完工时，如果估计合同收入均能流入企业累计确认的会计收入等于工程结算收入，“递延所得税资产”账户的余额应该为零；如果一部分合同收入不能流入企业，“递延所得税资产”账户的借方将会有一个余额。这部分不能收回的收入在办理工程结算时反映在应收账款中。

【例 9-22】2017 年 1 月，城建公司签订了一项总金额为 10 000 000 元的建造合同，为创科公司建造一座桥梁。工程已于 2017 年 2 月开工，将在 2018 年 6 月完工，预计工程总成本为 8 000 000 元。截至 2017 年 12 月 31 日，该项目已经发生的成本为 5 000 000 元，预计完成合同还将发生成本 3 000 000 元，已结算工程价款 4 000 000 元，实际收到 2 500 000 元。2017 年 12 月 31 日，城建公司得知创科公司 2017 年出现了巨额亏损，生产经营发生严重困难，以后的款项很可能无法收回。假设不考虑增值税、城建税和教育费附加，无其他纳税调整项目，预计未来有足够的应纳税所得额予以抵扣相关的可抵扣暂时性差异。

城建公司的税务处理：根据税法规定，城建公司按完工进度确认工程收入和成本。2017 年，该项工程的完工进度为 62.5%（5 000 000÷8 000 000），确认收入 6 250 000 元（10 000 000×62.5%）、成本 5 000 000 元（8 000 000×62.5%）。

2017 年，税务上确认建造合同所得 1 250 000 元（6 250 000–5 000 000）。

城建公司的会计处理：根据会计准则的规定，2017 年 12 月 31 日，由于创科公司当年经营发生严重困难，城建公司今后很难收到工程价款，属于建造合同的结果不能可靠估计的情况，不能按完工百分比法确认合同收入。这时，城建公司只能将已经发生的成本中能够得到补偿的部分 2 500 000 元确认为收入，同时将发生的合同成本 5 000 000 元全部确认为当期费用。

实际发生合同成本时：

借：工程施工　　5 000 000

　贷：应付职工薪酬（原材料等）　　5 000 000

结算工程价款时：

借：应收账款　　4 000 000

　贷：工程结算　　4 000 000

收到工程价款时：

借：银行存款　　2 500 000

　贷：应收账款　　2 500 000

确认建造合同的收入、费用时：

借：主营业务成本　　5 000 000

　贷：主营业务收入　　2 500 000

　　　工程施工　　2 500 000

2017 年，会计上确认建造合同的损失为 2 500 000 元（2 500 000–5 000 000）。

2017 年，对于此项建造合同，会计上确认收益–2 500 000 元，税务上确认所得 1 250 000 元，会计处理比税务处理少计所得 3 750 000 元。因此，城建公司在申报 2017 年企业所得税时，调增应纳税所得额 3 750 000 元。此时，确认递延所得税资产 937 500 元（3 750 000×25%）。

借：递延所得税资产　　937 500

　贷：应交税费——应交所得税　　937 500

第10章 借款费用等的税会差异

在企业日常经营过程中，借款费用、或有事项、资产负债表日后事项和企业合并是一些比较特殊的业务。本章主要介绍这些业务的税会差异、纳税调整处理和纳税申报表的填制。

10.1 借款费用的税会差异

借款费用是指企业因借款而发生的利息及其他相关成本，包括借款利息、折价或溢价的摊销、因借款而发生的辅助费用以及因外币借款而发生的汇兑差异。其中，因借款而发生的辅助费用包括手续费、佣金、印刷费、债券发行费用（减去发行期间冻结资金产生的利息收入）等。

10.1.1 借款费用的资本化确认与税前扣除

在会计处理上，企业发生的借款费用，可直接归属于符合资本化条件的资产的购建或者生产的，予以资本化，计入相关资产成本。其他借款费用在发生时根据其发生额确认为费用，计入当期损益。符合资本化条件的资产是指需要经过相当长时间的购建或者生产活动才能达到预定可使用或者可销售状态的固定资产、投资性房地产和存货等资产。

购建或者生产符合资本化条件的资产达到预定可使用或者可销售状态，可从下列几个方面进行判断：符合资本化条件的资产的实体建造（包括安装）或者生产工作已经全部完成或者实质上已经完成；所购建或者生产的符合资本化条件的资产与设计要求、合同规定或者生产要求相符或者基本相符，即使有个别与设计、合同或者生产要求不相符的地方，也不影响其正常使用或者销售；继续发生在所购建或生产的符合资本化条件的资产上的支出金额很少或者几乎不再发生。购建或者生产符合资本化条件的资产需要试生产或者试运行的，在试生产结果表明资产能够正常生产出合格产品或者试运行结果表明资产能够正常运转或者营业时，该资产已经达到预定可使用或者可销售状态。

购建或者生产的符合资本化条件的资产各部分分别完工，且每部分在其他部分继续建造过程中可供使用或者可对外销售，且为使该部分资产达到预定可使用或可销售状态所必要的购建或者生产活动实质上已经完成的，停止与该部分资产相关的借款费用的资本化。购建或者生产的资产的各部分分别完工，但必须等到整体完工后才可使用或者可对外销售的，在该资产整体完工时停止借款费用的资本化。

企业借款购建或者生产的存货中，符合借款费用资本化条件的，将符合资本化条件的借款费用予以资本化。符合借款费用资本化条件的存货主要包括企业（房地产开发）开发的用于对外出售的房地产开发产品、企业制造的用于对外出售的大型机械设备等。这类存货通常需要经过相当长时间的建造或生产过程，才能达到预定可销售状态。

在税务处理上，根据所得税法实施条例第三十七条第二款的规定，企业为购置、建造固定资产、无形资产和经过 12 个月以上的建造才能达到预定可使用或可销售状态的存货发生借款的，在有关资产购置、建造期间发生的合理的借款费用，作为资本性支出计入有关资产的成本，并依照本条例的规定扣除。其他借款费用不予资本化。另外，购置、建造活动发生非正常中断，但如果中断是使资产达到可使用状态所必需的程序，则中断期间发生的借款费用仍应予以资本化。企业筹建期间发生的长期借款费用，除购置固定资产发生的长期借款费用外，计入开办费，按照长期待摊费用进行税务处理。

10.1.2　借款费用的费用化确认与税前扣除

在会计处理上，企业发生的借款费用，除可直接归属于符合资本化条件的资产的购建或者生产的，予以资本化的借款费用外，其他借款费用，在发生时根据其发生额确认为费用，计入当期损益。

符合资本化条件的资产在购建或者生产过程中发生非正常中断，且中断时间连续超过 3 个月的，暂停借款费用的资本化。在中断期间发生的借款费用确认为费用，计入当期损益，直至资产的购建或者生产活动重新开始。

在税务处理上，根据所得税法实施条例第三十七条的规定，企业在生产经营活动中发生的合理的不需要资本化的借款费用，准予扣除。企业为购置、建造和生产固定资产、无形资产和经过 12 个月以上的建造才能达到预定可销售状态的存货，如果发生非正常中断时间较长的，其中断期间发生的借款费用，不予以资本化，直接在发生当期扣除。借款费用是否资本化与借款期间长短无直接关系，如果某纳税年度企业发生长期借款，并且没有指定用途，当期也没有发生购置固定资产支出，则借款费用全部可直接扣除。在为使资产达到其预定可使用或可销售状态而进行的必要准备工作中断期间可能发生的借款费用，属于持有部分完工资产发生的费用，可以不资本化直接扣除。在使相关资产达到其预定可使用或者可销售状态必要的工作实际完成时，停止借款费用资本化。

10.1.3 借款费用的计量与税前扣除标准

在会计处理上，在资本化期间内，每一会计期间的利息（包括折价或者溢价的摊销）资本化金额，按照下列规定确定：为购建或者生产符合资本化条件的资产而借入专门借款的，以专门借款当期实际发生的利息费用，减去尚未动用的借款资金存入银行取得的利息收入或进行暂时性投资取得的投资收益后的金额确定。为购建或者生产符合资本化条件的资产而占用了一般借款的，企业根据累计资产支出超过专门借款部分的资产支出加权平均数乘以所占用一般借款的资本化率，计算确定一般借款应予资本化的利息金额。资本化率根据一般借款加权平均利率计算确定。资本化期间是指从借款费用开始资本化时点到停止资本化时点的期间，借款费用暂停资本化的期间不包括在内。

借款存在折价或者溢价的，按照实际利率法确定每一会计期间应摊销的折价或者溢价金额，调整每期的利息额。在资本化期间内，每一会计期间的利息资本化金额不超过当期相关借款实际发生的利息金额。

在税务处理上，根据所得税法实施条例第三十八条的规定，企业在生产经营活动中发生的下列利息支出，准予扣除：非金融企业向金融企业借款的利息支出、金融企业的各项存款利息支出和同业拆借利息支出、企业经批准发行债券的利息支出；非金融企业向非金融企业借款的利息支出，不超过按照金融企业同期同类贷款利率计算的数额的部分。

【例 10-1】润丰公司向威力公司（非关联方）借款 2 000 万元，每年按 10%支付利息 200 万元，银行同期贷款利率为 7%。

对于利息支出，需要填报《纳税调整项目明细表（A105000）》第 18 行：第 1 列“账载金额”填报纳税人向非金融企业借款，会计处理计入当期损益的利息支出的金额 200 万元（2 000×10%）；第 2 列“税收金额”填报按照税收规定允许税前扣除的利息支出的金额 140 万元（2 000×7%）。超过银行利率的 60 万元（200–140）需要进行纳税调增，缴纳所得税，如表 10-1 所示。

表 10-1 纳税调整项目明细表（A105000）

行次	项目	账载金额	税收金额	调增金额	调减金额
		1	2	3	4
18	（六）利息支出	2 000 000	1 400 000	600 000	

假设润丰公司每年按 3%支付利息 60 万元，允许税前扣除的利息支出金额为 60 万元，此时不需要做纳税调整处理。

所得税法第四十六条规定，企业从其关联方接受的债权性投资与权益性投资的比例超过规定标准而发生的利息支出，不得在计算应纳税所得额时扣除。《关于企业关联方利息支出税前扣除标准有关税收政策问题的通知》（财税〔2008〕121 号）规定：

一、在计算应纳税所得额时，企业实际支付给关联方的利息支出，不超过以下规定比例和税法及其实施条例有关规定计算的部分，准予扣除，超过的部分不得在发生当期和以后年度扣除。

企业实际支付给关联方的利息支出，除符合本通知第二条规定外，其接受关联方债权性投资与其权益性投资比例为：

（一）金融企业，为 5∶1；

（二）其他企业，为 2∶1。

二、企业如果能够按照税法及其实施条例的有关规定提供相关资料，并证明相关交易活动符合独立交易原则的；或者该企业的实际税负不高于境内关联方的，其实际支付给境内关联方的利息支出，在计算应纳税所得额时准予扣除。

三、企业同时从事金融业务和非金融业务，其实际支付给关联方的利息支出，应按照合理方法分开计算；没有按照合理方法分开计算的，一律按本通知第一条有关其他企业的比例计算准予税前扣除的利息支出。

四、企业自关联方取得的不符合规定的利息收入应按照有关规定缴纳企业所得税。

【例 10-2】甲公司、乙公司和丙公司于 2017 年 1 月共投资 2 000 万元设立丁公司。甲公司权益性投资 400 万元，占 20%股份；乙公司权益性投资 400 万元，占 20%股份；丙公司权益性投资 1 200 万元，占 60%的股份。

2017 年 1 月，丁公司以 10%年利率从甲公司借款 1 000 万元，以 9%年利率从乙公司借款 1 200 万元，以 7%年利率向丙公司借款 1 200 万元。

假设甲、乙、丙、丁公司均为非金融企业；银行同期贷款利率为 8%；丁公司实际税负高于甲公司，且丁公司无法提供资料证明其借款活动符合独立交易原则；乙公司可以提供税法规定的相关资料以证明其符合独立交易原则；丁公司实际税负不高于丙公司；根据所得税法及其实施条例、财税〔2008〕121 号的规定，现计算如下：

（1）对甲公司支付的利息。由于丁公司实际税负高于甲公司，且丁公司无法提供资料证明其借款活动符合独立交易原则，丁公司实际支付给甲公司的利息支出，不超过财税〔2008〕121 号规定的债资比例和税法及其实施条例有关规定计算的部分，准予扣除，超过的部分不得在发生当期和以后年度扣除。

丁公司接受甲公司的债权性投资和权益性投资分别为 1 000 万元和 400 万元，其比例为 2.5:1，高于规定的 2:1，并且其约定利率 10%高于金融机构同期贷款利率 8%，故甲公司借款利息不能全额税前扣除。其可税前扣除的借款额为 800 万元（400×2），利息额为 64 万元（800×8%）。2017 年共支付甲公司利息 100 万元（1 000×10%），可税前扣除 64 万元，其余 36 万元在 2017

年做纳税调整处理，且在以后年度也不可扣除。

（2）对乙公司支付的利息。丁公司接受乙公司的债权性投资可以提供税法规定的相关资料以证明其符合独立交易原则，可以不看债资比例的规定，但其约定利率 9%高于金融机构同期贷款利率 8%，故乙公司借款利息 108 万元（1200×9%）不能全额在税前扣除，其超过金融机构同期贷款利率的部分 12 万元［1 200×（9%–8%）］要做纳税调整处理。

（3）对丙公司支付的利息。丁公司实际税负不高于乙公司，也可以不看债资比例的规定，其约定年利率 7%低于金融机构同期贷款利率，故丙公司借款利息 84 万元（1 200×7%）可以全额在税前扣除。

需要说明的是，年度应付关联方的利息应符合税法对利息支出的一般规定，特别是限制在银行同类贷款利率以内，不一定是应付关联方利息总和。

（4）甲、乙、丙公司的利息收入。甲公司自丁公司取得的利息收入 100 万元、乙公司自丁公司取得的利息收入 108 万元、·丙公司自丁公司取得的利息收入 84 万元，因所得税法和实施条例中没有相关税收优惠政策的规定，故均并入应纳税所得额计算缴纳企业所得税。

【例 10-3】2017 年 1 月 1 日，华强公司采取出包方式开始建造厂房，到 12 月 31 日发生的支出如表 10-2 所示。为建造厂房，该公司于 2017 年 1 月 1 日发行 3 年期的债券，票面价值为 1 000 万元，票面利率为 8%，当时的市场利率为 6%，每年年末支付利息，到期还本。债券发行价格为 1 053.46 万元，发行辅助费用为 2 万元。另外，2017 年 4 月 1 日又专门借款 500 万元，借款期为 4 年，年利率为 8%。该公司在年初还借入流动资金 500 万元，借款年利率为 4%，假设暂不考虑银行活期存款利息。

（1）计算资本化金额。华强公司 2017 年度为建造固定资产累计支出 1 820 万元，专门借款金额为 1 553.46 万元（1 053.46+500）。

截至 2017 年 11 月，累计支出超过专门借款金额即占用的一般借款如表 10-3 所示。占用的一般借款的资本化金额为：

一般借款资本化金额=（累计资本支出–专门借款资本支出的加权平均数）×一般借款资本化率=32.76×4%=1.31（万元）

一般借款资本化率为流动资金的借款年利率 4%（见表 10-4）。

表 10-2　2017 年建造厂房发生的支出　　单位：万元

日　期	每期资产支出金额	累计资产支出
1 月 1 日	150	150
2 月 1 日	200	350
3 月 1 日	130	480
4 月 1 日	100	580
5 月 1 日	130	710
6 月 1 日	160	870
7 月 1 日	120	990

续表

日　期	每期资产支出金额	累计资产支出
8 月 1 日	100	1 090
9 月 1 日	150	1 240
10 月 1 日	280	1 520
11 月 1 日	160	1 680
12 月 1 日	140	1 820

表 10-3　2017 年累计支出　　单位：万元

日　期	支出金额	资本化期间	超过专门借款部分支出的加权平均数
1 月 1 日	150	360÷360	0
2 月 1 日	200	330÷360	0
3 月 1 日	130	300÷360	0
4 月 1 日	100	270÷360	0
5 月 1 日	130	240÷360	0
6 月 1 日	160	210÷360	0
7 月 1 日	120	180÷360	0
8 月 1 日	100	150÷360	0
9 月 1 日	150	120÷360	0
10 月 1 日	280	90÷360	0
11 月 1 日	160	60÷360	21.09
12 月 1 日	140	30÷360	11.67
合　计	1 820		32.76

表 10-4　债券利息调整　　单位：万元

日　期	支付利息=面值×票面利率 8%（1）	实际利息费用=（5）×市场利率（2）	利息调整=（1）－（2）（3）	债券账面价值=债券面值–（3）（5）
2017 年 1 月 1 日				1 053.46
2017 年 12 月 31 日	80	63.21	16.79	1 036.67
2018 年 12 月 31 日	80	62.20	17.80	1 018.87
2019 年 12 月 31 日	80	61.13	18.87	1 000
合　计	240	186.54	53.46	

（2）计算利息金额。专门借款年度实际发生的利息为：债券借款费用为 63.21 万元，辅助费用资本化金额为 2 万元；专门借款利息为 30 万元（500 × 8% × 9 ÷12）；专门借款部分借款费用为 93.21 万元（63.21+30）；一般借款利息为 20 万元（500 × 4%）；借款利息费用共计 113.21

万元（80–16.79 + 30 +20）；资本化利息金额为 94.52 万元（1.31 + 93.21）；费用化利息金额为 18.69 万元（113.21 – 94.52）。

华强公司的会计处理如下：

借：在建工程	965 200	
财务费用	186 900	
应付债券——利息调整	167 900	
贷：长期借款——利息调整		300 000
应付利息		1 000 000
银行存款		20 000

（3）税务差异处理。假设金融机构同类、同期贷款利率为 5%，按税法规定辅助费用按照 5 年平均摊销。在 2017 年企业所得税汇算清缴时，因利息超支调增应纳税所得额 44.46 万元［113.21–（1 000×5%+500×5%×9÷12）］；因辅助费用摊销调增应纳税所得额 1.6 万元（2–2÷5），共调增应纳税所得额 46.06 万元。

10.2 或有事项的税会差异

或有事项是指过去的交易或者事项形成的，其结果须由某些未来事项的发生或不发生才能决定的不确定事项。它强调或有事项的发生或其结果具有不确定性以及强调或有事项的结果对企业财务状况的影响。常见的或有事项有商业票据背书转让或贴现、未决诉讼、未决仲裁、债务担保、产品质量保证、亏损合同、重组义务等。

所得税法规定，企业实际发生的与取得收入有关的、合理的支出，包括成本、费用、税金、损失和其他支出，可在计算应纳税所得额时扣除。预计负债只是履行该义务很可能导致经济利益流出企业，还没有实际发生，不符合所得税法规定的实际发生原则，不允许在计算应纳税所得额时扣除。企业对未决诉讼或仲裁、债务担保、产品质量保证（含产品安全保证）、亏损合同、重组义务等方面计提的预计负债，在申报企业所得税时调增应纳税所得额，支出实际发生时才允许扣除。对预计负债所确认的各项损失是否允许税前扣除，实务处理中按相关规定进行。

在税务处理上，根据所得税法第八条的规定，企业因计划出售或终止企业的部分经营业务、对企业的组织结构进行较大调整、关闭企业的部分营业场所，或将营业活动由一个国家或地区迁移到其他国家或地区等而确定的预计负债，根据所得税法规定不允许扣除，在申报企业所得税时调增应纳税所得额，待实际执行重组时发生的支出，才允许在税前扣除。

在税务处理上，根据所得税法第八条的规定，对于企业的亏损合同，虽然履行合同义务不可避免会发生成本超过预期经济利益而发生亏损，但目前尚未形成扣除项目，所以该预计负债不属于真正的亏损，不允许扣除，在申报企业所得税时调增应纳税所得额，待亏损合同形成实际亏损时，才允许确认。

【例 10-4】2017 年 11 月，京华、向阳两公司因商标权引起纠纷，京华公司向法院提起诉讼。截至 2017 年 12 月 31 日法院尚未判决。向阳公司向律师咨询得知，向阳公司败诉的可能性为 80%。如果败诉，赔偿金额可能为 80 万～120 万元，诉讼费为 0.5 万元。假设向阳公司 2017 年会计利润为 200 万元。不考虑其他纳税调整事项。

向阳公司确认预计负债时，会计处理如下：

确认的预计负债=（80+120）÷2=100（万元）

借：管理费用——诉讼费　　5 000

　　营业外支出——诉讼赔偿　　1 000 000

　贷：预计负债——未决诉讼　　1 005 000

年末计算所得税。向阳公司确认的预计负债不能在应纳税所得额中扣除，在当期利润的基础上调增 100.5 万元，应纳税所得额为 300.5 万元，应交所得税为 75.125 万元。预计负债的账面价值为 100.5 万元，计税价值为 0，可抵扣的暂时性差异为 100.5 万元，确认递延所得税资产为 25.125 万元。

借：所得税费用　　500 000

　　递延所得税资产　　251 250

　贷：应交税费——应交所得税　　751 250

对于企业确认的预计负债，有关支出能在税前扣除的，实际发生时在税前扣除，因此在确认预计负债当期调增应纳税所得额，同时产生可抵减暂时性差异，产生递延所得税资产。已计提的预计负债实际发生时，不论实际发生的损失大于或小于原计提的预计负债，先冲销原来已经计提的预计负债，对于实际多发生或少发生的损失，直接计入当期损益，增加或减少当期会计利润。因此在做纳税调整处理时，只需按原预计负债调减应纳税所得额，转回原已确认的递延所得税资产。

假设 2018 年 5 月经法院判决向阳公司败诉，向京华公司赔偿 105 万元，承担诉讼费 0.5 万元。

向阳公司 2018 年会计利润为 200 万元，不考虑其他纳税调整事项。向阳公司的会计处理如下：

借：预计负债——未决诉讼　　1 005 000

　　营业外支出——诉讼赔偿　　50 000

　贷：银行存款　　1 055 000

年末计算所得税。向阳公司实际发生的损失 105.5 万元能在应纳税所得额中扣除，但由于计入“营业外支出”的 5 万元会直接冲减会计利润，在当期利润的基础上调减 100.5 万元，应纳税所得额为 99.5 万元，应交所得税为 24.875 万元。预计负债的账面价值为 0，计税价值为 0，期末递延所得税资产为0，冲回递延所得税资产为25.125万元。

借：所得税费用　　500 000

　贷：递延所得税资产　　251 250

　　　应交税费——应交所得税　　248 750

10.3 资产负债表日后事项的税会差异

资产负债表日后事项是指资产负债表日至财务报告批准报出日之间发生的有利或不利事项。资产负债表日后事项包括资产负债表日后调整事项和资产负债表日后非调整事项。调整事项是在资产负债表日以前发生的，非调整事项在资产负债表日还没有发生，在财务报告批准报出日之前发生或存在。两者存在的共同点是：它们都对财务报告所反映的财务状态、经营成果产生重大影响。

从税收的角度上看，非调整事项不需要调整报告期的会计报表，因此不会产生纳税调整问题。调整事项，按会计准则的规定对已编制的会计报表中反映的收入、费用、资产、负债以及所有者权益做相应的调整，并按调整后的数额重新编制会计报表，以便为财务报告使用者提供更为可靠的财务信息。由于资产负债表日后调整事项一般都涉及损益调整，因此必然产生相应的纳税调整问题。

企业在资产负债表日以前发生正常销售业务，由于种种原因在资产负债表日至年度财务报告批准上报日之间发生的销货退回，基本调整思路是：与发生正常销售业务时，进行相反的会计处理。在具体调整时，涉及损益类账户的通过以前年度损益调整账户调整；涉及利润分配中的提取盈余公积账户的直接通过未分配利润账户调整。会计处理程序基本上可以分为以下四个部分：

（1）冲销收入、成本与减值损失。

（2）调整所得税。

（3）将以前年度损益调整转入未分配利润账户。

（4）调整盈余公积。

另外，由于资产负债表日后事项形成的影响数性质不同，所以在具体调整所得税时，调整账户也有所不同。

其中，资产负债表日后事项形成的影响数是指对利润总额的影响金额，影响数中的差额是指既影响利润总额又影响应纳税所得额；影响数中的差异是指影响利润总额而不影响应纳税所得额的金额。

例如，资产负债表日后进一步确定了资产负债表日前购入资产的成本或售出资产的收入，即资产负债表日前购入资产的成本或者售出资产的收入未确定，或售出的存货发生退回。该事项涉及退货的情况，可能涉及应交所得税，处理时要区分所得税汇算清缴前、所得税汇算清缴后两种情况。

【例 10-5】2017 年 11 月长江公司销售给东海公司一批产品，销售价格 25 000 元（不含向购买方收取的增值税），销售成本 20 000 元。货款于当年 12 月 31 日尚未收到。2017 年 12 月 25 日长江公司接到东海公司通知，东海公司在验收物资时，发现该批产品存在严重的质量问题需要退货。长江公司希望通过与东海公司协商解决办法。长江公司在 12 月 31 日编制资产负债表时，将该应收账款 29 250 元（包括向购买方收取的增值税额）列示于资产负债表的“应收账款”项目内，公司按应收账款的 5%计提坏账准备。2018 年 2 月 10 日双方协商未成，长江公司收到东海公司的通知，该批产品已经全部退回。长江公司于 2018 年 2 月 15 日收到退回的产品以及购货方退回的增值税专用发票的发票联和税款抵扣联。假定该物资增值税税率为 17%，长江公司为增值税一般纳税人，不考虑其他税费因素。同时长江公司为上市公司，财务报告批准报出日均为次年 4 月 30 日，资产负债表日计算的税前利润等于按所得税法规定计算的应纳税所得额。公司按净利润的 10%提取法定盈余公积，之后不再分配。

借：以前年度损益调整　　25 000
　　应交税费——应交增值税（销项税额）　　4 250
　贷：应收账款　　29 250
借：坏账准备　　1 462.5
　　［（25 000+25 000×17%）×5%］
　贷：以前年度损益调整　　1 462.5
借：库存商品　　20 000
　贷：以前年度损益调整　　20 000
借：应交税费——应交所得税　　884.38
　　［（25 000–20 000–1 462.5）×25%］
　贷：以前年度损益调整　　884.38
借：利润分配——未分配利润　　2 653.12
　　（25 000–20 000–1 462.5–884.38）
　贷：以前年度损益调整　　2 653.12
借：盈余公积　　265.31（2 653.12×10%）
　贷：利润分配——未分配利润　　265.31

调整报告年度会计报表相关项目的数字。（略）

在资产负债表日以前或在资产负债表日已经存在，资产负债表日后得以证实的事项，是资产负债表日后事项的调整事项。在例 10-5 中，长江公司在 2 月收到退货，调整 2017 年度的会计报表，但假若长江公司在 5 月（报告批准日后）收到这笔退货，这笔退货就计入 2018 年的报表上了。同样是 2018 年的经济业务，一个在上一年度的会计报表上反映，一个在下一年度的会计报表上反映。

对例 10-5 而言，在会计上将库存商品和应收账款冲回，同时将销售收入与销售成本之间的差额作为以前年度（2017 年）损益的调整项目；而根据所得税法的规定，销售退回必须调整当期损益，在销售退回实际发生的当期（2018 年）确认应纳税所得额。这种所得确认时间上的差异，在某些情况下往往会造成应纳所得税额计征数的差异，如两个年度适用的所得税税率不一致，或者某个年度享受所得税的减免优惠等。

税务处理上，必须按照实际发生原则确认收入和扣除成本费用。属于 2018 年度的经济业务，确认 2018 年的所得。对已证实发生了减损的资产，在资产实际发生减损的年度，经过税务机关批准后扣除。对已确定获得或支付的赔偿，在实际赔偿的年度申报扣除。对销售退回而影响当期所得的，计入实际退回年度的所得额。

当资产负债表日后资产发生了报废、毁损、坏账，或发生永久性、实质性损害时，此时会计处理中转销的财产损失或全额计提的资产减值准备能否在税前扣除，首先要看年终企业所得税汇算清缴是否结束。如已结束，则不能追溯调整会计报告期所对应纳税年度的税前扣除金额，也不能要求退还报告期所得税额，资产损失的金额在最终实际发生的本年度做税前扣除。如果年终企业所得税汇算清缴尚未结束，则资产损失金额可以作为报告期所对应纳税年度的税前扣除项目，但是，如果所得税法规定需要报经主管税务机关审核批准的财产损失在汇算清缴期内未报经批准的，则仍不得做税前扣除。客观原因或税务机关原因等导致的滞后审批，待批准后再做抵退税款处理。

【例 10-6】康运公司在 2017 年年末积压了一批原材料，价款为 500 000 元，在 2017 年 12 月 31 日按价税合计数 585 000 万元计提了 30%的存货跌价准备。2018 年 4 月 5 日，该批原材料所供生产的产品停产，在市场上已丧失了使用价值和转让价值，且原材料因积压时间过长已超过保质期，全部报废。假定康运公司财务报告批准报出日为 4 月 15 日，计提盈余公积的比例为 10%。

显然，上述事项属于资产负债表日后事项，康运公司结转存货报废损失为 409 500 元（585 000– 585 000×30%），调整的会计处理如下：

借：以前年度损益调整　　409 500
　　存货跌价准备　　175 500
　贷：库存商品　　500 000
　　　应交税费——应交增值税（进项税额转出）　　85 000

此时，假定康运公司 2017 年度企业所得税汇算清缴工作尚未结束，资产负债表日后事项未做调整前的 2017 年度会计利润为 1 000 000 元，无其他纳税调整事项。康运公司原先按所得税法规定未将存货跌价准备在税前扣除，所计算的应纳税所得额为 1 175 500 元（1 000 000+175 500），所得税费用及应交所得税为 293 875 元。现康运公司向主管税务机关提起财产损失扣除申请并获批准，则非但原先提取的 30% 存货跌价准备可在税前扣除，资产负债表日后调增的另 70% 的财产损失也可在税前扣除。重新计算的应纳税所得额为 590 500

元（1 175 500–175 500–409 500），所得税费用及应交所得税为 147 625 元，在原先计算结果的基础上调减 146 250 元（293 875–147 625），正好为税前扣除财产损失 585 000 元所对应的所得税额。

调整所得税的会计处理如下：

借：应交税费——应交所得税　　146 250（585 000×25%）

　贷：以前年度损益调整　　146 250

借：利润分配——未分配利润　　263 250（409 500–146 250）

　贷：以前年度损益调整　　263 250

借：盈余公积　　26 325（263 250×10%）

　贷：利润分配——未分配利润　　26 325

在进行上述处理后，2017 年 12 月 31 日资产负债表中"存货"减少 324 500 元，"应交税费"减少 61 250 元（冲减的"应交税费——应交所得税"账户的 146 250 元与转出的增值税进项税额 85 000 元之差），盈余公积减少 26 325 元，未分配利润减少 236 925 元。2017 年度利润表中管理费用增加 409 500 元，所得税减少 146 250 元，营业利润和利润总额减少 263 250 元。

假定康运公司 2017 年度企业所得税汇算清缴虽未结束，但上述财产损失因故未报经主管税务机关批准，则康运公司在资产负债表日后结转的财产损失 409 500 元及原先提取的存货跌价准备均不得在税前扣除，原先计算出的所得税费用及应交所得税 293 875 元保持不变。因而将前面所做的"以前年度损益调整"账户的 409 500 元直接转入利润分配，并调整利润分配的有关数字。

借：利润分配——未分配利润　　409 500

　贷：以前年度损益调整　　409 500

借：盈余公积　　40 950（409 500×10%）

　贷：利润分配——未分配利润　　40 950

在进行上述会计处理后，2017 年 12 月 31 日资产负债表中"存货"减少 324 500 元，应交税费增加 85 000 元，盈余公积减少 40 950 元，未分配利润减少 368 550 元。2017 年度利润表中管理费用增加 409 500 元，营业利润和利润总额减少 409 500 元。

如果康运公司 2017 年度企业所得税汇算清缴工作已经结束，则康运公司在资产负债表日后结转的财产损失 409 500 元不得在 2017 年度税前追溯扣除，原先提取的存货跌价准备也未在税前扣除。资产负债表日后调整事项的会计处理及纳税类似于例 10-6。两者的不同之处在于，在这种情况下，上述财产损失 585 000 元可作为 2018 年实际发生的金额，在 2018 年度企业所得税汇算清缴前向主管税务机关申请扣除，并全额调减 2018 年度应纳税所得额。

资产负债表日后调增资产减损金额，会计处理方法一般为补提资产减值。在这种情况下，资产损失金额尚未最终确定，提取的减值准备均为会计估计的结果，那么无论企业是否还处于年度所得税汇算清缴期内，原先计提的资产减值准备及调增的资产减值准备均不得在报告期税前扣除，原先计算的所得税费用及应交所得税保持不变。

10.4 企业合并的税会差异

10.4.1 企业合并的税会差异概述

1. 企业合并的含义及分类

《企业会计准则第20号——企业合并》规定了企业合并的会计处理，2009年财政部和国家税务总局发布了《关于企业重组业务企业所得税业务处理若干问题的通知》(财税〔2009〕59号)规定了企业合并的税务处理。企业合并的定义及分类存在的税会差异，如表10-5所示。

表10-5 企业合并的定义及分类的税会差异

项目	定义	分类	
		按照控制对象	具体的法律形式
会计准则	将两个或两个以上单独的企业合并形成一个报告主体的交易或事项	分为同一控制下的企业合并和非同一控制下的企业合并两类	分为吸收合并、新设合并和控股合并三种
所得税法	被合并企业将其全部资产和负债转让给另一家现存或新设企业，并为其股东换取合并企业的股权或其他财产，实现两个或两个以上企业的依法合并事项	对被合并方支付对价方式分为现金合并、股票合并和承债式合并	是否缴税现金合并称为应税合并，股票合并称为免税合并，对于承债式合并，若被合并企业净资产几乎为零，则视同免税合并

从财税〔2009〕59号可以看出，文件中定义的合并实质上是指新设合并和吸收合并。文中还规定，股权收购是指一家企业购买另一家企业(以下称为被收购企业)的股权，以实现对被收购企业控制的交易。可见，文件中定义的股权收购实质上是指控股合并。因此，本节后续部分会关注财税〔2009〕59号对股权收购和合并税务处理的规定。

2. 企业合并的会计处理

会计准则规定，对于同一控制下的企业合并，按照权益结合法进行会计处理，采用的是历史成本计量模式。付出的成本按账面价值计量，不确认损益。对于被合并方的资产和负债除了评估调账以外都是按原账面价值计量的；合并发生的直接相关费用直接计入当期损益；无论是合并报表或个别报表中，不确认商誉。

非同一控制下的企业合并，按照购买法进行会计处理，引入了公允价值计量模式。合并成本是购买方支付的资产、发行或承担的负债、发行的权益性工具在购买日的公允价值之和，公允价值与其账面价值的差额，计入当期损益；合并发生的直接相关费用直接计入当期损益。对于被合并方各项可辨认资产、负债，也是按购买日的公允价值计量的。合并成本大于被合并方可辨认净资产公允价值份额差额确认商誉，商誉初始确认后，每年对其进行减值测试。如果出现负商誉的情况，则计入营业外收入。

3. 企业合并的税务处理

根据财税〔2009〕59 号规定，企业重组的税务处理应区分不同条件分别适用一般性税务处理和特殊性税务处理。特殊性税务处理必须满足以下四个条件：

（1）企业合并业务须具有合理商业目的，不以减少、免除或者推迟缴纳税款为主要目的；

（2）企业股东在该企业合并发生时取得的股权支付金额不低于其交易支付总额的 85%；

（3）企业合并后的连续 12 个月内不改变重组资产原来的实质性经营活动；

（4）企业合并业务中取得股权支付的原主要股东，在重组后连续 12 个月内，不得转让所取得的股权。

企业合并中的税务处理方法，如表 10-6 所示。

表 10-6　企业合并中的税务处理

<table>
<tr><th>项目</th><th>一般性税务处理</th><th colspan="2">特殊性税务处理</th></tr>
<tr><td rowspan="3">基本处理方法</td><td rowspan="3">合并企业：
① 取得的资产和负债的计税基础，应按公允价值确定；
② 被合并企业的亏损不得在合并企业结转弥补。
被合并企业：
企业合并方式下，进行清算，确认清算所得</td><td colspan="2">合并企业：
① 取得的资产和负债的计税基础，以被合并企业的原有计税基础确定；
② 承继被合并企业合并前的相关所得税事项；
③ 可弥补的被合并企业亏损的限额=被合并企业净资产公允价值×截至合并业务发生当年年末国家发行的最长期限的国债利率。
被合并企业：
企业合并方式下，进行清算，确认清算所得</td></tr>
<tr><td>股权支付部分</td><td>暂不确认有关资产的转让所得或损失</td></tr>
<tr><td>非股权支付部分</td><td>① 确认有关资产的转让所得或损失：
非股权支付对应的资产转让所得或损失=（被转让资产的公允价值–被转让资产的计税基础）×（非股权支付金额÷被转让资产的公允价值）
② 调整相应资产的计税基础</td></tr>
</table>

续表

<table>
<tr><th>项目</th><th>一般性税务处理</th><th>特殊性税务处理</th></tr>
<tr><td>备注</td><td colspan="2">1. 合并方支出对价若为非现金资产，则要确认资产处置收益，计入当期应纳税所得额。
2. 支付的其他相关费用、佣金、手续费的处理：
（1）直接相关费用减少当期应纳税所得额；
（2）债务工具发行费用减少当期应纳税所得额；
（3）权益工具发行费用自溢价发行收入中扣除，不计入应纳税所得额。
3. 企业使用特殊性税务处理的，交易各方应在该业务完成当年的企业所得税年度申报时向主管税务机关进行书面备案</td></tr>
</table>

股权收购的一般性税务处理为：被收购企业的股东应确认股权转让所得或损失；收购方取得股权的计税基础应以公允价值为基础确定；被收购企业的相关所得税事项原则上保持不变。

特殊性税务处理方式下，除满足上述企业合并的第（1）（3）（4）条件外，还需要满足的条件为：收购企业购买的股权不低于被收购企业全部股权的 50%，且收购企业在该股权收购发生时的股权支付金额不低于其交易支付总额的 85%。收购企业和被收购企业取得的股权，均以被收购股权的原有计税基础确定；收购企业、被收购企业的原有各项资产和负债的计税基础和其他相关所得税事项保持不变。如果股权支付比例符合特殊性税务处理的规定，则股权支付部分适用特殊性税务处理，非股权支付部分适用一般性税务处理。

【例 10-7】红山公司与星海公司发生企业合并业务，本次合并未发生其他相关费用、佣金和手续费。假设相关资产和负债的账面价值等于计税基础，合并业务的相关信息如表 10-7 所示。

表 10-7 红山公司与星海公司合并业务的相关信息 单位：万元

<table>
<tr><th colspan="2">合并方</th><th colspan="2">红山公司</th><th colspan="2">被合并方</th><th colspan="2">星海公司</th></tr>
<tr><td rowspan="4">支付对价</td><td>项目</td><td>账面价值</td><td>公允价值</td><td rowspan="5">相关资料</td><td>项目</td><td>账面价值</td><td>公允价值</td></tr>
<tr><td>发行新股</td><td>20</td><td>80</td><td>可辨认资产</td><td>60</td><td>80</td></tr>
<tr><td>现金</td><td>4</td><td>4</td><td colspan="3" rowspan="3">备注：其中固定资产账面价值 20 万元，公允价值 40 万元，其他资产、负债的账面价值与公允价值相等</td></tr>
<tr><td>固定资产</td><td>6</td><td>10</td></tr>
<tr><td colspan="2">总计</td><td>30</td><td>94</td></tr>
</table>

（1）一般性税务处理。假设红山公司与星海公司发生的企业合并事项采用一般性税务处理方法，则无论是股权支付部分还是非股权支付部分，都要遵守所得税法的基本规定，在企业合并交易发生时确认相关资产的转让所得或损失。星海公司可辨认净资产公允价值 80 万元与计税基础 60 万元的差额 20 万元，应确认为资产转让所得，计入星海公司应纳税所得额，由此，星海公司应缴纳企业所得税 5 万元（20×25%）。由于星海公司对这部分差额已履行相应的纳税义务，因此，红山公司取得的星海公司可辨认净资产计税基础为 80 万元。

另外，红山公司用非现金资产作为支付对价，固定资产公允价值与账面价值的差额 4 万元，应该确认为资产处置损益，计入红山公司当期应纳税所得额，缴纳企业所得税 1 万元（4×25%）。如果合并企业不是以新发股权作为对价，而是以现有股权作为支付对价，则要确认处置损益，缴纳企业所得税。

（2）特殊性税务处理。红山公司股权支付比例为 85.11%（80÷94），大于适用特殊性税务处理条件中要求的 85%的比例。假设该企业合并事项满足全部特殊性税务处理的条件，则该合并对于非股权支付的部分，应确认相应资产的转让所得或损失，而对于股权支付的部分，可暂时不确认资产的转让所得或损失，计税基础递延到取得的股份上。

具体来说，对于星海公司可辨认净资产公允价值 80 万元与计税基础 60 万元之间的差额 20 万元的部分，其中属于股权支付部分所对应的 17.022 万元（20×85.11%），可暂不计入星海公司应纳税所得额，而对于剩下的属于非股权支付部分所对应的 2.978 万元（20×14.89%），应当计入星海公司当期应纳税所得额，缴纳企业所得税 0.744 5 万元（2.978×25%）。由此，在红山公司取得的星海公司可辨认净资产的计税基础应为 62.978 万元（60+20×14.89%）。另外，在红山公司用固定资产作为支付对价，其公允价值与账面价值的差 4 万元，应该确认为资产处置损益，计入红山公司当期应纳税所得额，缴纳企业所得税 1 万元。

4. 企业合并的税会差异的列报

不同性质的企业合并业务对应着不同的会计处理与税务处理方法。在计算企业的应纳税所得额时，若企业的会计处理方法与税收政策规定不一致，则应当按照税收的相关规定计算；若税收政策的规定不明确，则暂时按照会计准则的规定计算。

做企业合并的纳税调整处理时，需要填报《企业重组及递延纳税事项纳税调整明细表（A105100）》，其中，非现金资产清偿债务、将债务转为资本要单独填报，如表 10-8 所示。

表 10-8　企业重组及递延纳税事项纳税调整明细表（A105100）

行次	项　　目	一般性税务处理			特殊性税务处理			纳税调整金额
		账载金额	税收金额	纳税调整金额	账载金额	税收金额	纳税调整金额	
		1	2	3（2–1）	4	5	6（5–4）	7（3+6）
8	四、企业合并（9+10）							
9	其中：同一控制下企业合并							
10	非同一控制下企业合并							

10.4.2　初始确认时的税会差异

在初始确认时，企业合并业务的税会差异主要体现在三个方面：一是合并企业取得的合并资产账面价值与计税基础不同所产生的差异，二是合并企业的非货币性资产支付处置损益确认的差异，三是被合并企业资产转让所得确认的差异。以下从同一控制下的企业合并和非同一控制下的企业合并两个方面进行说明。

1. 同一控制下的企业合并

在初始确认时，对于同一控制下的企业合并，税会差异主要体现在三个方面，如表 10-9 所示。

表 10-9 同一控制下的企业合并初始确认时的税会差异

项目		一般性税务处理	特殊性税务处理	
			股权支付部分	非股权支付部分
合并方取得资产的账面价值与计税基础的差异分析	入账价值	被合并方原账面价值		
	计税基础	公允价值	原有计税基础	原计税基础+（公允价值–原计税基础）×非股权支付比例
	差异	存在差异	若二者相等，不存在差异；若二者不相等，存在差异	存在差异
非货币性资产支付处置损失确认的差异分析	会计处理	不确认		
	税务处理	确认		
	差异	在纳税申报时，合并企业应相应调整会计利润：调整金额=公允价值–计税基础		
被合并企业资产转让所得确认的差异分析	会计处理	不确认		
	税务处理	确认	不确认	确认
	差异	在纳税申报时，被合并企业应相应调整会计利润：调整金额=公允价值–计税基础	无差异	在纳税申报时，被合并企业应相应调整会计利润：调整金额=（公允价值–计税基础）×非股权支付部分所占比例

2. 非同一控制下的企业合并

在初始确认时，对于非同一控制下的企业合并，主要的税会差异如表 10-10 所示。

表 10-10 非同一控制下的吸收合并初始确认时的税会差异

项目		一般性税务处理	特殊性税务处理	
			股权支付部分	非股权支付部分
账面价值与计税基础的差异	入账价值	被合并方资产公允价值		
	计税基础	公允价值	原有计税基础	原计税基础+（公允价值–原计税基础）×非股权支付比例

续表

项　　目		一般性税务处理	特殊性税务处理	
			股权支付部分	非股权支付部分
	差异	无差异	存在差异	
非货币性资产支付处置损益确认的差异分析	会计处理	确认		
	税务处理	确认		
	差异	资产的计税基础与账面价值相等，则不存在差异，若不等则存在差异：调整金额=账面价值–计税基础		
被合并企业资产转让所得的差异分析	会计处理	不确认		
	税务处理	确认	不确认	确认
	差异	在纳税申报时，被合并企业应相应调整会计利润：调整金额=公允价值–计税基础	无差异	在纳税申报时，被合并企业应相应调整会计利润：调整金额=（公允价值–计税基础）×非股权支付部分所占比例

【例 10-8】2017 年 6 月 1 日，甲公司和乙公司达成合并协议，甲公司以库存商品（存货）和增发权益性证券（增发新股）作为合并对价，取得乙公司 100%的股权。支付对价的情况如表 10-11 所示。当日，乙公司股权账面价值为 10 000 万元，公允价值为 40 000 万元。

表 10-11　支付对价的情况　　单位：万元

支付对价项目	账面价值	公允价值	比重（%）
存货（非股权支付）	3 000	4 000	10
增发新股（股权支付）	6 000	36 000	90
合　　计	9 000	40 000	100

上述企业合并各方中，甲公司为支付对价方，乙公司为收到对价方。

根据财税〔2009〕 59 号的规定，由表 10-9 和表 10-10 可知，确认支付对价方与收到对价方非股权支付的资产转让所得或损失，可得到如下公式：

支付对价方确认的非股权支付的资产转让所得或损失=非股权支付金额–非股权支付计税基础　（10-1）

收到对价方确认的非股权支付的资产转让所得或损失=（被转让资产的公允价值–被转让资产的计税基础）×（非股权支付金额÷被转让资产的公允价值）　（10-2）

根据式（10-1）可得，甲公司转让存货所得=4 000–3 000=1 000（万元）。

根据式（10-2）可得，乙公司股东应确认存货部分对应的长期股权投资转让所得=（40 000–10 000）×（4 000÷40 000）=3 000（万元）。

同时，乙公司股东的计税基础也从 10 000 万元变成了 13 000 万元，其中，获得甲公司存贷的计税基础为 4 000 万元，获得甲公司股权的计税基础为 9 000 万元（10 000×90%）。由于一项资产或负债在一次交易中只能有唯一计税基础，所以甲公司取得乙公司股权的计税基础也为 13 000 万元。

（1）假设甲公司与乙公司及其股东受同一控制。由于在同一控制下的企业合并中，从能够对参与合并各方合并前及合并后均实施最终控制的一方来看，其能够控制的资产在合并前后并没有发生变化。因此，在合并日各方均应按账面价值记账，以合理确定成本。

甲公司的会计处理（单位以百万元表示）：

借：长期股权投资——乙公司　　10 000（计税基础为 13 000）
　贷：股本　　6 000（计税基础为 6 000）
　　资本公积——股本溢价　　1 000（计税基础为 9 000−6 000=3 000）
　　库存商品　　3 000

甲公司当期应调增应纳税所得额 1 000 万元。

乙公司股东的会计处理：

借：长期股权投资——甲公司　　6 000（计税基础为 9 000）
　库存商品　　3 000（计税基础为 4 000）
　资本公积——股本溢价　　1 000
　贷：长期股权投资——乙公司　　10 000

乙公司股东当期应调增应纳税所得额 3 000 万元。

（2）假设甲公司与乙公司及其股东不受同一控制。由于在非同一控制下的企业合并中，合并方与被合并方应将企业合并视为一项购买交易。因此，在合并日各方应按公允价值记账，以合理确定成本。

甲公司的会计处理：

借：长期股权投资——乙公司　　40 000（计税基础为 13 000）
　贷：股本　　6 000（计税基础为 6 000）
　　资本公积——股本溢价　　30 000（计税基础为 9 000−6 000=3 000）
　　主营业务收入　　4 000
借：主营业务成本　　3 000
　贷：库存商品　　3 000

乙公司股东的会计处理：

借：长期股权投资——甲公司　　36 000（计税基础为 9 000）
　库存商品　　4 000（计税基础为 4 000）
　贷：长期股权投资——乙公司　　10 000
　　投资收益　　30 000（应税收入为 3 000）

在上述两种情形下的企业合并中，甲公司和乙公司股东未实现的股权增值均为 27 000 万元（甲公司股东：40 000−13 000；乙公司股东：36 000−9 000），不受会计处理方法的影响。

【例 10-9】假设乙公司向甲公司定向增发本公司股票 5 400 万股，每股公允价值为 16 元，面值 1 元，另支付 9 600 万元银行存款收购甲公司的全资子公司丙公司 80%的股份。丙公司共有股权 10 000 万股，收购日丙公司每股资产的计税基础为 10 元，公允价值为 12 元。为简化计算，假设丙公司所有者权益中只有实收资本一项内容。收购后各公司实收资本中非货币性资产比例符合公司法的规定，交易各方承诺股权收购完成后不改变原有经营活动，不考虑所得税以外的其他税费。

收购方乙公司与被收购方股东甲公司就该项业务的税会差异，如表 10-12 所示。

表 10-12 购买方发行本企业权益性证券支付　　单位：万元

名称	被持股公司		同一控制下企业合并	非同一控制下企业合并
收购方乙公司	被收购方丙公司	初始计量成本	80 000（10 000×10×80%）	96 000（5 400×16+9 600）
		计税基础	81 600（10 000×80%×10×90%+9 600）	
		暂时性差异	可抵扣差异 1 600	应纳税差异 14 400
被收购方股东甲公司	被支付方乙公司	初始计量成本	86 400（10 000×80%×12–9 600）	
		计税基础	72 000（10 000×80%×10×90%）	
		暂时性差异	应纳税差异 14 400	

（1）收购方乙公司。

①会计处理。乙公司取得丙公司 80%股权，因丙公司所有者权益中只有实收资本一项，所以，其所有者权益账面价值为 100 000 万元。若属于同一控制下的企业合并，初始计量成本为：10 000×10×80%=80 000（万元）；若属于非同一控制下的企业合并，合并成本为发行的权益性证券的公允价值与支付的银行存款之和：5 400×16+9 600=96 000（万元）。两种情形皆不确认损益，不产生当期所得税费用。

②税务处理。乙公司股权支付比例为：5 400×16÷（5 400×16+9 600）=90%。因此，乙公司取得丙公司股权的计税基础，股权支付部分为：10 000×80%×10×90%=72 000（万元），非股权支付部分为 9 600 万元，计税基础合计为：72 000+9 600=81 600（万元）。

③税会差异。若为同一控制下的企业合并，收购方乙公司取得丙公司股权的账面价值 80 000 元，计税基础 81 600 万元，产生可抵扣暂时性差异 1 600 万元。应确认递延所得税资产：1 600×25%=400（万元）。若为非同一控制下的企业合并，账面价值 96 000 万元，计税基础 81 600 万元，产生应纳税暂时性差异 14 400 万元，应确认递延所得税负债：14 400×25%=3 600（万元）。

（2）被收购方股东甲公司。

①会计处理。根据非货币性资产交换会计准则，交易双方以存货、固定资产、无形资产和长期股权投资等非货币性资产进行的交换，若该项交换具有商业实质且换入资产或换出资产的公允价值能够可靠计量，应当以换出资产的公允价值和应支付的相关税费作为换入资产的成本，换出资产公允价值与账面价值的差额计入当期损益。

②税务处理。特殊性税务处理方式下，被收购方股东甲公司取得收购企业乙公司 5 400 万股股权的计税基础为：10 000×80%×10×90%=72 000（万元）。甲公司取得的非股权支付部分

采用一般性税务处理，确认资产转让所得：10 000×80%×（12–10）×10%=1 600（万元），缴纳企业所得税：1 600×25%=400（万元）。

非货币资产占交易额 90%，甲公司换入乙公司 5 400 万股股权的初始计量成本为换出的丙公司股权的公允价值和收到的补价之差：10 000×80%×12–9 600=86 400（万元），换出的丙公司 90%股权的计税基础为：10 000×80%×10×90%=72 000（万元）。股权支付部分获得投资收益 14 400 万元。甲公司同时收到银行存款 9 600 万元，非股权支付部分获得投资收益：9 600–10 000×80%×10×10%=1 600（万元）。因股权支付部分采用特殊性税务处理，产生的会计利润递延纳税，甲公司仅就非股权支付部分获得的投资收益缴纳企业所得税，确认当期所得税费用：1 600×25%=400（万元）。

③税会差异。甲公司在该项业务中，获得乙公司 5 400 万股股权的账面价值是 86 400 万元，计税基础 72 000 万元，产生应纳税暂时性差异 14 400 万元，应确认递延所得税负债 3 600 万元。

【例 10-10】承例 10-9。若乙公司不采用向甲公司定向增发的形式收购丙公司股权，而是以本身持有的子公司丁公司股权及银行存款 9 600 万元向甲公司支付。假设丁公司股权公允价值 86 400 万元，计税基础 70 000 万元，其他条件不变。收购方乙公司与被收购方股东甲公司该项业务的税会差异，如表 10-13 所示。

表 10-13 收购方以控股企业股权支付

单位：万元

名　称	被持股公司	初始计量成本	计税基础	暂时性差异
收购方乙公司	被收购方丙公司	86 400+9 600=96 000	（10 000×80%×10×90%+9 600）=81 600	应纳税差异 14 400
被收购方股东甲公司	被支付方丁公司	（10 000×80%×12–9 600）=86 400	（10 000×80%×10×90%）=72 000	应纳税差异 14 400

（1）收购方乙公司。

①会计处理。对于股权支付部分，实质是收购方乙公司与被收购方股东甲公司的股权互换行为，乙公司换入丙公司股权的初始计量成本应按照换出的丁公司股权的公允价值和支付的补价确定。该初始计量成本为：86 400+9 600=96 000（万元）。乙公司此项业务获得的投资收益为 86 400–70 000=16 400（万元）。因股权支付部分采用特殊性税务处理递延纳税，收益中的应税所得为：10 000×80%×10×90%–70 000=2 000（万元）。乙公司仅须确认当期所得税费用：2 000×25%=500（万元）。

②税务处理。股权支付比例为：86 400÷（86 400+9 600）=90%，非股权支付比例为 10%。在特殊性税务处理方式下，收购企业乙公司取得被收购企业丙公司股权的计税基础，以被收购股权的原有计税基础确定。因此，该计税基础为：10 000×80%×10×90%+9 600=81 600（万元）。与上例中发行权益性证券方式下相同。

③税会差异。该项收购业务使乙公司新增对丙公司股权投资账面价值 96 000 万元，计税基

础 81 600 万元，产生应纳税暂时性差异 14 400 万元，确认递延所得税负债 3 600 万元。

（2）被收购方股东甲公司。

①会计处理。适用非货币性资产交换企业会计准则，原理与发行权益性证券方式相同。股权支付部分，甲公司换入丁公司股权的初始计量成本为换出的丙公司股权的公允价值和收到的补价之差：10 000×80%×12–9 600=86 400（万元）。换出的丙公司 90%股权的计税基础是上述的 72 000 万元，股权支付部分获得投资收益 14 400 万元，非股权支付部分投资收益是上述的 1 600 万元。甲公司就该笔交易确认当期所得税费用：1 600×25%=400（万元）。

②税务处理。在特殊性税务处理方式下，被收购方股东甲公司取得丁公司股权的计税基础，以被收购丙公司股权的原有计税基础确定。甲公司取得丁公司股权的计税基础仍为：10 000×80%×10×90%=72 000（万元）；非股权支付部分的投资收益：10 000×80%×（12–10）×10%=1 600（万元）。与发行权益性证券方式下计算方法相同。

③税会差异。甲公司取得丁公司股权的账面价值 86 400 万元，计税基础 72 000 万元，产生应纳税暂时性差异 14 400 万元，应确认递延所得税负债 3 600 万元。

10.4.3　持有期间的税会差异

企业合并初始确认时账面价值与计税基础之间的差异，是导致相关资产后续持有期间及处置时产生税会差异的主要原因。持有期间的税会差异主要表现在以下几个方面。

1. 长期股权投资的税会差异

在会计上，长期股权投资如存在减值迹象，可收回金额低于账面价值时，应按照相关规定计提减值准备，减值准备在提取后，持有期间不得转回。在税务上，所得税法规定，企业持有各项资产期间资产增值或者减值，除国务院财政、税务主管部门规定可以确认损益外，不得调整该资产的计税基础。因此，企业计提的长期股权投资减值准备不得在税前扣除，长期股权投资的计税基础不因计提减值准备而减少，则会产生税会差异。计提的减值准备在汇算清缴时做纳税调增处理，但如符合股权投资损失确认条件，可在发生当期申报扣除。

2. 投资收益的税会差异

在会计上，对于企业合并形成的长期股权投资，采用成本法进行后续计量。会计准则规定，除取得投资时实际支付的价款或对价中包含已宣告但尚未发放的现金股利或利润外，投资企业应当按照享有被投资单位宣告发放的现金股利或利润确认投资收益。在税务上，按照所得税法等相关规定，符合条件的居民企业之间的股息、红利等权益性投资收益属于免税收入（限于居民企业直接投资于其他居民企业取得的投资收益，不包括连续持有居民企业公开发行并上市流通的股票不足 12 个月取得的投资收益），投资收益入账价值与计税基础不同，产生税会差异，在汇算清缴时做纳税调减处理。

3. 递延所得税事项的处理

（1）同一控制下的企业合并。同一控制下的控股合并，合并成本入账价值与计税基础之间存在差异，但该差异属于初始确认时“长期股权投资”产生的税会差异，未影响利润表和应纳税所得额，因此不确认相应的递延所得税事项。

同一控制下的吸收合并，无论哪种税务处理情况，初始确认时都可能导致入账价值与计税基础的不同，相关的资产在以后计提折旧、摊销、减值、结转成本时都有可能出现税会差异。所以由此产生的暂时性差异在编制企业合并当期财务报表时应当确认相关的递延所得税资产或递延所得税负债，在进行纳税申报调整时，应对多摊销或少摊销的成本费用进行调整。在特殊性税务处理情况下，合并方可限额弥补被合并企业的亏损。如果合并企业未来能产生足够的应纳税所得额抵扣被合并企业的亏损，还应根据可由合并企业弥补的被合并企业亏损限额确认相应的递延所得税资产。

（2）非同一控制下的企业合并。非同一控制下的控股合并，在一般性税务处理情况下，其计税基础与账面价值相同，在个别报表层面，不会导致税会差异的产生。在特殊性税务处理情况下，虽然入账价值与计税基础不同，但税务上对股权支付部分不要求确认相应的资产转让所得或损失，无须纳税，属于免税合并，所以该暂时性差异在个别报表中也不确认相关的递延所得税资产或递延所得税负债。

在合并报表层面，由于合并抵消分录只抵消了长期股权投资及子公司的权益，因此，也存在资产、负债的账面价值不等于其计税基础的情况。购买日编制合并财务报表时，首先应当根据购买日被合并方有关可辨认资产、负债的公允价值对被合并方的个别财务报表进行调整，因被合并方资产、负债的计税基础不发生变化，由此产生的暂时性差异应确认相关的递延所得税资产或递延所得税负债。

非同一控制下的吸收合并，在一般性税务处理情况下，不存在税会差异，因此不存在递延所得税事项。在特殊性税务处理情况下，会存在暂时性差异，因此，在编制企业合并当期财务报表时，需考虑该暂时性差异的递延所得税事项。

4. 合并商誉的税会差异

在会计上，在非同一控制下的企业合并中，当企业合并成本大于合并中取得的被购买方可辨认净资产公允价值的份额时，会产生商誉。会计准则规定，由于企业合并而形成的商誉，应在每年年末按规定进行减值测试，若发生减值，则应计提相应的商誉减值准备。在税务上，所得税法规定，商誉属于无形资产，可以分期摊销，但合并商誉属于企业的外购商誉，外购商誉只能在企业整体转让或者清算时才准予扣除，所以，外购商誉不得在税前扣除计提的减值准备或者分期摊销金额。因此，在商誉减值的情况下，会产生税会差异，合并企业在进行所得税纳税申报时，应相应调增其应纳税所得额。

此外，在免税合并的情况下，计税时不认可商誉的价值，即商誉的计税基础为零，此时会产生税会差异。对于商誉的账面价值与其计税基础不同产生的应纳税暂时性差异，会计准则规定不确认与其相关的递延所得税负债。

【例 10-11】2015 年 12 月 31 日，中宇公司拟吸收合并中通公司。在合并前，中通公司经确认的资产负债表各项目账面价值与公允价值如表 10-14 所示。此外，中通公司尚有 2013 年度未弥补的亏损额 100 万元。经税务机关核定，中宇公司各年度应纳税所得额均为 800 万元(不包括合并业务中资产转让收入)。无企业所得税之外的其他纳税调整事项。

表 10-14　中宇公司资产负债表

2015 年 12 月 31 日　　单位：万元

资　　产	账面价值	公允价值	负债和所有者权益	账面价值	公允价值
存货	500	500	长期借款	400	400
固定资产	800	1 000	净资产	1 000	1 200
(净)无形资产	100	100			
合　计	1 400	1 600		1 400	1 600

假定中宇、中通两公司是非同一控制下的企业合并。为进行此项合并，中宇公司发行了 1 000 万股、面值 1 元的股票(市值为 1.20 元)，作为对价对中通公司进行吸收合并。合并后，中宇公司净资产的公允价值为 10 000 万元(假设不考虑其他税费)。

采用购买法进行会计处理。此项合并为换股合并，符合免税合并的相关规定，中通公司可申请免税合并(假定已获税务机关批准)，如表 10-15 所示。

表 10-15　中宇公司的会计处理与税务处理

会计处理	税务处理
按公允价值入账： 借：存货　5 000 000 　固定资产　10 000 000 　无形资产　1 000 000 贷：长期借款　4 000 000 　股本　10 000 000 　资本公积　2 000 000	2016 年，固定资产的账面价值为 800 万元，计税基础为 640 万元，两者之间的差额属于应纳税暂时性差异，确认递延所得税负债 40 万元[(800−640)×25%]，以后各年逐年增加应纳税所得额。 被并公司 2012 年度尚未弥补的亏损额 100 万元，合并企业当年可弥补的亏损为 128 万元[800×(1 600÷10 000)]>100 万元。本年应纳企业所得税为 175 万元[(800−100)×25%]。期末所得税的会计处理为： 借：所得税费用　1 750 000 　贷：应交税费——应交所得税　1 750 000

合并以后各年度的所得税会计处理如表 10-16 所示。

表 10-16 中宇公司的所得税会计处理

2016 年	2017 年	2018 年	2019 年	2020 年
企业实现利润 800 万元，应纳企业所得税 200 万元（800×25%）。由于资产的账面价值（800 万元）大于资产的计税基础（640 万元），所以两者的差额（160 万元）属于应纳税暂时性差异，其递延所得税负债为 40 万元（160×25%）。 借：所得税费用 2 400 000 贷：应交税费——应交所得税 2 000 000 递延所得税负债 400 000	资产的账面价值为 600 万元，计税基础为 480 万元，两者的差额（120 万元）为本年度的累计应纳税暂时性差异。 借：所得税费用 2 000 000 递延所得税负债 100 000 [400 000–（1 200 000×25%）] 贷：应交税费——应交所得税 2 100 000 [（8 000 000+400 000）×25%]	资产的账面价值为 400 万元，计税基础为 320 万元，两者的差额（80 万元）为本年度的累计应纳税暂时性差异。 借：所得税费用 2 000 000 递延所得税负债 200 000 （800 000×25%） 贷：应交税费——应交所得税 2 200 000 [（8 000 000+800 000）×25%]	资产的账面价值为 200 万元，计税基础为 160 万元，两者的差额（40 万元）为本年度的累计应纳税暂时性差异。 借：所得税费用 2 000 000 递延所得税负债 100 000 （400 000×25%） 贷：应交税费——应交所得税 2 100 000 [（8 000 000+400 000）×25%]	由于资产的账面价值与计税基础均为零，所以当期的递延所得税负债转回后，其期末余额也为零

【例 10-12】 2015 年 12 月 31 日，中兴公司拟吸收合并宇通公司。在合并前，宇通公司经确认的资产负债表各项目账面价值与公允价值如表 10-17 所示。此外，宇通公司尚有 2013 年度未弥补的亏损额 100 万元。经税务机关核定，中兴公司各年度应纳税所得额均为 800 万元（不包括合并业务中资产转让收入）。无企业所得税之外的其他纳税调整事项。

假定中兴、宇通两公司是同一控制下的企业合并。为进行此项合并，中兴公司以 800 万元的货币资金及公允价值为 400 万元、账面净值为 300 万元的固定资产作为对价，对宇通公司进行吸收合并（假设不考虑其他税费）。

采用权益法进行会计处理。

（1）合并时，按账面价值 1 400 万元入账，确认的净资产的账面价值与对价的差额 100 万元，调整资本公积或留存收益。合并企业以资产的公允价值 1 600 万元作为计税成本，并确认合并当年的资产转让收益 100 万元，调增应纳税所得额。2016—2020 年，会计对合并后的固定资产每年计提折旧 160 万元，税务上计提折旧 200 万元。如表 10-17 所示。

表 10-17 中兴公司的资产负债表

2015 年 12 月 31 日 单位：万元

资　　产	账面价值	公允价值	负债和所有者权益	账面价值	公允价值
存货	500	500	长期借款	400	400
固定资产（净）	800	1 000	净资产	1 000	1 200

续表

资　产	账面价值	公允价值	负债和所有者权益	账面价值	公允价值
无形资产	100	100			
合　计	1 400	1 600		1 400	1 600

由于非股权支付额大于所支付的股权票面价值的 20%，故此项合并应按应税合并的相关规定进行税务处理，如表 10-18 所示。

表 10-18　中兴公司的会计处理与税务处理

会计处理	税务处理
借：存货　5 000 000 　固定资产　8 000 000 　无形资产　1 000 000 　资本公积　1 000 000 　贷：长期借款　4 000 000 　　银行存款　8 000 000 　　固定资产清理　3 000 000	2016 年，该项固定资产的账面价值为 640 万元，计税基础为 800 万元，两者之间的差额属于可抵扣暂时性差异。若中兴公司有确凿证据表明未来期间很可能获得足够的应纳税所得额用来抵扣可抵扣暂时性差异，这时应当确认递延所得税资产 40 万元（160×25%），以后各年逐年调减应纳税所得额。 中兴公司实现的应纳税所得额，不得弥补宇通公司 2013 年度的亏损额 100 万元，应纳企业所得税为 225 万元 [（800+100）×25%]。期末所得税的处理为： 借：所得税费用　2 250 000 　贷：应交税费——应交所得税　2 250 000

（2）合并以后，中兴公司各年度的所得税会计处理如表 10-19 所示。

表 10-19　中兴公司的所得税会计处理

2016 年	2017 年	2018 年	2019 年	2020 年
企业应纳所得税为 240 万元 [（800+160）×25%]。2010 年，由于资产的账面价值（640 万元）小于计税基础（800 万元），两者的差额属于可抵扣暂时性差异，所以确认的递延所得税资产为 40 万元（160×25%）。 借：所得税费用　2 000 000 　递延所得税资产	资产的账面价值 480 万元，计税基础为 600 万元，两者的差额（120 万元）为累计应确认的应纳税暂时性差异。 借：所得税费用　2 000 000 　贷：应交税费——应交所得税　1 900 000 [（8000000–400 000）×25%]	资产的账面价值 320 万元，计税基础为 400 万元，两者的差额（80 万元）为累计应确认的应纳税暂时性差异。 借：所得税费用　2 000 000 　贷：应交税费——应交所得税　1 800 000 [（8 000 000 – 800 000）×25%]	资产的账面价值 160 万元，计税基础为 200 万元，两者的差额（40 万元）为累计应确认的应纳税暂时性差异。 借：所得税费用。　2 000 000 　贷：应交税费——应交所得税　1 900 000 [（8 000 000–400 000）×25%]	由于资产的账面价值与计税基础均为零，所以当期的递延所得税资产转回后，其期末余额也为零

续表

2016 年	2017 年	2018 年	2019 年	2020 年
400 000 贷：应交税费 ——应交所得税 2 400 000	递延所得税 资产 100 000 [400 000–（1 200 000 × 25%）]	递延所得税 资产 200 000 [400 000 –（800 000 × 25%）]	递延所得税 资产 100 000 [400 000–（1 200 000 × 25%）]	

10.4.4 股权投资处置时的税会差异

1. 撤回或减少投资时的税会差异

国家税务总局《关于企业所得税若干问题的公告》（国税〔2011〕34 号）规定，投资企业从被投资企业撤回或减少投资，在其取得的资产中，相当于初始出资的部分，应确认为投资收回；相当于被投资企业累计未分配利润和累计盈余公积按减少实收资本比例计算的部分，应确认为股息所得，其余部分确认为投资资产转让所得。如前所述，符合条件的居民企业之间的股息、红利等权益性投资收益属于免税收入，所以会产生税会差异。另外，被投资企业发生的经营亏损，由被投资企业按规定结转弥补；投资企业不得调整减低其投资成本，也不得将其确认为投资损失，此处与会计处理不同，也会产生税会差异。

2. 处置长期股权投资时的税会差异

在会计上，企业处置长期股权投资时，出售所得价款与处置长期股权投资账面价值之间的差额，应确认为处置损益。在税务上，企业转让股权收入，应于转让协议生效，且完成股权变更手续时，确认收入的实现。转让股权收入扣除为取得该股权所发生的成本后，为股权转让所得。对于企业实际发生的股权转让损失，经税务机关批准，可以在当年一次申报扣除。所以企业发生的股权转让损失的会计处理与税法规定一致。但是由于长期股权投资入账价值与计税基础不同，在初始确认时就产生了税会差异，所以企业在处置长期股权投资时，就会导致会计、所得税口径确认的所得、损失存在差异。以下分别从同一控制下的企业合并和非同一控制下的企业合并两方面进行分析。

（1）同一控制下的企业合并。在会计上，企业处置该长期股权投资时，把长期股权投资账面价值与实际所得之间的差额确认为处置损益，计入投资收益。在税务上，若采用一般性税务处理方法，则要长期股权投资公允价值与实际所得之间的差额确认为股权转让所得，计算缴纳企业所得税。因为在合并企业购入该项长期股权投资时，长期股权投资的公允价值大于入账价值的部分，被合并企业的股东已缴纳了所得税，所以在企业处置该长期股权投资时，会计上确认的处置损益要大于税法上确认的所得。在处置时，仅需就原公允价值增值的部分缴纳企业所得税。若采用特殊性税务处理方法，则不用确认股权转让所得或损失，股权转让所得不用缴纳企业所得税。在进行纳税申报时，会计上确认的股权转让所得应调减应纳税所得额。

（2）非同一控制下的企业合并。在会计上，企业处置该长期股权投资时，将原公允价值增值的部分，计入投资收益。在税务上，若采用一般性税务处理方法，则不会产生税会差异；若采用特殊性税务处理方法，则因在税务上不确认股权转让所得或损失，处理方法与同一控制下的企业合并相同。

第11章 非货币性资产交换的税会差异

非货币性资产交换是企业的一种特殊业务。本章主要介绍一般非货币性资产交换业务的税会差异、纳税调整处理和纳税申报表的填制，以及整体资产置换改组业务的税会差异和非货币性资产投资递延纳税的税会差异。

会计准则基于防止企业利用非货币性资产交换业务虚增资产、夸大利润的目的，要求企业对非货币性资产交换业务遵照谨慎性要求进行会计处理；所得税法旨在防止企业利用非货币性资产交换业务任意操纵会计信息、偷逃税款，加强对企业非货币性资产交换业务的税收管理，防止税收流失。

11.1 一般非货币性资产交换业务的税会差异

从 2007 年会计准则实施以来，非货币性资产交换在上市公司得到了广泛的运用。从上市公司每年年报中可以看出，进行非货币性资产交换的上市公司数量相对较少，但每笔交易金额较大。非货币性资产交换之所以得到广泛运用，不仅是因为交换发生的利得或损失可以计入当期损益，而且源于税会差异。本节从总体上介绍非货币性资产交换的税会差异。

11.1.1 税会差异

从总体上看，非货币性资产交换的税会差异可以从以下几方面来分析。

（1）非货币性资产交换业务可以按照资产的公允价值或账面价值视不同条件分别计量，确认交易损益。当非货币性资产交换业务以公允价值作为换入资产计价基础时，税会处理基本一致，都以公允价值计算应缴纳的流转税，并根据公允价值和账面价值之差计入当期损益，一般不涉及所得税纳税调整处理。

非货币性资产交换的税会差异如表 11-1 所示。

表 11-1　非货币性资产交换的税会差异

项　目	会计处理	税务处理	差　异
以公允价值计量的非货币性资产交换	同时满足以下两个条件： ① 具有商业实质； ② 换入或换出资产的公允价值能够可靠地计量	交易双方将非货币性资产交换分解为出售或转让其持有的非货币性资产和购置新的非货币性资产两项经济业务进行税务处理	所得税法不需要考虑是否存在商业实质因素，只要发生销售或视同销售行为，就确认收益，并计算流转税和所得税，而且，购入资产按确定的公允价值计量
以账面价值计量的非货币性资产交换	不能同时满足以下两个条件： ① 具有商业实质； ② 换入或换出资产的公允价值能够可靠地计量		存在较大差异

（2）非货币性资产交换中视同销售业务处理，如企业将自己生产的产品用于捐赠、赞助、集资、广告样品、职工福利、奖励等方面。这些业务的税会差异如表 11-2 所示。

表 11-2　非货币性资产交换中视同销售业务的税会差异

会计处理	税务处理	差　异
一种结转关系，不存在销售行为，不符合销售成立的标志；会计上不做销售处理，而按成本转账。自产自用的产品在移送使用时，将该产品的成本按用途转入相应的账户，如管理费用、销售费用等	视同对外销售，其产品的销售价格按照同类产品的市场价格确定，没有参照价格的，按成本加合理利润的方法计算组成计税价格，并据以计算缴纳各种税费	如果交换具有商业实质，且换入资产或换出资产的公允价值能够可靠地计量，那么，两者的处理一致；如果交换未同时符合以上两个条件的，那么，会计上不确认损益，以换出资产的账面价值和应支付的相关税费作为换入资产的成本，所得税法规定非货币性资产交换的双方均需做视同销售处理，由此产生了相应的税会差异

（3）当换出资产的账面价值与计税基础存在差异时，需要做纳税调整处理。

（4）会计准则中的“少量补价”是指补价占整体交易资产公允价值的比例小于 25%，免税的整体资产置换改组业务的条件是补价占整体交易资产公允价值的比例小于 20%。所得税法规定，在免税的整体资产置换改组业务中，涉及的少量补价应当确认相应的应纳税所得额，换出资产计税基础包括这部分应纳税所得额，不确认与补价有关的资产转让所得或损失。

非货币性资产交换的发生是在一定条件下进行的。下面分别按照这些条件来举例介绍非货币性资产交换的税会差异。

（1）当非货币性资产交换业务采用公允价值计量时。

【例 11-1】 2017 年 2 月 22 日，鼎派公司以一批货车换入夏新公司的一批管理用设备。该批货车的账面原值为 550 万元，公允价值为 450 万元，已提折旧 250 万元。夏新公司的管理用设备的公允价值为 350 万元，账面原值为 400 万元，已提折旧 30 万元。双方协议，夏新公司支付鼎派公司补价 100 万元。鼎派公司未对货车计提减值准备，夏新公司管理用设备已提减值准备 10 万元，鼎派公司支付的运杂费为 5 万元。假设该交易具有商业实质，公允价值能够可靠地计量，不考虑增值税问题。

该交易中收到的补价占换出资产公允价值的比例为 22.2%（100÷450×100%），该比例小于 25%，属非货币性资产交换。

鼎派公司与夏新公司的会计处理如表 11-3 所示。

表 11-3 鼎派公司与夏新公司的会计处理

鼎派公司的会计处理	夏新公司的会计处理
换入管理用设备的入账价值=450−95=355（万元） 借：固定资产——管理用设备 3 550 000 银行存款 950 000 累计折旧 2 500 000 贷：固定资产——货车 5 500 000 资产处置损益——非货币性资产交换利得 1 500 000	换入货车的入账价值=350+100=450（万元） 借：固定资产——货车 4 500 000 累计折旧 300 000 固定资产减值准备 100 000 资产处置损益——非货币性资产交换损失 100 000 贷：固定资产——管理用设备 4 000 000 银行存款 1 000 000

鼎派公司与夏新公司确认的会计损益与应纳税所得额之间的差异如表 11-4 所示。

表 11-4 鼎派公司与夏新公司的税会差异

项　目	鼎派公司	夏新公司
会计损益	确认收益 150 万元	确认损失 10 万元
应税所得	确认资产转让所得 145 万元［450−（550−250）−5］，调减应纳税所得额 5 万元	确认资产转让损失 110 万元［350−（400−30−10）−100］，调减应纳税所得额 100 万元

（2）当非货币性资产交换业务采用账面价值计量时，会计准则规定会计上不确认损益，而所得税法上要确认损益，存在明显差异，需进行纳税调整处理。

【例 11-2】 承例 11-1。设该交易不具有商业实质，公允价值不能够可靠地计量。

鼎派公司与夏新公司的会计处理如表 11-5 所示。

表 11-5　鼎派公司与夏新公司的会计处理

鼎派公司的会计处理	夏新公司的会计处理
换入管理用设备的入账价值=550–95–250–205（万元） 借：固定资产——管理用设备　2 050 000 　　银行存款　950 000 　　累计折旧　2 500 000 　贷：固定资产——货车　5 500 000	换入货车的入账价值=400+100–30–10=460（万元） 借：固定资产——货车　4 600 000 　　累计折旧　300 000 　　固定资产减值准备　100 000 　贷：固定资产——管理用设备　4 000 000 　　　银行存款　1 000 000

鼎派公司与夏新公司确认的会计损益与应纳税所得额的差异如表 11-6 所示。

表 11-6　鼎派公司与夏新公司的税会差异

项　目	鼎派公司	夏新公司
会计损益	不确认损益	不确认损益
应税所得	确认资产转让所得 145 万元[450–(550– 250) –5]，调减应纳税所得 145 万元	确认资产转让损失 110 万元 [350–（ 400–30–10 ）–100]，调减应纳税所得 110 万元

在计算非货币资产交换损益时，换出资产已计提了减值准备，会计上要求根据资产的账面余额扣除减值准备后的账面价值计算交换损益。减值准备在计提时，已计入了各损益类账户，成为计算应税所得的扣除项目，税法不再考虑减值准备对计税成本的影响，所以在计算所得税时，对转销的资产减值准备可调减应纳税所得额。

（3）会计上换入资产入账价值的计量有时与所得税法确认的计税成本不同。在换入的资产以换出资产账面价值为基础进行计量时，所得税法规定的计税成本为换入资产的公允价值，对资产进行折旧、摊销或转让时需做纳税调整处理。以例 11-2 为例，入账价值与计税成本的差异如表 11-7 所示。

表 11-7　鼎派公司与夏新公司换入的资产的税会差异

项　目	鼎派公司换入的资产	夏新公司换入的资产
会计上确认的入账价值	205 万元换入的管理用设备按 205 万元计提折旧	460 万元换入的货车按 460 万元计提折旧
税务上确认的入账价值	350 万元换入的管理用设备按 350 万元计提折旧，高于会计成本 145 万元，在折旧期间调增应纳税所得额	450 万元换入的货车按 450 万元计提折旧，低于会计成本 10 万元，在折旧期间调减应纳税所得额

11.1.2 其他相关税法规定与调整

1. 其他相关税法规定

非货币性资产交换的税法规定如表 11-8 所示。

表 11-8 非货币性资产交换的税法规定

项目		税法规定
流转税	存货换取存货或其他非货币性资产	双方都要做购销处理，以各自发出的货物核定销售额计算应缴纳的销项税额。收货单位可以凭以物易物的书面合同以及与之相符的增值税专用发票抵扣进项税额，报经税务机关批准后予以抵扣。以生产的应税消费品换取生产资料、消费资料也要视同缴纳消费税的销售。属于从价计征的，以纳税人同类应税消费品的最高销售价格作为计税依据；属于从量计征的，按移送数量及适用税率计算
	换出货物是已使用过的固定资产	纳税人销售自己使用过的属于应征消费税的机动车、摩托车、游艇，售价超过原值的，按照 4%的征收率减半征收增值税；售价未超过原值的，免征增值税。 销售自己使用过的 2009 年 1 月 1 日以后购进或自制的固定资产，按照适用税率征收增值税。 2008 年 12 月 31 日前未纳入扩大增值税抵扣范围试点的纳税人，销售自己使用过的 2008 年 12 月 31 日以前购进或自制的固定资产，按照 4%征收率减半增收增值税。 2008 年 12 月 31 日前已纳入扩大增值税抵扣范围试点的纳税人，销售自己使用过的在本地区扩大增值税抵扣范围试点以前购进或自制的固定资产，按照 4%征收率减半增收增值税；销售自己使用过的在本地区扩大增值税抵扣范围试点以后购进或自制的固定资产，按照适用税率征收增值税
所得税		如果非货币性资产交换被确认为不具有商业实质，则其转让所得或损失在会计上按账面价值确认，而在税法上则按公允价值确认。企业在有确凿证据表明未来期间很可能获得足够的应纳税所得额用来抵扣可抵扣暂时性差异的条件下，将其确认为递延所得税资产。 企业以经营活动的部分非货币性资产对外投资，在投资交易发生时，将其分解为按公允价值销售有关非货币性资产和投资两项经济业务进行所得税处理，并按规定计算确认资产转让所得或损失

2. 调整方法

非货币性资产交换的税法调整方法如表 11-9 所示。

表 11-9 非货币性资产交换的税法调整方法

税种	处理方法	
增值税	以物易物	以物易物应视为一种特殊的购销活动，以物易物双方都应做购销处理，以各自发出的货物计算销售额并计算销项税额，以各自收到的货物按规定计算购货额并计算进项税额

续表

税　种	处理方法	
	以自产、委托加工或购买的货物对外投资	单位或个体经营者将自产、委托加工或购买的货物作为投资提供给其他单位或个体经营者的行为，视同销售货物计算增值税
城建税和教育费附加	城市维护建设税和教育费附加是根据当期应交增值税、消费税之和的一定比例计算缴纳的。 货币性资产交换形成的城市维护建设税和教育费附加属于非货币性资产交换的相关税费，计入换入资产的成本，即入账价值	

（1）以物易物的增值税处理。对于公允价值与换出资产账面价值的差额，分别按照表 11-10 中的不同情况进行处理。

表 11-10　公允价值与换出资产账面价值差额的会计处理

项　　目	会计处理
换出资产为存货的	作为销售处理，按照《企业会计准则第 14 号——收入》以其公允价值确认收入，同时结转相应的成本。因为增值税是价外税，不能计入收入中，所以在考虑增值税时，计入收入中的公允价值只能是不含增值税的公允价值，将市价换算成不含增值税的市价后，作为收入确认的依据
换出资产为固定资产、无形资产的	计入资产处置损益
换出资产为长期股权投资的	计入投资损益

【例 11-3】百百商场以其一件 A 商品交换国华商场一件 B 商品。双方将换入商品作为商品继续销售，A 商品市价 117 000 元（其中价款为 100 000 元，税款为 17 000 元），A 商品的采购成本为 80 000 元，进项税额为 13 600 元。B 商品市价为 117 000 元（其中价款为 100 000 元，税款为 17 000 元），B 商品的采购成本为 70 000 元，进项税额为 11 900 元。假设不考虑其他税费，该交换具有商业实质，双方都为增值税一般纳税人，A、B 商品的增值税税率都为 17%。

上述业务属于无补价的非货币性资产交换，换入和换出资产的公允价值都能可靠计量，交易双方都以换出资产的公允价值和应支付的相关税费作为换入资产的成本，即入账价值，如表 11-11 所示。

表 11-11　百百商场和国华商场的会计处理　　单位：元

项　目	百百商场的会计处理	国华商场的会计处理
资产交换日	借：库存商品——B 商品　100 000 　应交税费——应交增值税（进项税额） 　　17 000 　贷：主营业务收入　100 000 　　应交税费——应交增值税（销项税额） 　　17 000	借：库存商品——A 商品　100 000 　应交税费——应交增值税（进项税额） 　　17 000 　贷：主营业务收入　100 000 　　应交税费——应交增值税（销项税额） 　　17 000

续表

项　目	百百商场的会计处理	国华商场的会计处理
结转成本	借：主营业务成本　80 000 　贷：库存商品——A 商品　80 000	借：主营业务成本　70 000 　贷：库存商品——B 商品　70 000

（2）以自产、委托加工或购买的货物对外投资的增值税处理。

【例 11-4】中化公司将一辆自产卡车投资于山化公司。卡车的账面成本为 80 000 元，市价为 117 000 元（其中价款 100 000 元，税款 17 000 元），取得被投资企业 1%的股份，股份市价总额为 11 700 000 元。假设不考虑其他税费，该交换具有商业实质，中化公司为增值税一般纳税人。

中化公司应当以换出资产的公允价值和应支付的相关税费作为换入资产的成本，即入账价值。

中化公司投资日的会计处理如下：

借：长期股权投资　117 000

　贷：主营业务收入　100 000

　　　应交税费——应交增值税（销项税额）　17 000

中化公司结转成本的会计处理如下：

借：主营业务成本　80 000

　贷：库存商品　80 000

将非货币性资产交换中产生的相关税费的会计处理及换入资产入账价值的确定，归纳如表 11-12 所示。

表 11-12　非货币性资产交换相关税费的会计处理及换入资产入账价值

交易性质	具有商业实质且公允价值能可靠计量		不具有商业实质或公允价值不能可靠计量
换出资产支付的相关税费	增值税	计入换入资产的入账价值	计入换入资产的入账价值
	消费税	不计入换入资产的入账价值，计入“税金及附加”	计入换入资产的入账价值
	运杂费	不计入换入资产的入账价值，抵减处置收益	计入换入资产的入账价值
换入资产支付的相关税费	计入换入资产的入账价值（可抵扣的增值税，应冲减换入资产的入账价值）		计入换入资产的入账价值（可抵扣的增值税，应冲减换入资产的入账价值）
换入资产的入账价值	换入资产的入账价值=换出资产的公允价值+为换入资产而发生的相关税费+换出资产应缴纳的增值税−为换入资产而发生的税法允许抵扣的增值税进项税额+支付的补价（或−“收到的补价”）		换入资产的入账价值=换出资产的账面价值+支付的相关税费（换出及换入资产的全部税费）+支付的补价（或−“收到的补价”）−换入资产而发生的税法允许抵扣的增值税进项税额

11.2 一般非货币性资产交换业务的纳税调整

非货币性资产交换，如果符合税法规定的视同销售业务，那么企业在申报年度所得税申报表时，需要填报《视同销售和房地产开发企业特定业务纳税调整明细表（A105010）》，如表 11-13 所示。

表 11-13　视同销售和房地产开发企业特定业务纳税调整明细表（A105010）

行　次	项　目	税收金额	纳税调整金额
		1	2
1	一、视同销售（营业）收入		
2	（一）非货币性资产交换视同销售收入		
11	二、视同销售（营业）成本		
12	（一）非货币性资产交换视同销售成本		

本节分别从不涉及补价和涉及补价两方面来介绍非货币性资产交换业务的纳税调整。

11.2.1　不涉及补价的非货币性资产交换的纳税调整

不涉及补价的非货币性资产交换的纳税调整如表 11-14 所示。

表 11-14　不涉及补价的非货币性资产交换的纳税调整

计量属性 项目	历史成本	公允价值
换入资产的成本	换出资产的账面价值+应支付的相关税费	换出资产的公允价值+应支付的相关税费
应确认损益	不确认	换出资产的公允价值–换出资产的账面价值
纳税调整	① 交易中涉及的相关税费，会计处理一般计入换入资产的入账价值；税法规定则确认为费用，可以抵减应纳税所得额。 ② 非货币性交易双方在交易时视同销售处理，按换出资产公允价值（计税价格）确认其计税收入，按换出资产账面价值确认其计税成本，按两者的差额计算确认资产转让所得或损失，以此调增或调减应纳税所得额。 ③ 税法上的应纳税所得额=公允价值–换出资产的账面价值–应支付的相关税费，会计上不确认损益，这使得两者的差就是相应的应纳税所得额，在做纳税调整处理时应考虑这一部分	①②同历史成本，③会计上以已确认的损益增加（减少）应纳税所得额。 税法上依据“换出资产的公允价值–换出资产的账面价值–应支付的相关税费”确定相应的应纳税所得额，当两者存在差异时，需要以税法为准，在相关会计数据的基础上进行调整

【例 11-5】长江公司和黄河公司均为增值税一般纳税人，增值税税率为 17%。2017 年 10 月，长江公司以甲设备与黄河公司的乙商品交换，双方对换入的资产继续按固定资产和存货进行会计处理。长江公司已取得对方开具的增值税专用发票。甲设备的账面原价为 70 000 元，已提折旧 30 000 元，公允价值为 50 000 元。乙商品的账面价值为 40 000 元，含税公允价值为 50 000 元。长江公司、黄河公司分别支付运杂费 2 000 元、3 000 元，按 7%和 3%计提城市维护建设税和教育费附加。假设甲设备预计尚可使用年限为 5 年，无残值。2018 年 4 月 25 日，长江公司以 65 000 元的价格出售换入的乙商品。假设该非货币性资产交换不具有商业实质，长江公司、黄河公司每年实现利润均为 100 000 元，不考虑企业所得税之外的其他纳税调整因素。

（1）长江公司的相关会计处理。

2017 年 10 月换入资产时的会计处理如下：

换入资产成本=40 000+2 000=42 000（元）（含税）

借：固定资产清理　　40 000
　　累计折旧　　30 000
　贷：固定资产　　70 000

借：库存商品　　34 735.04
　　应交税费——应交增值税（进项税额）　　7 264.96（50 000÷1.17×17%）
　贷：固定资产清理　　40 000
　　　银行存款　　2 000

会计处理时不确认损益，按税法要求确认当期损益 10 000 元（50 000–40 000），所以长江公司在 2017 年申报所得税时调增应纳税所得额 10 000 元，本期应纳税额为 27 500 元［（100 000+10 000）×25%］。换入资产会计入账价值为 42 000 元（含税），税法计税成本为 52 000 元（含税），差额 10 000 元属于可抵扣暂时性差异。当长江公司有确凿证据表明未来期间很有可能获得足够的应纳税所得额抵扣可抵扣暂时性差异时，确认递延所得税资产为 2 500 元［（52 000–42 000）×25%］。

借：所得税费用　　25 000
　　递延所得税资产　　2 500
　贷：应交税费——应交所得税　　27 500

2018 年 4 月出售乙商品时的会计处理如下：

借：银行存款等　　76 050
　贷：主营业务收入　　65 000
　　　应交税费——应交增值税（销项税额）　　11 050

借：主营业务成本　　34 735.04
　贷：库存商品　　34 735.04

即会计确认销售利润为 30 264.9 6 元（65 000–34 735.04），税法确认当期损益为 20 264.96 元［65 000–（52 000–7 264.96）］。会计比税法多确认收益 10 000 元，应抵扣之前确认的可抵扣暂时性差异，并调减应纳税所得额，则当期应纳所得税为 22 500 元［（100 000–10 000）×25%］。

借：所得税费用　　25 000

　贷：递延所得税资产　　2 500

　　应交税费——应交所得税　　22 500

（2）黄河公司的相关会计处理。

该非货币性交换应承担的各项税费如下：

增值税销项税额=50 000÷（1+17%）×17%= 7 264.96（元）

城市维护与建设税=7 264.96×7%=508.55（元）

教育费附加=7 264.96×3%= 217.95（元）

换入资产成本=40 000+3 000+7 264.96+508.55+217.95=50 991.46（元）

借：固定资产　　50 991.46

　贷：库存商品　　40 000

　　应交税费——应交增值税（销项税额）　　7 264.96

　　　　——应交城市维护建设税　　508.55

　　　　——应交教育费附加　　217.95

　　银行存款　　3 000

由于会计不确认收益，税法确认收益为 2 735.04 元（50 000–7 264.96–40 000），2017 年调增应纳税所得额为 2 735.04 元。换入资产会计入账价值为 50 991.46 元，税法计税成本为 53 726.5 元（50 000+ 3 000+508.55+217.95），两者差额为 2 735.04 元。该差异属于可抵扣暂时性差异，当有确凿证据表明未来期间很有可能获得足够的应纳税所得额抵扣时，确认为递延所得税资产：

借：所得税费用　　25 000

　　递延所得税资产　　683.76

　贷：应交税费——应交所得税　　25 683.76

待黄河公司计提该设备折旧时，抵扣可抵扣暂时性差异对所得税的影响，直至使用寿命结束。

会计年折旧额=50 991.46÷5=10 198.29（元）

税法年折旧额=53 726.5÷5=10 745.3（元）

应调减纳税所得额=10 745.3–10 198.29=547.01（元）

借：所得税费用　　25 000

　贷：递延所得税资产　　136.75

　　应交税费——应交所得税　　24 863.25

［（100 000–547.01）×25%］

当该固定资产使用寿命结束时，可抵扣暂时性差异应全部抵扣完毕。

11.2.2 涉及补价的非货币性资产交换的纳税调整

所得税法实施条例第二十五条规定，除税收法律、行政法规另有规定者外，企业以非货币性资产与其他企业的资产相交换，应当视同销售货物按照公允价值确定收入。

根据所得税法实施条例第五十八条、第六十二条、第六十六条、第七十一条及第七十二条的规定，以非现金资产交换方式取得的固定资产、生物资产、无形资产、存货、投资资产，按照该项资产的公允价值作为计税基础。

在公允价值计量模式下，如果换出资产的账面价值与计税基础存在差异，必然会导致当期会计损益与资产转让所得存在差异，申报所得税时需要对此做纳税调整处理。

涉及补价的非货币性资产交换的纳税调整处理如表 11-15 所示。

表 11-15 涉及补价的非货币性资产交换的纳税调整

计量属性项目		历史成本	公允价值
换入资产的成本	收到补价	换出资产的账面价值–补价+应支付的相关税费	换出资产的公允价值–（补价+应支付的相关税费）
	支付补价	换出资产的账面价值+补价+应支付的相关税费	换出资产的公允价值+补价+应支付的相关税费
应确认损益	收到补价	换出资产的公允价值–换出资产的账面价值	换出资产的公允价值–换出资产的账面价值
	支付补价	不确认	换入资产成本–（换出资产的账面价值+支付的补价+应支付的相关税费）

【例 11-6】胜德公司由于暂时资金短缺，决定用一台八成新的生产设备换入星旗公司的一辆轿车。该生产设备账面价值为 50 万元，公允价值为 42 万元，已提折旧 10 万元；星旗公司的轿车账面价值为 55 万元，公允价值为 36 万元，已提折旧 25 万元。双方协议星旗公司另以银行存款向胜德公司支付补价 7 万元，同时胜德公司支付运杂费 0.2 万元。整个交易过程没有发生其他相关税费。假设该交易具有商业实质，且公允价值能够可靠地计量。

胜德公司和星旗公司的会计处理与税务处理如表 11-16 所示。

表 11-16 胜德公司和星旗公司的会计处理与税务处理

胜德公司（收到补价方）		星旗公司（支付补价方）	
会计处理	税务处理	会计处理	税务处理
换入轿车的成本=换出生产设备的公允价值–收到的补价+相关税费=42–7+0.2=35.2（万元） 借：固定资产清理 400 000	胜德公司将账面价值为 50 万元的生产设备以公允价值 42 万元销售给星旗公司，支付了 0.2 万	换入生产设备的成本=换出轿车的公允价值+支付的补	按照税法规定将其视作购销业务，即星旗公司将账面价值为 55 万元的轿车

续表

胜德公司（收到补价方）		星旗公司（支付补价方）	
会计处理	税务处理	会计处理	税务处理
累计折旧　100 000 贷：固定资产——生产设备　500 000 借：固定资产清理　2 000 贷：银行存款　2 000 借：银行存款　70 000 贷：固定资产清理　70 000 借：固定资产——轿车　352 000 贷：固定资产清理　332 000 资产处置损益——非货币性资产交换利得　20 000 当采用公允价值为计量基础的时候，所确认的交易损益为 2 万元（换出设备的公允价值 42 万元−换出设备的账面价值 40 万元）	元的运杂费，然后又买进了星旗公司公允价值 36 万元的轿车，并收到 7 万元的补价，从而产生了 1.8 万元的损益（换出资产公允价值 42 万元−换出资产账面价值 40 万元−相关税费 0.2 万元）。 按照会计准则确认 2 万元的收益，而按照所得税法规定只确认 1.8 万元的收益，所产生的 0.2 万元永久性差异用纳税影响会计法进行所得税会计处理，调减税前会计利润 0.2 万元	价+相关税费=36+7=43（万元），星旗公司换入生产设备时的会计处理同理可得，这里就不再详细列出。通过计算可知，星旗公司所确认的交易损益为 6 万元（换出轿车的公允价值 36 万元−换出轿车的账面价值 30 万元）	以公允价值 36 万元销售给胜德公司，然后又买进了胜德公司公允价值 42 万元的生产设备，并支付了 7 万元的补价，从而产生了 6 万元的损益（换出资产公允价值 36 万元−换出资产账面价值 30 万元）。 星旗公司不论按会计还是税法的规定，都应确认 6 万元的收益，故无须做纳税调整处理

由此可以看出，在非货币性资产交换中，换入资产的成本以换出资产公允价值为计量基础的时候，损益的确认就在于是否存在相关税费，存在时就形成了永久性差异，不存在时两者所确认的损益就完全相同。

【例 11-7】 承例 11-6。假设该交易不具有商业实质，或其公允价值不能够可靠地计量。胜德公司和星旗公司的会计处理与税务处理如表 11-17 所示。

表 11-17　胜德公司和星旗公司的会计处理与税务处理

胜德公司（收到补价方）		星旗公司（支付补价方）	
会计处理	税务处理	会计处理	税务处理
换入轿车的成本=换出生产设备的账面价值−收到的补价+相关税费=（50−10）−7+0.2=33.2（万元） 借：固定资产清理　400 000 累计折旧　100 000 贷：固定资产——生产设备　500 000 借：固定资产清理　2 000	胜德公司不确认损益，而所得税法规定确认 1.8 万元（同例 11-9），故产生 0.2 万元的永久性差异，	换入生产设备的成本=换出轿车的账面价值+支付的补价+相关税费=（55−25）+7=37（万元） 借：固定资产清理　300 000 累计折旧　250 000 贷：固定资产——轿车　550 000 借：固定资产清理　70 000	星旗公司不确认损益，而所得税法规定确认6万元（同例 11-9），故产生 6 万元的永久性差异，

续表

胜德公司（收到补价方）		星旗公司（支付补价方）	
会计处理	税务处理	会计处理	税务处理
贷：银行存款 2 000 借：银行存款 70 000 贷：固定资产清理 70 000 借：固定资产——轿车 332 000 贷：固定资产清理 332 000	调增税前会计利润1.8万元	贷：银行存款 70 000 借：固定资产——生产设备 370 000 贷：固定资产清理 370 000	调增税前会计利润 6 万元

由此可以看出，在非货币性资产交换中，换入资产的成本以换出资产账面价值为计量基础的时候，会计准则规定会计处理时并不确认损益，但所得税法规定要确认，这就产生了所得税的永久性差异。

【例 11-8】2017 年 6 月，宏图公司拥有一台专有设备，账面原价 450 万元，已提折旧 330 万元。建设公司拥有一幢建筑物，账面原价 300 万元，已计提折旧 210 万元。以上资产均未计提减值准备，并且公允价值均不能可靠计量。宏图公司以专有设备与建设公司建筑物交换，经协商建设公司另支付补价 20 万元（补价所占比例低于 25%）。假设交换过程中不涉及相关税费。

宏图公司会计处理如下：

借：固定资产清理　　1 200 000
　　累计折旧　　3 300 000
　贷：固定资产——专有设备　　4 500 000
借：固定资产——建筑物　　1 000 000
　　银行存款　　200 000
　贷：固定资产清理　　1 200 000

税务处理：宏图公司应当分解为按公允价值销售和购进固定资产进行税务处理。

在资产公允价值均不能可靠计量的情况下，应当合理核定其公允价值，并报主管税务机关认可。假设税务机关认可的专有设备公允价值为 200 万元，那么宏图公司应当确认固定资产转让所得 80 万元（200−120）。换入固定资产的会计成本为 100 万元，计税成本应为 180 万元（100+80），此后宏图公司对换入固定资产提取折旧或者处置、出售时，应当相应转回差异，并调减应纳税所得额。

若当年会计利润为 500 万元，企业所得税税率为 25%，不考虑其他纳税调整因素。

应纳企业所得税=（500+80）×25%=145（万元）

固定资产账面价值小于计税基础形成可抵扣暂时性差异为 20 万元［（180−100）×25%］。

会计处理如下：

借：递延所得税资产——××建筑物　　200 000
　贷：所得税费用　　200 000
借：所得税费用　　1 450 000

贷：应交税费——应交所得税		1 450 000

建设公司会计处理如下：

借：固定资产清理	900 000	
累计折旧	2 100 000	
贷：固定资产		3 000 000
借：固定资产——专有设备	1 100 000	
贷：固定资产清理		900 000
银行存款		200 000

税务处理：假设税务机关认可的建筑物公允价值为 180 万元，那么建设公司应当确认固定资产转让所得 90 万元（180–90）。

换入固定资产的会计成本为 110 万元，计税基础应为 200 万元（110+90），此后建设公司对换入固定资产提取折旧或者处置、出售时，应当相应转回差异，并调减应纳税所得额。

若当年会计利润为 410 万元，企业所得税税率为 25%，不考虑其他纳税调整因素。

应纳企业所得税=（410+90）×25%=125（万元）

固定资产账面价值小于计税基础形成可抵扣暂时性差异为 22.5 万元[（200–110）× 25%]。

11.3 整体资产置换改组业务的税会差异

企业整体资产置换是指企业将全部资产与另一家企业的全部资产进行整体交换，实质是全部资产的置换。

如果不涉及补价或涉及少量补价，整体资产置换就按照非货币性资产交换进行会计处理；如果收到的补价占换出总资产公允价值的比例达到或超过 25%，就按照收入进行会计处理。

整体资产置换时，若作为补价的货币性资产低于整个资产置换业务公允价值的 20%，除与补价相对应的资产转让所得或损失在当期确认外，经税务机关确认，资产置换双方可暂不确认资产转让所得或损失。双方换入资产的计税基础以换出资产原账面净值为基础进行确定。

若作为补价的货币性资产超过整个资产置换业务公允价值的 20%，双方则按照视同销售来确认资产转让所得或损失。双方换入资产的计税基础以公允价值为基础进行确定。

若作为补价的货币性资产超过交换总资产公允价值的 25%，属于应税改组，会计上作为货币性资产交换，资产转让所得和换入资产计税基础的确认与会计处理相同。

若作为补价的货币性资产超过交换总资产公允价值的比例为 20% ~ 25%，如果符合公允价值计量条件的，资产转让所得和换入资产计税基础的确认与会计处理相同。如果不符合公允价值计量条件的，不确认损益，需计算资产转让所得。换入资产的会计成本以换出资产的账面价值为基础确定，换入资产的计税基础以换出资产的公允价值为基础确定。

若作为补价的货币性资产小于交换总资产公允价值的20%，属于免税改组，可暂不确认资产转让所得，换入资产的计税基础以换出资产的计税基础为基础确定。具体情况如下：

（1）符合公允价值计量条件的，由于免税改组不确认换出资产所得，需确认与补价对应的资产转让所得或损失，因此，对换出资产确认的会计损益进行纳税调整，同时对与补价相对应的损益进行纳税调整。

（2）不符合公允价值计量条件的，不确认资产处置损益，但收到补价的一方需计算与补价相对应的资产转让所得或损失。

【例11-9】东方公司和华夏公司均为一般纳税人，增值税税率为17%，两家公司进行整体资产置换。东方公司固定资产原值为1 200 000元，累计折旧200 000元；华夏公司固定资产原值为1 600 000元，累计折旧100 000元。不考虑固定资产涉及的增值税问题。其他情况如表11-18所示。

表11-18　东方公司和华夏公司部分资产价值　　单位：元

东方公司			华夏公司		
资产名称	账面价值	公允价值	资产名称	账面价值	公允价值
固定资产	1 000 000	1 300 000	固定资产	1 500 000	1 800 000
无形资产	400 000	450 000	无形资产	—	—
库存商品	500 000	600 000	库存商品	800 000	900 000
合　计	1 900 000	2 350 000	合　计	2 300 000	2 700 000

东方公司支付给华夏公司补价350 000元，双方按照公允价值计量。

350 000×100%÷2 700 000=12.96%<25%

（1）东方公司。

换入资产的总成本=2 350 000+350 000+102 000−153 000=2 649 000（元）

换入固定资产成本=2 649 000×（1 800 000÷2 700 000）=1 766 000（元）

换入库存商品成本=2 649 000×（900 000÷2 700 000）=883 000（元）

借：固定资产　　1 766 000
　　库存商品　　883 000
　　累计折旧　　200 000
　　应交税费——应交增值税（进项税额）　　153 000
　贷：主营业务收入　　600 000
　　　应交税费——应交增值税（销项税额）　　102 000
　　　银行存款　　350 000

无形资产　400 000

资产处置收益——处置非流动资产利得　350 000

固定资产　1 200 000

借：主营业务成本　500 000

贷：库存商品　500 000

作为补价的货币性资产小于交换总资产公允价值的 20%，东方公司不确认资产转让所得。

本期调减应纳税所得额=（600 000–500 000）+50 000+300 000=450 000（元）

换入资产的计税基础以换出资产的计税基础为基础确定，则

换入资产的总计税基础= 1 900 000+350 000+102 000–153 000=2 199 000（元）

其中，换入固定资产的计税基础=2 199 000×（1 800 000÷2 700 000）=1 466 000（元）

换入库存商品的计税基础=21 990 000×（900 000÷2 700 000）=733 000（元）

上述固定资产、库存商品会计成本与计税基础的差异，在实际折旧、转让时做纳税调整处理。

（2）华夏公司。

换入资产的总成本=2 700 000–350 000+153 000–102 000=2 401 000（元）

换入固定资产成本=2 401 000×（1 300 000÷2 350 000）=1 328 213（元）

换入库存商品成本=2 401 000×（600 000÷2 350 000）=613 021（元）

换入无形资产成本=2 401 000×（450 000÷2 350 000）=459 766（元）

借：固定资产　1 328 213

库存商品　613 021

无形资产　459 766

累计折旧　100 000

应交税费——应交增值税（进项税额）　102 000

银行存款　350 000

贷：主营业务收入　900 000

应交税费——应交增值税（销项税额）　153 000

固定资产　1 600 000

资产处置收益——处置非流动资产利得　300 000

借：主营业务成本　800 000

贷：库存商品　800 000

作为补价的货币性资产低于整个资产置换业务公允价值的 20%，除与补价相对应的资产转让所得或损失在当期确认外，可暂不确认资产转让所得或损失。

与补价相对应的资产转让损益=350 000×（1–2 300 000÷2 700 000）=51 852（元）

本期应调减应纳税所得额=（900 000–800 000）+300 000=400 000（元）

同时将确认的部分资产转让所得 51 852 元调增应纳税所得额，则合计调整应纳税所得额=51 852–400 000=–348 148（元）

资产换入的总计税=2 300 000–350 000+153 000+51 852–102 000=2 052 852（元）

其中，换入固定资产的计税基础=2 052 852×（1 300 000÷2 350 000）=1 135 620（元）

换入无形资产的计税基础=2 052 852×（450 000÷2 350 000）=393 099（元）

换入库存商品的计税基础=2 052 852×（600 000÷2 350 000）=524 133（元）

上述固定资产、库存商品会计成本与计税基础的差异，在实际折旧、转让时做纳税调整处理。

11.4 非货币性资产投资递延纳税的税会差异

11.4.1 非货币性资产投资递延纳税政策

根据财政部和国家税务总局发布的《关于非货币性资产投资企业所得税政策问题的通知》(财税〔2014〕116号)规定，居民企业以非货币性资产对外投资确认的非货币性资产转让所得，可在不超过5年期限内，分期均匀计入相应年度的应纳税所得额，按规定计算缴纳企业所得税。企业应对非货币性资产进行评估并按评估后的公允价值扣除计税基础后的余额，计算确认非货币性资产转让所得。企业取得被投资企业的股权，应以非货币性资产的原计税成本为计税基础，加上每年确认的非货币性资产转让所得，逐年进行调整。

企业以非货币性资产对外投资，应于投资协议生效并办理股权登记手续时，确认非货币性资产转让收入的实现。关联企业之间非货币性资产投资，投资协议生效后12个月内尚未完成股权变更登记手续的，确认年度为投资协议生效年度。

11.4.2 非货币性资产投资的税会差异

非货币性资产投资税会差异的存在，不仅增加了投资业务财税处理的复杂程度，同时增加了企业的税收风险。以下主要从递延纳税差异和投资作价差异两方面进行分析。

1. 递延纳税差异

对于非货币性资产投资资产转让所得，会计上应在投资当期一次性进行确认。税务上，投资企业取得的非股权支付部分需要在当期立即纳税，不能递延，会计处理与税收处理相同，不存在税会差异；而股权支付部分，可按不超过5年期限的递延纳税政策进行处理，企业应在会计处理的基础上对相应年度的税会差异做出相应的纳税调整。

税务上，资产转让所得的计算如下：

非股权支付对应的资产转让所得或损失=（被转让资产的公允价值–被转让资产的计税基础）×（非股权支付金额÷被转让资产的公允价值）

股权支付对应的资产转让所得或损失=全部资产转让所得或损失–非股权支付对应的资产转让所得或损失

【例 11-10】东方公司是一家生产型企业，2016 年 11 月为扩大生产经营能力，向公司股东进行增资扩股 6 000 万元，其中由股东华夏公司以自动化生产线一条出资 2 400 万元。该生产线账面价值 2 000 万元，评估价值 3 000 万元（假设投资协议作价与评估价相等）。2016 年 11 月东方公司完成增资手续。东方公司取得华夏公司自动化生产线后，向华夏公司支付对价 3 000 万元，其中股权公允价值 2 400 万元，货币资金 600 万元。假设不考虑投资过程相关税费，华夏公司选择按不超过 5 年期限确认非货币性资产转让所得。

投资企业华夏公司的递延纳税差异分析如下：

（1）非货币性资产投资资产转让所得。

会计处理：应在当年一次性确认资产转让利得 1 000 万元（3 000–2 000）。

税务处理：应确认资产转让所得 1 000 万元，其中：

1）取得非股权支付额对应的所得=（3 000–2 000）×（600÷3 000）=200（万元），该部分应在投资行为发生当年计算确认转让所得，缴纳企业所得税，不得递延纳税。

2）取得股权支付额对应的所得为 800 万元（1 000–200），其中应在当年确认所得 160 万元（800÷5×1），递延确认所得 640 万元（800–160）。

（2）取得东方公司股权的计税基础逐年调整计算。

1）投资转让的非货币性资产（收到股权部分）的原有计税成本=此项非货币性资产的原有全部计税成本–非股权支付额+因非股权支付而确认的所得=2 000–600+200=1 600（万元）。

2）取得股权的计税基础确定。

投资当年：取得股权的计税基础=非货币性资产（收到股权部分）的原有计税成本+当年确认的非货币性资产（收到股权部分）转让所得=1 600+160=1 760（万元）。

第二年：取得股权的计税基础=1 760+160=1 920（万元）。

依此类推，第三年至第五年华夏公司取得股权的计税基础分别为 2 080 万元、2 240 万元和 2 400 万元。

3）递延年度（2017—2020 年）税会差异。对于递延确认的所得 640 万元，应分别在 2017—2020 年分期均匀计入相应年度的应纳税所得额，各年确认的金额分别为 160 万元（640÷4×1）。递延所得确认及股权计税基础在各年度的税会差异与纳税调整，如表 11-19 所示。

表 11-19　华夏公司各年度的税会差异与纳税调整　　单位：万元

年度	会计确认收益	税法确认纳税所得税额	纳税调整	股权计税基础调整	股权计税基础
2016	800	160	–640	160	1 760
2017	0	160	160	160	1 920
2018	0	160	160	160	2 080
2019	0	160	160	160	2 240
2020	0	160	160	160	2 400
合计	800	800	0	800	—

2. 投资作价差异

投资企业以非货币性资产投资取得被投资企业股权的成本，会计上依照会计准则规定按“公允价值”确认取得股权的会计成本，税法上依照财税〔2014〕116 号文规定按“评估价值”确认取得股权的计税基础。由于税法与会计的确认方法不同，导致税会差异，这往往会给企业带来一定的处理难度和税收风险。在实务中，建议企业应尽量避免“投资作价差异”的发生，以减少税会差异，降低纳税风险。

【例 11-11】承例 11-10。若华夏公司投资的生产线协议作价为 2 800 万元，东方公司应向华夏公司支付股权 2 400 万元，支付货币性资产 400 万元，其他条件不变。计算华夏公司的股权计税基础及递延纳税调整。

（1）确认所得额：在税收上应确认所得额=3 000–2 000=1 000（万元），其中：投资当年确认收取非股权部分的转让所得 142.86 万元（1 000÷2 800×400）；2016—2020 年分期递延确认收取股权部分的转让所得 857.14 元（1 000–142.86），每年 171.428 万元。

（2）非货币性资产的原计税成本（收到股权部分）=2 000–400+142.86=1 742.86（万元）。

（3)取得股权的计税基础确定。在 2016—2020 年各年取得股权的计税基础分别为 1 914.288 万元（1 742.8+171.428）、2 085.716 万元、2 257.144 万元、2 428.572 万元、2 600 万元。

递延期结束（2020 年），华夏公司取得东方公司股权的计税基础为 2 600 万元，与评估价 2 600 万元（3 000–400）计算的数值一致，但与会计账面成本 2 400 万元（2 800–400）形成差异 200 万元，此差异即评估价与协议价的差异。

11.4.3 非货币性资产投资递延纳税的列报

根据《关于非货币性资产投资企业所得税有关征管问题的公告》(国家税务总局公告 2015 年第 33 号)规定，企业以非货币性资产对外投资确认的非货币性资产转让所得，适用分期均匀计入相应年度的应纳税所得额按规定计算缴纳企业所得税的，填报《企业重组及递延纳税事项纳税调整明细表（A105100)》第 12 行，如表 11-20 所示，并提供《非货币性资产投资递延纳税调整明细表》，如表 11-21 所示。

表 11-20 企业重组及递延纳税事项纳税调整明细表（A105100）

行次	项　目	一般性税务处理			特殊性税务处理（递延纳税）			纳税调整金额
		账载金额	税收金额	纳税调整金额	账载金额	税收金额	纳税调整金额	
		1	2	3（2–1）	4	5	6（5–4）	7（3+6）
12	六、非货币性资产对外投资							

表 11-21　非货币性资产投资递延纳税调整明细表

行次	被投资企业情况				非货币性资产情况			非货币性资产投资基本信息					本年税收金额	递延纳税差异调整额					结转以后年度递延确认所得税收金额
	企业名称	纳税人识别号	主管税务机关	与投资方是否为关联企业	公允价值	账面价值	计税基础	非货币性资产转让收入实现年度	本年账载金额	非货币性资产转让所得（税收金额）	分期确认税收所得年限	分期均匀确认税收所得额		前四年度	前三年度	前二年度	前一年度	本年	
	1	2	3	4	5	6	7	8	9	10（5–7）	11	12	13	14	15	16	17	18（13–9）	19［本表第 10–13 列（第 1 年该项目填报时）］或［上年度明细表的相应行次第 19 列–本表第 13 列（以后递延期间该项目填报时）］
1																			
2																			
3																			
4																			
5																			
6																			
…																			
合计	—	—	—	—				—			—	—		—	—	—	—		

表 11-21 填表说明如下：

第 9 列“本年账载金额”：填报纳税人根据会计规定在所属年度确认的非货币性资产转让所得。

第 10 列“非货币性资产转让所得（税收金额）”：本列只在非货币性资产投资税收确认转让收入实现年度的当年填报，以后递延期间不再填报。

第 11 列“分期确认税收所得年限”：填报纳税人按照税法规定需分期确认非货币性资产转让所得（税收金额）的年度数。

第 12 列“分期均匀确认税收所得额”：填报纳税人按照税法规定分期均匀计入相应年度应纳税所得额的金额；等于非货币性资产转让所得（税收金额）除以分期确认税收所得年限。

第 13 列“本年税收金额”：填报纳税人按照税法规定在所属年度确认的非货币性资产转让所得，包括纳税人在对外投资 5 年内转让股权、投资收回或注销时，须一次性确认的在递延期内尚未确认的非货币性资产转让所得。

“递延纳税差异调整额”：纳税调整减少的，以负数表示；纳税调整增加的，以正数表示；第 18 列“本年”为所属年度，第 17～14 列为依次从所属年度往前倒推的年度。

第 19 列“结转以后年度递延确认所得税收金额”：填报按照税法规定结转以后年度的尚未确认的非货币性资产转让所得。

第12章 债务重组的税会差异

本章从现金清偿债务、非现金资产清偿债务、债务转为资本、修改其他债务条件四种方式分别介绍债务重组的税会差异、纳税调整处理和纳税申报表的填制。企业债务重组的纳税调整处理，需要填报《企业重组及递延纳税事项纳税调整明细表（A105100）》，其中，非现金资产清偿债务、债务转为资本要单独填报，如表12-1所示。

表12-1　企业重组及递延纳税事项纳税调整明细表（A105100）

行次	项　目	一般性税务处理			特殊性税务处理			纳税调整金额
		账载金额	税收金额	纳税调整金额	账载金额	税收金额	纳税调整金额	
		1	2	3（2–1）	4	5	6（5–4）	7（3+6）
1	一、债务重组							
2	其中：以非货币性资产清偿债务							
3	债转股							

对于发生债务重组业务且选择特殊性税务处理（债务重组所得可以在5个纳税年度均匀计入应纳税所得额）的纳税人，重组日所属纳税年度的以后纳税年度，也在表12-1中进行债务重组的纳税调整。

12.1 以现金清偿债务的税会差异

以现金清偿债务，相对于用非现金资产清偿债务来说，业务相对比较简单，涉及的税会处理也比较简单，除了债权人的应收账款计提坏账准备之外，很少存在其他差异。

在债务重组过程中，如果债务人以现金清偿债务，债务重组双方的会计处理与税务处理存在的差异如表 12-2 所示。

表 12-2　以现金清偿债务的税会差异

项目	会计处理	税务处理
债务人	以低于债务账面价值的现金清偿某项债务的，将重组债务的账面价值与支付的现金之间的差额，计入当期收益（如记入“营业外收入”账户）。重组债务的账面价值，一般为债务的面值或本金、原值，如应付账款；如有利息的，还应加上应计未付利息，如长期借款等	将重组债务的计税成本与支付的现金金额间的差额确认为债务重组收益，计入当期应纳税所得额
债权人	以低于债务账面价值的现金清偿某项债务的，将重组债权的账面价值与收到的现金之间的差额确认为当期损失（如记入“营业外支出”账户）。 债权人已对债权计提减值准备的，先将该差额冲减减值准备，减值准备不足以冲减的部分，计入营业外支出。冲减后减值准备仍有余额的，应予转回并抵减当期资产减值损失。未对债权计提减值准备的，直接将该差额确认为债务重组损失	将重组债权的计税成本与收到的现金之间的差额确认为当期损失，冲减应纳税所得额

由表 12-2 可以看出，债务人不存在税会差异，无须做纳税调整处理。债权人的税会差异如下：当债权人对债权计提减值准备时，在会计处理上当期损益的计量先冲减减值准备；而税务处理时，在对应收账款没有采取备抵法提取坏账准备的前提下，不允许扣除会计上的减值准备，在会计上对应收账款转销时，需进行相应的调整。

应注意的是，债权人发生的债务重组损失只有符合税法规定的坏账确认条件，并报税务机关批准后方可扣除，计入当期损失，否则，不能冲减应纳税所得额。

【例 12-1】华远、瑞峰两家公司 2017 年 6 月进行债务重组。重组条件为：华远公司以现金 200 000 元偿还瑞峰公司欠款 400 000 元，瑞峰公司对应收账款 400 000 元已于 2016 年计提坏账准备 16 000 元。企业在坏账损失的税收处理上，采取据实扣除法，2017 年在企业计算应交所得税时，调增应纳税所得额。

华远公司、瑞峰公司有关业务的处理如表 12-3 所示。

表 12-3　债务重组双方的会计处理与税务处理

华远公司的有关业务处理		瑞峰公司的有关业务处理	
税务处理	会计处理	税务处理	会计处理
税法上确认为当期重组收益200 000元，计入当期应纳税所得额	借：应付账款　400 000 贷：银行存款　200 000 营业外收入——债务重组利得　200 000 确认当期债务重组收益200 000元	企业在税收上确认为当期债务重组损失200 000元（400 000–200 000）	借：银行存款　200 000 坏账准备　16 000 营业外支出——债务重组损失　184 000 贷：应收账款　400 000 会计上确认当期债务重组损失为184 000元（400 000–200 000–16 000）

由表 12-3 可以看出，一方面，华远公司的税会处理是一致的；另一方面，瑞峰公司的会计与税务处理在债务重组损失的计量上存在差异，税务上债务重组损失确认为 200 000 元，会计上确认为 184 000 元，企业需要调整相应的应纳税所得额，调减应纳税所得额 16 000 元。增加应纳税暂时性差异对所得税影响 4 000 元（16 000×25%），计入递延所得税负债贷方。

12.2　以非现金资产清偿债务的税会差异

在债务重组过程中，债务人以非现金资产清偿债务，在交易的过程中可能发生相关费用，也可能不发生相关费用。因此，分析债务人和债权人的税会差异时，分为未发生相关费用和发生相关费用两方面进行探讨。

12.2.1　未发生相关费用的税会差异

在债务重组过程中，如果债务人以非现金资产清偿债务，并且未发生相关费用，债务重组双方的税会差异如表 12-4 所示。

表 12-4　以非现金资产清偿债务且未发生相关费用的税会差异

项目	会计处理	税务处理
债务人	将重组债务的账面价值与转让的非现金资产公允价值（包括相关税费）的差额，计入当期损益（如记入“营业外收入”账户）。 转让的非现金资产公允价值与其账面	分解为按公允价值转让非现金资产，再以与非现金资产公允价值相当的金额偿还债务两项经济业务进行所得税处理，债务人确认有关资产的转让所得或损失。债务人将重组债务的计税成本与用以清偿的非现金资产的公允价值（包括与转让非现金资产相关的税费）的差额，确认为

续表

项目	会计处理	税务处理
	价值之间的差额，计入当期损益（如记入“营业外收入”或者“营业外支出”账户），若转让的非现金资产为非流动资产，则记入“资产处置收益”账户）	债务重组所得，计入企业当期的应纳税所得额
债权人	债权人对受让的非现金资产按其公允价值入账，将重组债权的账面价值与受让的非现金资产的公允价值之间的差额作为重组损失（如记入“营业外支出”账户）。 债权人已对债权计提减值准备的，先将该差额冲减减值准备，减值准备不足以冲减的部分，计入当期损益	债务人以非现金资产清偿债务，除企业改组或者清算另有规定外，债权人取得的非现金资产，按照该有关资产的公允价值（包括与转让资产有关的税费）确定其计税成本，据以计算可以在企业所得税前扣除的固定资产折旧费用、无形资产摊销费用或者结转商品销售成本等，同时将收到的非现金资产公允价值与重组债权计税成本之间的差额确认为当期的债务重组损失，冲减当期应纳税所得额

从表 12-4 中，我们可以看出以下两点。

1. 债务人方面

确认债务重组利得的税会处理基本一致，无须做纳税调整处理。但是非现金资产转让所得或损失在会计与税务计算结果上存在差异，会计上的非现金资产账面价值=该资产账户余额−对应资产减值准备±对应备抵账户，税务上的非现金资产账面价值=该资产账户余额±对应备抵账户，税务对会计计提的资产减值准备不予确认，待实际发生损失时才确认，这样就产生了可抵扣暂时性差异。债务人对此需调增应纳税所得额，转回可抵扣暂时性差异时，冲减当期应纳税所得额。

2. 债权人方面

（1）如果债权的会计计价成本（账面价值）与债权的计税基础相同，则不存在差异，不需做纳税调整处理。

（2）如果债权的会计计价成本（账面价值）小于债权的计税基础，就会产生可抵扣暂时性差异，冲减当期应纳税所得额，转回以前可抵扣暂时性差异对所得税的纳税影响，计入递延所得税资产的贷方；反之，调增当期应纳税所得额，转回以前应纳税暂时性差异对所得税的纳税影响，计入递延所得税负债的借方。

【例 12-2】2017 年 1 月 1 日，威岛公司销售一批产品给华建公司，价值 1 000 000 元（含增值税），华建公司发生财务危机，短期内不能付款。2017 年 4 月 10 日经协商，威岛公司同意华建公司以一批产品偿还债务。该批产品账面价值为 760 000 元，计提存货跌价准备 60 000 元，其公允价值为 800 000 元（不含增值税），计税价等于公允价值，增值税税率为 17%。威岛公司对该项应收账款计提坏账准备 40 000 元。假如未发生其他税费。

华建公司的税会处理：会计处理与税务处理确认的债务重组收益一致，均为 64 000 元（1 000 000–800 000– 800 000×17%），不存在纳税调整。华建公司会计确认产品转让所得 100 000 元［800 000–（760 000–60 000）］，但按税务规定债务人该产品转让所得为 40 000 元（800 000–760 000），冲减当期应纳税所得额 60 000 元，转回可抵扣暂时性差异对纳税的影响 15 000 元（60 000×25%），计入递延所得税资产的贷方。

威岛公司的税会处理：会计处理确认的库存商品与税务计税成本相同，均为 800 000 元。会计确认当期债务重组损失为 24 000 元（1 000 000–800 000–800 000×17%–40 000），税法确认的债务重组损失为 64 000 元（1 000 000–800 000–800 000×17%）。两者相差 40 000 元，是会计坏账政策与税法规定的坏账计提比例不同引起的，冲减当期应纳税所得额 30 000 元，转回可抵扣暂时性差异对所得税的影响 10 000 元（40 000×25%），计入递延所得税资产的贷方。

12.2.2　发生相关费用的税会差异

以企业产品、半成品、委托加工产品收回后抵偿债务，依照《增值税暂行条例实施细则》中视同销售行为规定，属于视同销售业务的，其计税依据为当月或者近期货物的加权平均价格或组成计税价格，对涉及应税消费品缴纳增值税，组成计税价格的成本利润率应该由《消费税若干具体问题的规定》确定的应税消费品的平均利润率和《财政部 国家税务总局关于调整和完善消费税政策的通知》（财税〔2006〕33 号）所做的修订和补充来确定。同时，税法规定，纳税人用于抵偿债务的应税消费品，应当以纳税人同类应税消费品的最高销售价格作为计税依据。

从这些法规来看，增值税是以视同销售的加权平均价为基础来确定的，而消费税是以最高售价为计税依据的。

【例 12-3】惠新公司欠天润公司购货款 40 万元，因发生财务困难，2017 年 3 月，经与天润公司协商并达成协议，天润公司同意惠新公司用库存商品一批抵顶债务，完成债务重组。该批库存商品的账面价值为 24 万元，公允价值为 30 万元，计税价等于公允价值。惠新公司是增值税一般纳税人，增值税税率为 17%。

（1）债务人的会计处理。依据会计准则，惠新公司计入当期损益的金额为 16 万元。

借：应付账款——天润公司	400 000	
贷：库存商品		240 000
营业外收入——债务重组利得		160 000

但是，上述处理没有考虑惠新公司用库存商品抵顶债务这一视同销售行为应缴纳的增值税 5.1 万元（30×17%）。《增值税暂行条例》规定，纳税人将自产的货物用于非应税项目，属于视同销售行为，开具发票，计算应缴纳的增值税。

而且，上述处理也与表 12-4 中的相关规定存在差异。因此，惠新公司确认资产转让所得 6 万元（30–24），确认债务重组所得 4.9 万元（40–30–5.1），合计调增应纳税所得额 10.9 万元。

因此，惠新公司的会计处理如下：

借：应付账款——天润公司　　400 000

　贷：库存商品　　240 000

　　　应交税费——应交增值税（销项税额）　　51 000

　　　营业外收入——债务重组利得　　109 000

这样处理的结果将使得确认的会计收益与税法规定相一致。如果按会计准则将营业外收入确认为 16 万元，那么计提的增值税销项税额又无法进行会计处理。

（2）债权人的会计处理。

借：库存商品　　300 000

　　应交税费——应交增值税（进项税额）　　51 000

　　营业外支出——债务重组损失　　49 000

　贷：应收账款——惠新公司　　400 000

依据表 12-4，所得税法确认的债务重组损失为 10 万元（40–30），与会计准则确认的债务重组损失 4.9 万元存在差异 5.1 万元，主要是增值税因素的影响。

以不动产或无形资产抵偿债务，无论是否发生相关税费，会计处理如下。

（1）从债务人来看，非现金资产公允价值与账面价值的差额，按照会计准则规定处理：① 非现金资产为存货的，作为销售处理。② 非现金资产为固定资产的，视同处置固定资产，处置利得或损失记入“资产处置收益”账户。③ 非现金资产为无形资产的，视同处置无形资产，处置利得或损失记入“资产处置收益”账户。④ 非现金资产为企业投资的，非现金资产的公允价值扣除投资的账面价值（对投资计提减值准备的，还应将相关的减值准备予以结转）及直接相关费用之后的余额确认为转让资产损益，记入“投资收益”账户。

（2）从债权人来看，如果重组债权已经计提了减值准备，分别按以下情况进行处理：债权人对重组债权分别提取了减值准备，那么只需要将上述差额冲减已计提的减值准备，减值准备不足以冲减的部分作为债务重组损失，计入营业外支出。如果减值准备冲完该差额后，仍有余额，转回并抵减当期资产减值损失，不再确认债务重组损失。如果债权人对重组债权不是分别提取减值准备，而是采取一揽子提取减值准备的方法，则债权人将对应于该债务人的损失准备倒算出来，再确定是否确认债务重组损失。

12.3 债务转为资本的税会差异

债务转为资本是债务重组较为常用的一种交易方式。在这种交易中，会计处理和税务处理差异较小。

在债务重组过程中，如果债务人以债务转为资本的方式来清偿债务，债务重组双方的税会差异如表 12-5 所示。

表 12-5　债务转为资本方式的税会差异

项　目	会计处理	税务处理
债务人	按债权人因放弃债权而享有股份的面值确认为股本，股份的公允价值与股本的差额作为资本公积，重组债务的账面价值与股份的公允价值间的差额确认为债务重组利得，计入当期损益。 发生的一些税费，如与股票发行直接相关的手续费等，可以作为抵减资本公积处理，其他税费可以直接计入当期损益，如印花税等	除企业改组或者清算另有规定外，将重组债务的账面价值与债权人因放弃债权而享有的股权的公允价值的差额，确认为债务重组利得，计入当期应纳税所得额
债权人	债权人将享有股份的公允价值确认为对债务人的投资，重组债权的账面价值与股份公允价值之间的差额计入当期损益。 债权人已对债权计提减值准备的，先将该差额冲减减值准备，减值准备不足以冲减的部分，计入当期损益。 发生的相关税费，分别按照长期股权投资或者金融工具确认和计量等准则的规定进行处理	把债权转为资本分解为债务清偿和投资两项业务进行处理，将享有的股权的公允价值确认为该项投资的计税基础；同时，重组债权的计税基础与收到的股权的公允价值之间的差额，按照有关税收规定，经确认为债务重组损失后，才允许在税前扣除

如果债权的会计计价成本（账面价值）与债权的计税基础相同，无须做纳税调整处理；如果不相同，冲减或调增当期应纳税所得额，转回可抵扣暂时性差异或转回应纳税暂时性差异对所得税的纳税影响，计入递延所得税资产贷方或递延所得税负债借方。

【例 12-4】路华公司、发杭公司 2017 年 12 月进行债务重组。债务重组的形式与条件为：发杭公司放弃债权 2 000 000 元，取得路华公司一定的股权，股权的市场公允价值为 1 600 000 元，票面价值为 1 000 000 元。发杭公司对应收账款 2 000 000 元在 2016 年计提坏账准备 1 000 000 元。

路华公司、发杭公司的税会处理如表 12-6 所示。

由表 12-6 可以看出，债权人的会计处理和税务处理主要是对已经提取坏账准备金的重组债务在当期损益的计量上不同。因为在 2016 年会计处理上提取的坏账准备 1 000 000 元在税务处理上不予确认，当期在企业所得税纳税申报时，需要调增应纳税所得额。在 2017 年以债权转资本的债务重组时，债务重组损益计量上，会计处理时按应收账款账面余额减去股权公允价值处理，减少资产减值损失 600 000 元，而税务处理时则按重组债权金额减去股份公允价值计量，出现债务重组损失 400 000 元，当期需要调减应纳税所得额，调减额为 1 000 000 元。

表 12-6 债务重组双方税会处理的比较

路华公司的税会处理		发杭公司的税会处理	
税务处理	会计处理	税务处理	会计处理
路华公司当期债务重组收益 400 000 元（2 000 000–1 600 000），计入当期应纳税所得额	借：应付账款 2 000 000 贷：实收资本 1 000 000 资本公积 600 000 营业外收入——债务重组利得 400 000 计算应付票据的账面价值与所转让股票的公允价值之间的差额为 400 000 元（2 000 000–1 600 000），是债务重组的收益。股票的公允价值与股本（1 000 000 元）的差额（600 000 元）作为资本公积	按股权的市场公允价确认投资计税成本为 1 600 000 元，按重组债权的价值 2 000 000 元与股权的市场公允价（1 600 000 元）的差额（400 000 元）确认债务重组损失	借：长期股权投资 1 600 000 坏账准备 1 000 000 贷：应收账款 2 000 000 资产减值损失 600 000 发杭公司提取坏账准备 1 000 000 元，债权人将重组债权的账面余额与受让资产的公允价值之间的差额冲减减值准备，确认债务重组损失，减值准备不足以冲减的部分，计入当期损益。债权重组的价值与取得公允价值之间的差额为 400 000 元（2 000 000–1 600 000），再把 400 000 元减坏账准备金 1 000 000 元后的 600 000 元计入当期损益

12.4 修改其他债务条件的税会差异

修改其他债务条件既包括减少债务资本金、减少债务利息，又包括延长债务偿还期限、延长债务偿还期限并加收利息。

修改其他债务条件的债务重组可以分为不附或有条件的债务重组和附或有条件的债务重组。

12.4.1 不附或有条件的债务重组的税会差异

在债务重组过程中，如果修改其他债务条件，并且不附或有条件来清偿债务，债务重组双方的税会差异如表 12-7 所示。

表 12-7 不附或有条件的债务重组的税会差异

项　目	会计处理	税务处理
债务人	将修改其他债务条件后债务的公允价值作为重组后债务的入账价值，重组债务的账面价值与重组后债务的入账价值之间的差额计入当期损益，记入“营业外收入”账户	重组债务的计税基础大于重组后债务的入账价值（修改其他债务条件后债务的公允价值）的差额，确认为应纳税所得额

续表

项　目	会计处理	税务处理
债权人	将修改其他债务条件后的债权的公允价值作为重组后债权的账面价值，重组债权的账面余额与重组后债权的账面价值之间的差额计入当期损益，记入“营业外支出”账户	将修改其他债务条件后的债权的公允价值作为重组后债权的计税基础，重组债权的计税基础余额与重组后债权的计税基础之间的差额，按照有关税收规定，经确认为债务重组损失后，才允许在税前扣除

【例 12-5】2017 年 1 月 1 日，峰华公司欠康利公司贷款 130 800 元。双方协商后，决定延期至 2018 年 7 月 1 日支付，支付金额为 110 000 元。康利公司已对应收账款计提了 16 000 元的坏账准备。

峰华公司和康利公司的税会处理如表 12-8 所示。

表 12-8　债务重组双方的税会处理

峰华公司	康利公司
借：应付账款　130 800 　贷：应付账款　110 000 　　营业外收入——债务重组利得　20 800 纳税申报时，将 20 800 元（130 800–110 000）作为重组收益，计入应纳税所得	借：应收账款——债务重组　110 000 　坏账准备　16 000 　营业外支出——债务重组损失　4 800 　贷：应收账款　130 800 康利公司重组债权的计税成本为 130 800 元，确认的债务重组损失为 20 800 元。纳税申报时，除已确认的债务重组损失 4 800 元外，还调增债务重组损失 16 000 元

12.4.2　附或有条件的债务重组的税会差异

在债务重组过程中，如果修改其他债务条件，并且附或有条件来清偿债务，债务重组双方的税会差异如表 12-9 所示。

表 12-9　附或有条件的债务重组的税会差异

项　目	会计处理	税务处理
债务人	修改后的债务条款如涉及或有应付金额，且该或有应付金额符合或有事项准则中有关预计负债确认条件的，债务人将该或有应付金额确认为预计负债；重组债务的账面价值与重组后债务的入账价值（重组后债务的公允价值）和预计负债金额之和的差额，作为债务重组利得，计入营业外收入	修改后的债务条款如涉及或有应付金额，且债务人已将该或有应付金额确认为预计负债的，做纳税调整处理，预计负债不允许在税前扣除；重组债务的计税基础与重组后债务的计税基础（重组后债务的公允价值）和预计负债金额之和的差额，作为债务重组所得，计入应纳税所得额。或有应付金额在随后会计期间如果发生，按照所得税法的有关规定再在税前扣除

续表

项　目	会计处理	税务处理
债权人	债务条款中涉及或有应收金额的，债权人不应当确认或有应收金额，不得将其计入重组后债权的账面价值。只有在或有应收金额实际发生时，才计入当期损益	将重组债权的计税成本与收到现金或资产的公允价值（包括有关税费）的差额，确认为债务重组损失，冲减应纳税所得额，对于或有收益，税收上在实际收到时确认

【例 12-6】恩菲公司从银行取得年利率为 10% 的三年期贷款 1 000 000 元。到期后，经双方协商，银行同意延长三年，年利率降至 7%，免除欠息 300 000 元，本金减至 800 000 元，利息按年支付。附一条件：重组后第二年起，如恩菲公司有赢利，利率回复至 10%，若无赢利，仍维持在 7%。

恩菲公司债务重组的税会处理如表 12-10 所示。

表 12-10　恩菲公司债务重组的税会处理

税务处理	会计处理
纳税申报时，将 332 000 元［1 300 000–800 000×（1+7%×3）］作为重组收益，计入应纳税所得额；如果最终没有支付或有支出，不需要进行处理；如果将来支付了或有支出，需要将或有支出 48 000 元调减应纳税所得额	借：长期借款　1 300 000 　贷：长期借款——债务重组　968 000 　　　预计负债　48 000 　　　营业外收入　284 000 如果最终没有支付或有支出，将 48 000 元[800 000×（10%–7%）×2]转入营业外收入；如果将来支付了或有支出，由于以前已经将或有支出计入了重组后的债务中，因此不需要做纳税调整处理

参考文献

[1] 中华人民共和国财政部．企业会计准则（2006）[M]．北京：经济科学出版社，2006．

[2] 中华人民共和国财政部．企业会计准则——应用指南（2006）[M]．北京：中国财政经济出版社，2006．

[3] 于小波，王海涛．营改增后金融商品转让的税会规定[J]．注册税务师，2017(6)：48-52．

[4] 汤秀英．垃圾处理 BOT 项目金融资产核算模式下的税会差异分析[J]．财会学习，2016（2）：116-117．

[5] 何广涛，史鲁豫．纳税人出租不动产异地预缴税款的税会处理[J]．国际商务财会，2016（10）：38-41．

[6] 沈平，吴耀．非货币性资产投资递延纳税的税会差异及其纳税调整[J]．注册税务师，2016（3）：45-48．

[7] 王虎．浅析电信业混合销售模式下财税差异的会计处理[J]．全国流通经济，2017（3）：107-108．

[8] 刘思莹．企业合并下的税会差异分析——基于优酷土豆合并的案例[D]．吉林财经大学硕士学位论文，2017.

[9] 李欣艳．企业合并中的税会差异研究[D]．首都经济与贸易大学硕士学位论文，2014.

反侵权盗版声明

举报电话：（010）88254396；（010）88258888

传　　真：（010）88254397

E-mail:　　dbqq@phei.com.cn

通信地址：北京市万寿路 173 信箱

　　　　　电子工业出版社总编办公室

邮　　编：100036